U0566677

NIFD 国家金融与发展实验室
National Institution for Finance & Development

王增武 ● 著

家族财富管理

策略、产品与案例

Family Wealth Management

Strategies, Services and Cases

社会科学文献出版社
SOCIAL SCIENCES ACADEMIC PRESS (CHINA)

序　言

"富不过三代"一直是困扰"有钱人"的问题。在我国,随着经济的高速发展和财富的迅速累积,越来越多的高净值人士出现了。然而,国内的金融业尚不能为这些人提供有效的财富保值增值手段,尤其是改革开放后的"创一代"还面临家业、企业的代际传承问题。

从国外的经验看,家族信托是解决"富不过三代"问题的有效机制。"家族信托"看起来是一个源自西方的舶来品,但王增武研究员在本书中指出,中国历史上很早就出现了信托的雏形。事实上,"信托"在本质上体现了中国"仁义礼智信"的信义文化。

"穷则独善其身、富则达济天下。"与一般的理财或财富管理手段与机制不同,家族信托不仅要解决财富的增值保值乃至传承问题,而且要传递老一代的优良作风,塑造富有精神力量的下一代。尤其在我国基尼系数早已经超过0.4的警戒线、收入分配差距日益拉大之际,更需要让"富二代""富三代"保持良好的创业精神,积极参与到社会慈善事业中。

王增武研究员的著作基于财富管理的基本理论,综观古今中外的案例,对家族财富管理的机制、产品、机构模式等做了全面的研究分析,是这一领域研究成果中的精品。

殷剑峰

2017年7月

前　言

全球财富管理源于欧洲，发展于美洲，目前亚洲发展最快，然而，新加坡、中国台湾和中国香港同处亚洲地区，为何新加坡能独树一帜成为亚洲乃至全球的财富管理中心？宏观层面的法律、制度、政策、文化以及监管措施等因素固然重要，新加坡政府在提高财富管理从业人员"专业性"方面的"软环境"同样值得借鉴，如 2004 年新加坡财富管理学院的成立、对金融机构开办"企业大学"的支持鼓励以及从业人员的再教育和"强制培训"等。鉴于此，本书旨在在合理适度借鉴国际经验的基础上，以相关的经济金融理论为支撑，结合历史案例及目前国内市场的发展实践构建中国特色的财富管理范式。

本书以基础理论、国际经验、历史镜鉴和国内实践等为脉络，以个人、家庭、家族及其拥有的家族企业为对象，分析研究微观的客户分析策略、财富管理的资产配置策略、财富传承的权益重构策略以及家族企业的家业治理策略，辅以中观的私人银行、家族信托和保险公司等机构开展财富管理业务的机构类型、业务模式和赢利模式。本书导言在概述全球和国内市场发展现状的基础上，指出国内的财富管理市场已进入"2.0 时代"。全书主体内容分为五章：第一章利用凯恩斯的基于生命周期的消费函数理论建立客户分析的生命周期资产负债表以及实践应用的家族财富管理客户调查表；第二章以 Markowitz 的均值－方差理论为基础，从理论和实证角度研究家族财富管理增值、保值和保全三类目标下的资产配置策略差异；第三章以 Becker 的家庭生产函数理论为基础，分货币资本传承和非货币资本传承两种形式给出最优权益重构策略的显式表达和实证分析；第四章以 Sharpley 公理和私利最大化优化问题为基础给出家族企业创始人与职业经理人之间的效益分配策略和权利控制策略的显式表达和实证分析；第五章全面介绍私人银行、家族信托和保险产品三类典型财富管理业务的从业机构类型、组织架构、业务模式和赢利模式。此外，本书附录 A4 给出了若干延伸阅读案例供参考。

本书适合对财富管理业感兴趣的相关人士阅读，如财富管理的从业人员、政策制定者、科研人员、在校师生、家族企业主、高净值客户及普通投资者等。如读者对数学公式和数学推导"过敏"，可直接忽略第一章的第二节、第二章的第二节、第三章的第二节、第四章的第二节和第三节以及附录 A2 和附录 A3，余下内容依然具有自封性。

目　录

导言　财富管理 2.0 时代 ·· 001
　一　全球市场：西风东渐 ·· 001
　二　中国市场：供不应求 ·· 004
　三　私行定位：全球配置 ·· 007
　四　家业治理：前景堪忧 ·· 009
　五　未来方向：高端智能 ·· 012

第一章　客户分析策略 ·· 014
　一　张公借钱话题讨论 ·· 014
　二　消费函数理论应用 ·· 016
　三　收支结构见微知著 ·· 024
　四　客户分析实践经验 ·· 034
　附录 1-1　客户资产负债表 ······································ 045
　附录 1-2　日本财富市场数据 ···································· 046

第二章　资产配置策略 ·· 049
　一　老钱新钱话题讨论 ·· 049

- 二 最优资产配置策略 ……………………………… 050
- 三 资产配置策略案例 ……………………………… 055
- 四 家族信托产品案例 ……………………………… 062
- 五 保险市场产品案例 ……………………………… 071

第三章 权益重构策略 …………………………………… 077
- 一 梅氏家族信托话题 ……………………………… 077
- 二 权益重构理论实证 ……………………………… 080
- 三 家产庄息重构案例 ……………………………… 093
- 四 五代传承架构案例 ……………………………… 098
- 五 家族信托产品/服务 …………………………… 110
- 六 保险市场产品案例 ……………………………… 127
- 附录3-1 李鸿章的分家合同 …………………… 135
- 附录3-2 李经方遗嘱全文 ……………………… 137
- 附录3-3 受益五代传承架构 …………………… 143

第四章 家业治理策略 …………………………………… 144
- 一 传贤传亲话题讨论 ……………………………… 144
- 二 最佳效益分配策略 ……………………………… 146
- 三 最优权利控制策略 ……………………………… 156
- 四 国际国内经验镜鉴 ……………………………… 169
- 五 家族信托产品案例 ……………………………… 182
- 附录4-1 股权重构传承案例 …………………… 193

第五章 机构业务模式 …………………………………… 194
- 一 私人银行机构业务 ……………………………… 194

目录

　二　家族信托组织架构 …………………………… 207
　三　保险财富组织架构 …………………………… 217
　四　平台赢利模式探索 …………………………… 227

附录 A1　财富管理调查表 …………………………… 233

附录 A2　Sharpley 公理描述 ………………………… 248

附录 A3　平台经济定价策略 ………………………… 251
　一　垄断平台定价策略 …………………………… 251
　二　拉姆齐定价策略 ……………………………… 253
　三　竞争平台定价策略 …………………………… 255
　四　公益平台定价策略 …………………………… 259

附录 A4　延伸阅读案例 ……………………………… 261
　案例 1　《骆驼祥子》案例 ……………………… 261
　案例 2　翁同龢家族案例 ………………………… 267
　案例 3　《红楼梦》案例 ………………………… 272
　案例 4　美的集团案例 …………………………… 279
　案例 5　张謇家族案例 …………………………… 285

导言
财富管理2.0时代

经济新常态下,中国财富管理市场的"四梁八柱"架构粗具雏形,政策上以"产权保护"为代表的各种利好政策相继出台;供给上银证保等传统机构已找准定位,第三方理财和互联网理财公司等新兴机构正在发力;需求上保值增值等初级需求已得到基本满足,财富传承和家业治理等个性化需求则日趋旺盛。鉴于此,我们在回顾2016年国际、国内财富管理市场发展的基础上,重点阐释以高端财富管理为代表的中国私人银行业务的定位以及以福布斯富豪榜企业为代表的国内家族企业治理的堪忧现状,进而展望国内零售理财净值化、智能化和贵宾理财全球化、高端化的"四化趋势",指明财富管理2.0时代来袭的前景。

一 全球市场:西风东渐

波士顿咨询公司(BCG)报告数据显示,[①] 到2019年,全球私人财富管理市场的总规模将达到210.1万亿美元,分地区来看,北美洲的私人财富管理规模最高,为62.5万亿美元,占比30%。排名第二的是亚太地区(除日本之外,下同),其私人财富管理规

---

① BCG, *Global Wealth 2015:Winning the Growth Game*, 2015.

模将达到55.2万亿美元。在估计不同地区到2019年的私人财富管理规模时，波士顿咨询公司假定北美、西欧、东欧、日本、拉丁美洲、中东和非洲以及亚太地区的增速分别为4.2%、4.4%、8.7%、1.6%、11.3%、8.4%以及10.9%，以此作为基准，我们同样可以测算出到2020年全球私人财富管理规模将达到224.22万亿美元，其中亚太地区的规模为61.39万亿美元（见图1）。

从麦肯锡2013年发布的全球私人银行调研报告（见表1）来看：2012年，西欧市场私人银行业务的收入下降幅度与成本持平，由收入和成本之差所得的私人银行业务利润水平下降了1个基点；北美市场的成本和收入双双下降，但成本下降幅度高于收入下降幅度，所以北美市场私人银行业务的利润水平小幅上涨2个基点；亚洲市场私人银行业务不仅收入水平上升，而且成本呈下降趋势，在此双重动力下，亚洲市场的赢利水平提高了6个基点。这表明全球财富管理市场在赢利水平上呈现"西风东渐"的发展态势。

此外，*Scorpio Ranking 2016* 的报告数据显示，以可投资资产规模（Invested Asset）为排名依据的前25名财富管理机构中有3家中资机构，分别是招商银行、建设银行和工商银行，排名依次为第20、第22和第24，其中招商银行的可投资资产规模为1930亿美元（见图2）。如果我们假定2016年招商银行的可投资资产规模增速为30%，则该机构在2016年末的可投资资产规模将达到2509亿美元。进一步，如果假定其他财富管理机构的可投资资产规模不变的话，2016年末招商银行在全球财富管理机构的排名将达第14。最后，排名前25之外的中国银行和农业银行的可投资资产规模分别为1250亿美元和1240亿美元，与排名第25的隆奥银行可投资资产规模相差不足100亿美元。这是全球财富管理市场西风东渐的又一个表现。

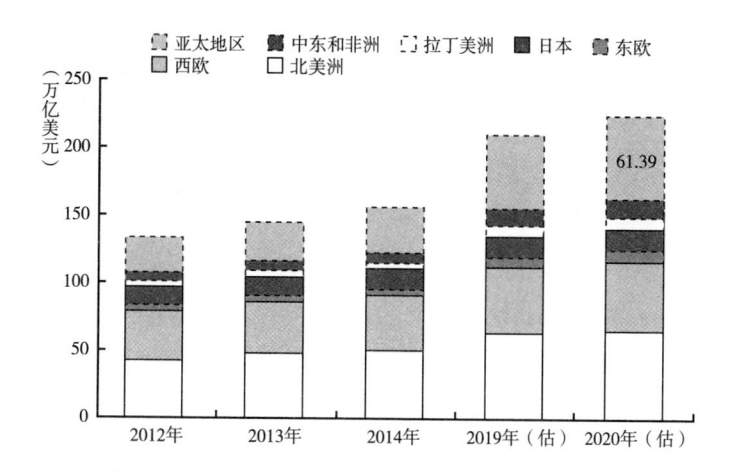

图1　全球财富管理市场地区分布情况

资料来源：波士顿咨询公司报告、作者测算。

表1　西欧、北美及亚洲银行系私人银行的运营情况（2007~2012年）

收入（bps）				成本（bps）			
年份	西欧	北美	亚洲	年份	西欧	北美	亚洲
2007	96	81	109	2007	61	47	74
2008	90	77	99	2008	64	48	79
2009	84	75	88	2009	64	51	73
2010	83	77	84	2010	59	52	70
2011	83	83	78	2011	59	53	67
2012	82	80	82	2012	59	48	65
利润（bps）				资产管理规模增长率（%）			
年份	西欧	北美	亚洲	年份	西欧	北美	亚洲
2007	35	34	35	2007	8	N/A	24
2008	26	29	20	2008	-15	-25	-23
2009	20	24	15	2009	10	5	29
2010	24	25	14	2010	9	6	22
2011	24	30	11	2011	-3	0	2
2012	23	32	17	2012	8	8	17

注：表中的收入、成本、利润分别指私人银行部门的收入、成本、利润占其资产管理规模的比重，单位均为基点（basic points，bps）。

资料来源：根据 *McKinsey Global Private Banking Survey 2012/2013* 中的数据整理。

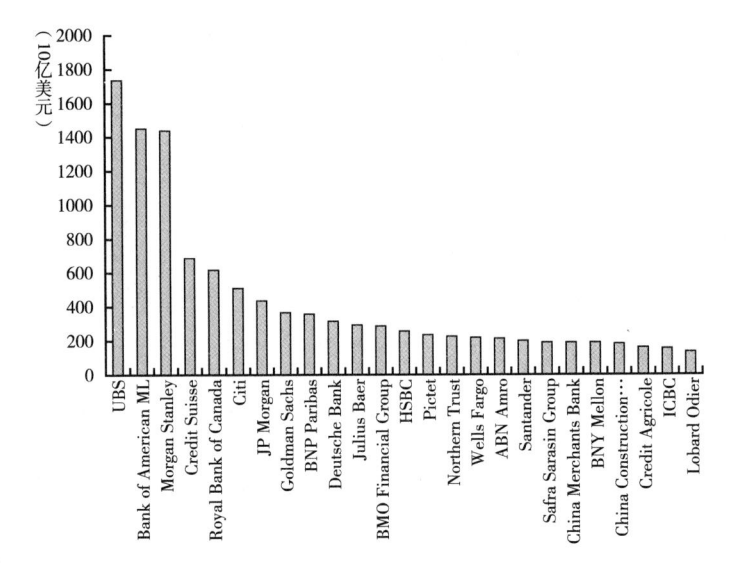

图 2　全球前 25 名财富管理机构管理的可投资资产规模

资料来源：*Scorpio Ranking 2016*。

二　中国市场：供不应求

据测算，2015 年居民可投资资产规模①的波动下限和上限分别为 149 万亿元和 212 万亿元，中等情形的可投资资产规模

---

① 居民可投资资产包括金融资产和非金融资产两类。其中，非金融资产主要是房地产投资，金融资产分储蓄存款、一级市场和金融产品三类。储蓄存款分活期存款和定期存款两类；一级市场分债券市场和股票市场两类；金融产品分银行系、证券系和保险系三类。银行系金融产品再细分为银行理财（针对普通客户）、私人银行和信托产品三类；证券系金融产品分为公募基金、证券公司资管产品、基金公司专户产品、基金子公司专户产品、期货公司资管产品和私募机构私募产品；保险系金融产品指寿险等针对居民销售的保险产品等。

为181万亿元，2016年估计达到213万亿元，到2020年，居民可投资资产规模的波动下限和上限分别为356万亿元和474万亿元，中等情形的可投资资产规模为415万亿元。利用相关计算方法算得2019～2020年的居民可投资资产规模增速为18.23%，高于波士顿咨询公司设定的亚太地区私人财富增速10.9%。另外，以2015年6月末的美元兑人民币汇率6.63为基准，中等情形的可投资资产规模415万亿元约合62.59万亿美元，高于波士顿咨询公司预测的亚太地区61.39万亿美元（见图3）。

与前述供给层面的表现相对应，我们以银监会、证监会和保监会下辖金融机构发售的金融产品为基准来说明国内财富管理市场供给层面的发展特点。从规模表现而言，第一，2016年末的市场规模达105.7万亿元，较2007年6.59万亿元的市场规模增加了15倍之多，进一步从财富管理市场与同期GDP之比的深化程度来看，2016年末的深化程度高达142.05%，较2007年24.79%的深化程度增长了近5倍之多。第二，银监会下辖的银行理财、信托产品和私人银行资产管理三者在财富管理市场的集中度很高，如2007～2015年三者占财富管理市场比重的均值为48.74%，近两年的均值竟高达60%。如果不考虑财富管理市场中的保险资金运用规模，那么2013年银监会下辖产品的规模占财富管理市场总规模的近80%，市场垄断格局可见一斑。在105.7万亿元的供给中，只有约47.83万亿元是针对个人客户的，占居民可投资资产规模181万亿元的比例仅为26.43%，这表明居民可投资资产向金融机构产品/服务的转化率偏低，或者说金融机构的财富管理服务在居民可投资资产中的渗透率偏低，潜在发展空间巨大（见表2）。

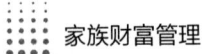

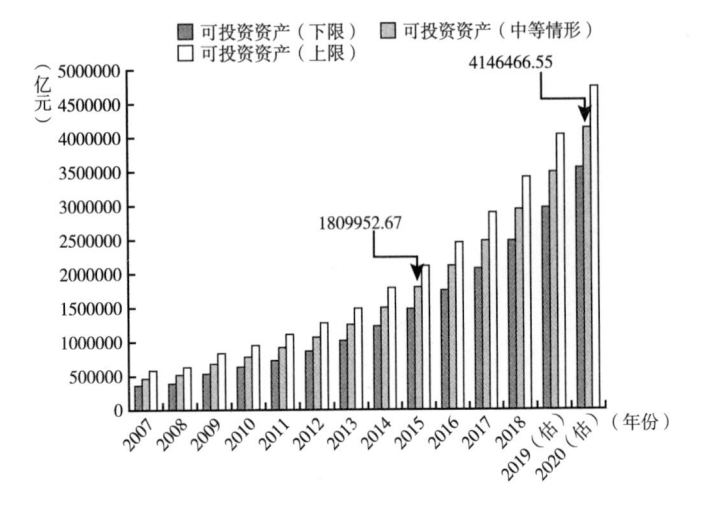

图3　国内居民可投资资产规模增长情况

表2　国内金融机构财富管理市场概况

单位：万亿元，%

年份	银行理财	私人银行	信托产品	券商资管	公募基金	期货资管	私募产品	保险资金运用	合计	GDP	深化程度
2007	0.9	—	0.71	0.08	2.23			2.67	6.59	26.58	24.79
2008	1.4	0.29	1.2	0.09	2.57			3.05	8.60	31.4	27.39
2009	1.7	0.82	1.98	0.14	2.45			3.74	10.83	34.09	31.77
2010	2.8	1.10	3.04	0.18	2.42			4.60	14.14	40.15	35.22
2011	4.6	1.88	4.81	0.28	2.19			5.52	19.28	47.31	40.75
2012	7.1	2.63	7.47	1.89	2.87			6.85	28.81	51.94	55.47
2013	10.2	3.60	10.91	5.2	3	—	—	8.28	41.19	56.88	72.42
2014	15	4.66	13.98	7.95	4.54	0.013	2.13	9.30	57.57	63.65	90.45
2015	23.5	6.32	16.3	11.89	8.4	0.10	5.07	11.18	82.76	66.67	124.14
2016	29.05	8.35	20.22	17.58	9.16	0.29	7.89	13.12	105.7	74.41	142.05

资料来源：银监会、证监会和保监会及相关行业协会或官方组织的网站。

三 私行定位：全球配置

自2007年中国银行与苏格兰皇家银行合作推出私人银行业务，近10年来，中国内地商业银行的私人银行业务历经萌芽期和成长期，目前应处于发展期，或者发展期的初级阶段。做出上述判断的主要理由是2015年以来，私人银行的资产管理规模（Asset Under Management，AUM）一举扭转此前的持续下滑态势，各项指标均进入稳步上升轨道，如AUM增长35.56%，客户规模增长26.91%，增速均高于2014年的增速（见表3）。然而，各机构对私人银行业务的定位一直模糊不清，不过，经过这几年的发展，私人银行的定位日渐清晰。

表3 代表性私人银行AUM和客户规模

年份	资产管理规模（亿元）	资产管理规模增长率（%）	客户规模（万个）	客户规模增长率（%）	单位资产客户规模（万元/个）
2008	2926.09		2.72		1074.77
2009	8185.87	179.75	4.72	73.53	1733.95
2010	10951.72	33.79	7.23	53.18	1514.57
2011	18818.15	71.83	13.74	90.04	1369.74
2012	26341.12	39.98	19.42	41.34	1356.41
2013	35985.03	36.61	26.97	38.88	1334.18
2014	46620.62	29.56	33.71	24.99	1382.97
2015	63200.00	35.56	42.78	26.91	1477.25
2016	83515.15	32.14	48.02	12.25	1739.17

资料来源：浦发银行、建设银行、农业银行、中国银行、交通银行、工商银行、招商银行、民生银行、中信银行、兴业银行、光大银行、北京银行、上海银行等机构年报。

分机构来看，2016年，招商银行、工商银行、建设银行、中国银行和农业银行私人银行AUM合计5.47万亿元。从表4可以看出，2014年以前，招商银行与工商银行的 AUM 占据前两名的位置。2015年，招商银行私人银行 AUM 高于工商银行，2016年前者的资管规模更是远远超过后者。北京银行私人银行自2013年9月开展家族信托服务以来，家族信托客户与受托财产规模亦领先同业。多项数据显示，股份制银行、城市商业银行在私人银行业务与特色业务中形成"逆袭"态势。

表4　前5名私人银行 AUM 规模

单位：亿元

年份	私人银行资产管理总额	招商银行	工商银行	建设银行	中国银行	农业银行
2008	2926	1299	749	878		
2009	8186	1814	2550	1308	1500	
2010	10952	2703	3543	1793	1667	
2011	18818	3699	4345	2241	3000	3400
2012	26341	4342	4732	2918	4500	3960
2013	35985	5714	5413	3968	5700	5050
2014	46621	7526	7357	4687	7200	6400
2015	63200	12500	10600	6231	8100	8077
2016	83515	16595	12100	7863	10000	8184

资料来源：各商业银行的年报数据。

一个自然的问题是 AUM 排前5名的私人银行为何能成为前5名？为此，我们想通过对前5名商业银行年报中关于私人银行定位的文本进行分析来寻求答案。排名前两位的招商银行和工商银行以及在2015年增速较高的建设银行均聚焦于国内家业治理和全球资产配置两大定位，排名第3和第4的中国银行和农业银行虽然在其年报中都提到国内家业治理和海外投资移民两项业务中的相关内容，但其缺陷是不聚焦，而2013年起步的北京银行则深挖家族信托等国内家业治理业务，在业务规模和信托制度应用领域也取得了不俗业绩。

简言之，与国内的家业治理以及海外的资产配置相关的业务应是私人银行业务乃至国内财富管理市场的发展方向，也是下一波市场行情的主要推动力。如招商银行在家业治理方面的定位是"为高净值客户个人、家庭、企业三个层次在投资、税务、法务、并购、融资、清算等多元化需求提供专业、全面、私密的综合服务"，在全球资产配置方面的定位为"通过全权委托、税务筹划、境外股权信托、家族信托、并购融资和投行撮合等服务，推进私人银行业务全面升级，打造综合金融服务平台"。国内家业治理的代表业务是家族信托，典型案例如北京银行和北京信托的合作等；全球资产配置的代表业务是资金监管，代表案例如建设银行和建行（亚洲）的"双法人"模式等。

四　家业治理：前景堪忧

如果我们以1978年改革开放作为国内家族企业发展的起点，以1992年邓小平南方谈话作为国内家族企业发展的第二波高潮，以25~30岁作为家族企业创始人的起始年龄，那么1978年的第一代创业者目前的年龄在63~68岁，而1992年的第二代创业者目前的年龄在49~54岁。这表明1978~1992年的创业群体目前的最小年龄也已近50岁，所以对于他们而言的家族财富管理业务，绝非简单的金融产品买卖问题，而应是家族财富的资产配置、权益重构和家业治理等跨界综合金融/非金融解决方案问题。

下面我们以福布斯富豪榜中的企业为样本来分析家族企业创始人和接班人以及家族企业传承方式等相关问题。从创始人的年龄分布来看，创始人中最小者为排名第28和排名第35的44岁的蔡荣军和刘载望，最大者为82岁的百丽国际创始人邓耀，企业排名第10。创始人年龄分布中60岁以上者占比51%，其余49%为40~59岁的创始人，其中60~69岁的占比最多，达38%。据统计，信息明确的104位家族企业创始人中有41位已经完成传承，已传承的家族企业中，除因司法问题而被动传承的47岁的国美电器创始人黄光裕外，其余已传承的家族企业的创始人年龄均在50岁以上，由图4可以看出，随着创始人年龄的增长，已传承家族企业的创始人数量占不同年龄段家族企业创始人的比重逐步提高。总体而言，家族企业创始人多在60岁以后才考虑或完成家族企业传承。反过来看，10家创始人年龄在70~79岁的家族企业中还有4家尚未考虑/完成家族企业传承。

下面，我们重点分析已完成传承的家族企业传承方式及接班人情况。就"传亲"和"传贤"两种方式而言，41家信息明确的已传承家族企业中有28家选择传给家族成员的"传亲"方式（见图5），其余13家选择传给职业经理人的"传贤"方式，在70~79岁的创始人年龄段中有2人选择将家族企业传给职业经理人的传承方式，其中1家是目前较为成功的代表——美的集团。从趋势上看，年龄越大的家族企业创始人越倾向于选择传给家族成员的家族企业传承方式，主要原因有两个：一是受传统的宗法制家族观念影响，肥水不流外人田；二是受国内的计划生育政策影响，年龄相对较轻的家族企业创始人只有一个孩子，父辈和子辈之间的代沟以及子辈的能力不足都有可能是家族企业选择"传贤"的主要原因。

最后，我们分析不同年龄阶段接班人的分布情况。总体而言，年龄在50岁以下的接班人占接班人总数的80%，其中40~

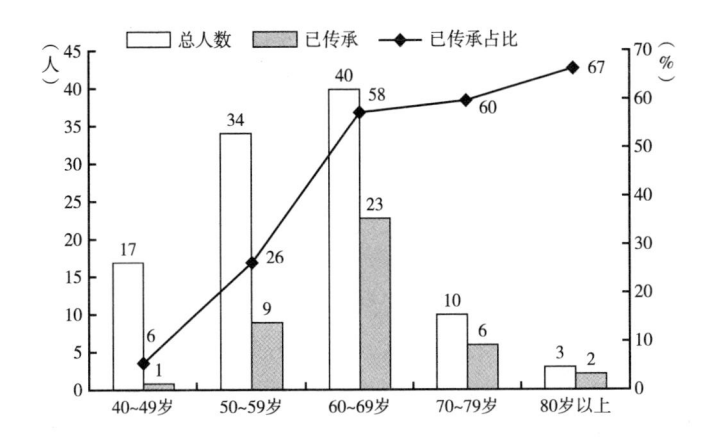

图4 不同年龄段的创始人及已传承创始人数量分布

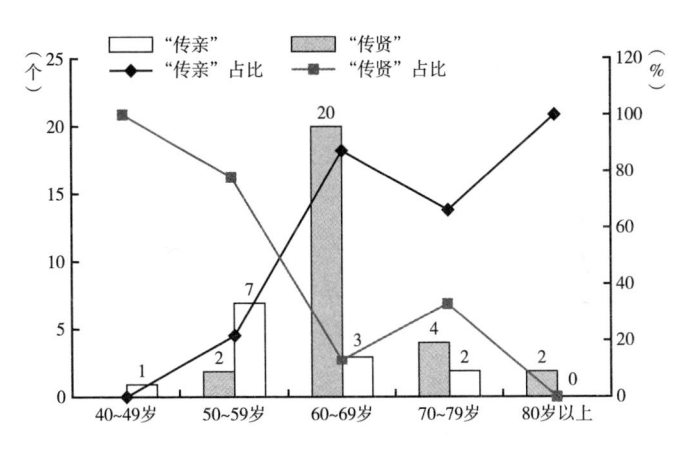

图5 不同年龄段已传承创始人的传承方式情况

49岁的接班人占比最大,为41%,30岁以下的接班人只有1人,为排名第75的中国生物制药家族企业继承人谢其润。44名继承人中有8名女性,且都是通过家族继承方式完成继承。15名职业经理人中无一名女性。从不同年龄阶段"传贤"男性和"传亲"男性的人员数量分布情况来看,家族企业开始都倾向于将家族企业传给家族成员,后期可能还会将家族企业经营权交给职业经理人,统计发现30~39岁的接班人中,"传亲"男性远大于"传贤"男性,而50~59岁的接班人中,"传贤"男性和"传亲"男性各占一半(见图6)。

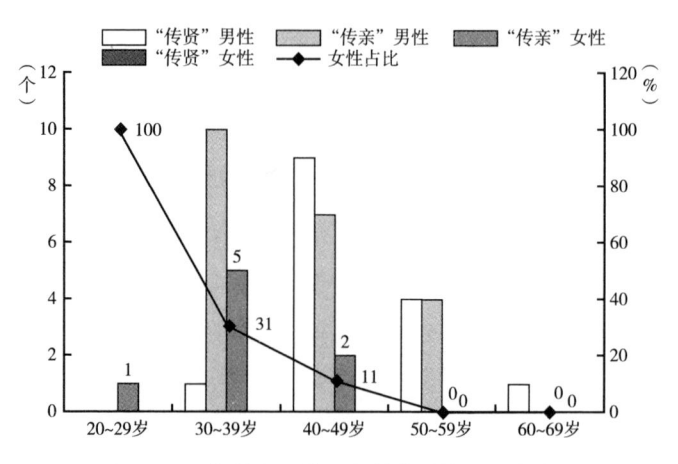

图6 不同年龄段已传承创始人的性别分布情况

五 未来方向:高端智能

财富管理市场2.0时代,国民财富管理需求已由简单的金融产品买卖升级换代为专业、个性、综合的财富管理规划方案设计。展望未来,净值化和智能化是零售理财的发展方向,高端化和全球化是贵宾理财的发展方向。中债登发布的2016年上半年理财报告数据显示,11.26万亿元的开放式理财产品中有1.59万亿元为净值型产品,占比14.12%,在监管机构的强势推动下,净值型产品将是传统银行理财产品未来发展的主要方向。在零售理财的服务方式上,除传统的销售模式和配置建议,智能投资顾问成为传统机构和新型机构竞相角逐的重点。如前所述，全球化资产配置业务的代表性业务是建设银行"资金监管"的双法人模式，传统机构正在强化海外布局，新兴机构也加紧海外发展。高端化的主要业务类型有两个：一是家族信托业务，据统计，目前已有21家信托机构推出或正在研究推出家族信托业务，存量的家族信托业务规模逾400亿元，估计到2020年，家族信托规模将超过1万亿元；二是私募化产品，工商银行为突破没有信托牌照无法向高端客户提供家族信托服务的约束，在自贸区设立家族财富私募基金，目前正在运行的基金有14款，而且近期在基金业协会的私募基金备案信息中含"家族"二字的私募基金也日渐增多。

第一章
客户分析策略

本章以张之洞借钱为话题引入客户分析的全面性和重要性，以凯恩斯的基于生命周期假定的消费函数理论为基础，建立客户的生命周期资产负债表以及以客户为中心的财富管理调查表（见附录A1）。为进一步说明生命周期资产负债表的应用，我们以国际国内在不同时期不同发展阶段的具体案例来说明基本生活支出的具体情况以供参考，并以专节讲述曾国藩通过基本生活支出将货币资本转换为社会资本的经验以供借鉴。最后，在简要给出财富管理服务流程的基础上，重点陈述国际私人银行客户导向的四层含义、日本基于客户不同行业属性的分类参考以及国内保险市场以客户为中心的投资顾问定制服务策略等。

一　张公借钱话题讨论[①]

晚清重臣张之洞在不惑之年有关国防和外交政策方面的系统政见引起朝野关注，为把握住这次难得的晋升机会，张之洞决定向票号借钱找找门路。首先找到当时著名的票号日升昌，张之洞开口说借10万两白银，老板回答说"先看看够不够，三天后回

[①] 习骅:《中国历史的教训》,中国方正出版社、中信出版社,2015。

话"。事实上，虽然当时的 10 万两白银相当于现在的 2000 多万元左右，但对当时的日升昌来说并不是难事，日升昌的老板是利用缓兵之计来对客户进行 KYC（Know Your Customer，了解你的客户）。当时在北京营业的山西票号都有一个花名册，有投资价值的各级官员情况都在上面，官员借钱时，只要其名字在册则张口到账，而对名字不在册的官员票号则需要启动调查程序，根据调查结果再做决定。经调查，发现这个姓张的没有任何背景，也看不出有什么政治前途，虽时作惊人之语，但只是个小小从四品，还是刚提的。岗位职责是为上面讲话、发文件找点资料，人家用不用还两说。父子俩做官几十年，老家没田半亩。简单的结论是如果贷款给他，等于拿银子打水漂玩。于是，日升昌的老板婉言拒绝了张之洞。

绝望中的张之洞收到了来自协同庆票号的"橄榄枝"，因为在协同庆票号的花名册上，张之洞归属"有潜力、有抱负、缺机会"的官员一栏，据内部消息，最近张之洞行情见涨，不排除是一匹黑马，而他的问题在于自视清高、人脉枯薄、动手太迟，每个环节都可能受阻滞，所以资金很关键。目前，他身陷如此困境，在他身上投资，他一定不会忘记。此外，他的工资仅能糊口，家里还养了十几只猫，而养宠物的人一般都重情重义。当然，贷款给他的风险是存在血本无归的可能，而且 10 万两白银的高额贷款对协同庆票号来说不是个小数目，所以他们设计出一套"分期贷款"的完美方案，邀请张之洞吃饭，其间闭口不谈借钱的事情，到了酒足饭饱之时，协同庆票号老板与张之洞一本正经地说道久仰张之洞的才华以及早已想结识云云，最后说如有需要我们协同庆帮忙的地方，请直言。此时，张之洞不禁热泪盈眶，并说数目太大了，估计你们也为难，协同庆老板则说 30 万两够不够，张之洞回答说不用那么多，10万两就够了，协同庆票号老板接着说没问题，并问是一次送给一个人吗？张之洞回答说不是。协同庆老板则说既然如此，一次给您10万两放在家里既不安全又比较扎眼，不如先给您3万两用着，后期需要您再来拿，张之洞欣然应允。

此后，张之洞连升四级，在荣升两广总督后开始招商引资，由协同庆票号垄断两广金融业，而且辖区内所有上缴中央财粮税款等事务，均由协同庆票号代理。张之洞借钱故事给我们的启示至少有两个：第一，张之洞本人对自己的分析，洞察了自身潜在的机遇和面对的困难，所以他想通过借债实现自己的理想或人生目标；第二，协同庆票号对客户的KYC，兼顾有形资产和无形资产，尤其是无形资产中的人力资本分析，如通过对张之洞养猫这个细节的分析推论其重情义。反过来而言，日升昌票号利用传统方法进行的客户分析则导致自己错过了具有巨大增长潜力的客户。综上所述，机构在开展财富管理业务过程中，对客户的KYC不仅要全面了解客户的资产负债情况，而且要掌握客户的基本信息或兴趣爱好（如张之洞喜欢养猫）等附属但重要的信息，其中资产并非单纯意义上的金融资产，更包括非金融资产以及其他如人力资本、社会资本等无形资本，即下面介绍的客户导向的生命周期资产负债表等。

二　消费函数理论应用

利用凯恩斯的消费函数理论，莫迪利安尼和布伦贝给出基于生命周期假定的消费函数理论，[①] 考虑离散时间情形 $t = 1, 2, \cdots$,

---

① 张培刚、厉以宁：《微观宏观经济学的产生与发展》，湖南人民出版社，1986。

L，其中 L 表示客户生存的年数，在时刻 t，基于生命周期视角的决策者消费函数为：

$$C_t = \frac{1}{L_t}Y_t + \frac{(N-t)}{L_t}Y_t^e + \frac{1}{L_t}A_t \qquad (1-1)$$

其中 C_t 表示即期消费，Y_t 表示当期收入，Y_t^e 表示预期收入，A_t 表示当期禀赋，N 表示客户能获得可支配收入的期限，如工作年限或退休年龄等，$L_t = L + 1 - t$ 表示在时刻 t 之后客户的延续时间。由此得到客户的储蓄 S_t 与消费 C_t 的函数关系为：

$$S_t = Y_t - C_t = \frac{L-t}{L_t}Y_t - \frac{(N-t)}{L_t}Y_t^e - \frac{1}{L_t}A_t \qquad (1-2)$$

显见，当 $t > N$ 时，即客户的财务情况进入"衰退期"时，有：

$$S_t = \frac{1}{L_t}A_t \qquad (1-3)$$

这表明处于财务衰退期的客户只能"坐吃山空"——消费前期的资本禀赋。

由储蓄-消费函数关系熟知收入和支出的差额即储蓄，① 一方面，储蓄的来源或表现形式包括有形资产和无形资产，其中有形资产分股票和债券等金融资产以及房子和私人飞机等非金融资产，无形资产则表示人力资本、教育经历、工作经历和社会兼职等社会资本以及政商关系或"X 二代"等，统称为"资产"。另

---

① 米考伯的公式：每年收入 20 镑，年支出 19 镑 19 先令 6 便士，结局等于幸福；年收入 20 镑，年支出 20 镑 6 便士，结局等于痛苦。（萨缪尔森等：《经济学（第 19 版）》，商务印书馆，2013）

一方面,可将客户的支出分为消费支出、① 融资支出和慈善支出等三个部分,统称为"负债"。将二者结合起来,即可得到我们所说的生命周期资产负债表(见附录1-1)。为更好地理解附录1-1,按惯例,我们从国际经验、历史镜鉴和国内实践三个维度分别给出相应案例。

案例1-1 发达国家医疗保健支出占比较高

美国商务部数据的原分类标准是耐用品、非耐用品和服务三类,为方便统一比较,在此,我们将其整理为附录1-1的分类方式,显见(见表1-1),吃、用和住的比重超过10%,医疗保健方面的"医"在家庭消费中的比重为17.3%,占比最高。

表1-1 美国居民2007年消费的主要构成

单位:10亿美元,%

项目	明细	金额	占比
吃	食品	1329	13.7
穿	服装和鞋类	374	3.9
用	家具和家用设备、家务开支、能源	1308	13.5
住	住房	1461	15.0
学	服务项中其他的一半	683	7.0
行	汽车和零部件、交通	797	8.2
乐	娱乐	403	4.2

---

① 《经济学(第19版)》(萨缪尔森等,商务印书馆,2013)中将消费分为耐用品、非耐用品和服务三类,其中耐用品涵盖汽车和零部件、家具和家用设备以及其他;非耐用品则包含食品、服装和鞋类、能源以及其他;服务的主要项目有住房、家务开支、交通、医疗保健、娱乐和其他。国家统计局将居民的基本生活支出分为食品(吃)、衣着(穿)、居住(住)、家庭设备及用品(用)、医疗保健(医)、交通和通信(行)和其他消费。此处,为处理方便且易于理解,我们将消费按表1-1中的项目进行分类。

续表

项目	明细	金额	占比
情	服务项中其他的一半	683	7.0
医	医疗保健	1681	17.3
其他		990	10.2
	总计	9709	100.0

资料来源:萨缪尔森等《经济学(第19版)》商务印书馆,2013。

案例1-2 民国时期吃穿住占基本生活支出一半

民国时期,一位中等职员的三口之家中,妻子是家庭主妇,女儿刚出生不久,月收入50块大洋。为筹划家庭生活,他制定了一张预算表,我们依然按附表1-1的格式将其归类,预算的总花费是42块,收入和消费的差额8块就是一个月的储蓄,如此计算下来,一年至少可存96块,结果只存了45块。原因在于决算中有两项远远超过预算:第一,交际应酬的人情来往费用过高,含婚丧喜庆的礼金、请客看戏和互送新年礼物等,文中提到婚丧喜庆的礼金起步在2块左右,如果一个月有两次,那么4块大洋就花出去了,此外,外地亲戚来了,不仅要请客吃饭,还要看一出戏;第二,"特别费用"的不可预知花费太多,如去苏州省亲的路费盘缠用去5块大洋,修表用掉2块大洋,花1.2块大洋买了一对花瓶,买了一盒药,并且做了一件好事,费用不详。从基本生活支出(见表1-2)中得到的三点结论如下:首先,吃和住的支出占家庭基本生活总支出一半左右,这是家庭的固有支出;其次,交际应酬和特别费用是基本生活支出的浮动部分,两者的不可预知性较大,也是影响家庭储蓄的重要因素;最后,由于女儿刚出生不久,不涉及子女教育等问题,而这将是家庭基本生活支出中非常重要的组成部分。

表1-2 民国时期三口之家的基本生活支出情况

单位：块，%

项目	明细	预算		决算	
		金额	比例	金额	比例
吃	米、菜、火油	11	26.2	11.0	23.3
穿	衣服	5	11.9	5.0	10.6
用	杂用	4	9.5	4.0	8.5
住	房租	10	23.8	10.0	21.2
学	—	0	0.0	0.0	0.0
行	车费	3	7.1	3.0	6.4
乐	娱乐	1	2.4	1.0	2.1
情	交际应酬	5	11.9	5.0	10.6
其他	特别费用	3	7.1	8.2	17.4
总计		42	100.0	47.2	100.0

资料来源：《一页家庭帐》，天津《大公报》，1930年2月27日。

案例1-3 现代家庭生活的"三座大山"

据《上海观察》报道，上海一对年收入70万元的三口之家抱怨生活入不敷出，按附表1-1整理的基本生活支出情况见表1-3，显见，基本生活支出约为50万元，每年的储蓄在20万元左右，但当规划未来10年的生活时，在考虑老人养老、子女教育和结婚以及夫妻二人养老和换房换车等的情况下，发现存在的收支缺口巨大，这是三口之家焦虑的原因所在，即教育、养老和房子是现代家庭生活的三大重要支出项目。进一步看，如果我们分析三口之家的基本生活支出明细情况，在房贷已经结清即居住零支出的情况下，三口之家"吃"（20.4%）、"学"（20.4%）和"乐"（28.6%）等占其家庭总支出的较大比例，"乐"中奢侈性消费的支出是上海家庭小资生活的具体体现。

第一章 客户分析策略

表1-3 当代三口之家基本生活支出情况

单位：万元，%

项目	明细	金额	占比	未来10年规划项目	支出金额
吃	做饭、聚餐、零食、工作餐等餐费	10	20.4		
穿	内衣、女士和儿童春夏秋冬服装、男士服装等置装费	2	4.1		
用	牙膏、牙刷、洗衣液、餐巾纸、护肤品、化妆品及家用品等日用品	1.4	2.9		
用	水、电、煤气、电话、物业、小区停车等公用事业费	3	6.1		
住		0	0.0		
学	学费、餐费及校车、乐器学习、奥数、课外辅导、游泳课、跳舞课和其他孩子教育相关支出	10	20.4	孩子高中国际学校（100万元）和大学出国（200万元）、个人培训（15万元）	315
行	车辆加油、停车、折旧、保险、罚款等	5	10.2		
乐	香烟、红酒、包、围巾、鞋子、美发、美甲、健身等奢侈性消费	5	10.2		
乐	书籍阅读、鲜花种植、电子产品等兴趣爱好支出	2	4.1		
乐	一年一次长途旅游、两次中短途自驾游等	7	14.3		
情	婚丧嫁娶、满月酒等、各类礼物和父母过节礼品等	1.5	3.1	子女结婚	100
医	保险及意外事件、医疗费用及养老等相关支出	2	4.1	四位老人医疗养老（50万元）、夫妻二人养老（150万元）	200
其他		0	0.0	房屋置换或装修及电器更换等	40
合计		48.9	100.0		655

资料来源：《上海观察》，引自网页 http://finance.qq.com/cross/20151117/99p8vH6R.html。

为进一步全方位分析客户的基本情况和深度信息,除编制客户的资产负债表外,我们还可以分析如下五个方面内容:第一,客户的基本信息,如年龄、地域、民族等;第二,客户在家庭、工作和休闲娱乐等方面的时间分配等,由 Becker 的家庭生产函数可以知道,客户的幸福度或效用函数不仅取决于其财富,还取决于其时间分配情况;第三,客户对未来有可能实施的遗产税、房产税等税收政策的税负体会等;第四,客户在海外移民、海外置业或海外投资等方面的安排或规划等;第五,客户的兴趣爱好等。这五个方面内容和前述的生命周期资产负债表可通过附录 A1 的财富管理调查表予以实现,调查表中不仅包含单个客户的情况,还包含家族四代的情况,由此可以更好地为决策者量身定制家族财富管理方案。

案例 1-4　时间分配中家务劳动的情感功能凸显

佟新和刘爱玉(2015)[①] 以 2010 年第三期妇女地位调查数据为基础,分析研究城镇双职工家庭家务劳动情况,主要结论表明女性花在家务劳动上的时间是男性的 2.4 倍(见表 1-4),但约有 32.2% 的家庭采取夫妻合作型家务劳动模式(见表 1-5),在家庭生活中,两性都会以分担家务劳动的方式表达对配偶的情感,也就是家务劳动的情感属性得以凸显,即家务劳动具备情感功能,而不只是一种"负担"。简言之,承认、肯定和强化家务劳动的情感表达和相互支持功能有利于推进夫妻合作型家务劳动的产生,有助于平等、和谐、幸福的家庭关系的建设。特别的,表 1-4 给出了城镇双职工家庭在工作、学习、睡眠、家务和其

[①] 佟新、刘爱玉:《城镇双职工家庭夫妻合作型家务劳动模式——基于 2010 年中国第三期妇女地位调查》,《中国社会科学》2015 年第 6 期。

他方面的时间分配基础,读者可自行参照对比,以改进个人及家庭的时间安排情况,进而提高家庭的幸福感。

表1-4 1990~2010年分性别双职工家庭劳动力工作日的时间分配

单位:分

时间分配\年份性别	1990		2000		2010	
	男	女	男	女	男	女
工作时间	465.8	443.4	473.4	432.0	492.1	475.4
学习时间	50.9	29.8	32.7	22.7	21.0	19.0
自由支配时间	147.1	111.7	77.7	60.4	49.9	38.2
睡眠时间	455.7	456.7	460.2	465.5	469.9	471.3
家务劳动时间	123.7	220.2	75.1	180.2	45.6	107.5

资料来源:佟新、刘爱玉,2015。

表1-5 城镇双职工家庭夫妻家务劳动的模式

单位:人,%

家庭劳务的分工类型	总体人数	比例	男性人数	比例	女性人数	比例
夫妻合作型	1405	32.2	763	32.0	642	32.4
妻子为主型	2958	67.8	1620	68.0	1338	67.6
合计	4363	100.0	2383	100.0	1980	100.0

资料来源:佟新、刘爱玉,2015。

扩展阅读:经济依赖度

家务劳动研究有两种理论取向。一种取向是社会交换理论,认为社会活动是一种付出与回报的关系,夫妻间基于交换原则进行劳动分工,包括"相对资源论"、

"经济依赖论"、"夫妻权利关系理论"和"性别地位不平等理论"。在研究"经济依赖论"时，Brines ["Economic Dependency, Gener and the Division of Labor at Home", *American Journal of Sociology*, 1994, 100 (3), pp. 652 – 688] 引入了经济依赖度计算公式，即经济依赖度 =（本人收入 – 配偶收入）/（本人收入 + 配偶收入），取值在 – 1 ~ 1，取值为 – 1 表明被调查对象的经济情况完全依赖其配偶，反之，当取值为 1 时，则反是，取值为 0 说明被调查对象与其配偶的经济地位基本相同。另一种取向是性别文化理论，劳动性别分工的文化规范和观念在很大程度上决定家庭劳务分工，受传统的"男主外，女主内"观念的影响，女性把家庭责任看得比工作重要，家务劳动被赋予了女性气质，一些男性即使在经济上依赖妻子也不做家务，做家务被视为对其男性气质的贬损。

三　收支结构见微知著

本节我们以曾国藩通过调整收支结构将货币资本转化为人力资本的成功案例说明做好收支结构安排的重要性。据学者张仲礼研究，总督一级平均每年的灰色收入是18万两白银，外加圣人曾国藩近2万两白银的合法收入，如以此作为统计口径，曾国藩一年的收入约为20万两白银，那么12年的督抚生涯中曾国藩的个人收入应在240万两左右。然而，曾国藩最后留下的遗产仅有1.8万两，如果我们简单地从家族财富管理的增值、保值和传承等角度来看的话,那曾国藩的家族财富管理策略确无当下值得借鉴的经验。事实上,如果我们分析曾国藩在其三个重要时期的收支结构,即分析生命周期资产负债表中的基本生活支出科目,显见曾国藩在京官前期、京官时期和督抚时期的收支结构呈现明显的"克己奉公"特征,且随着收入水平的提高其"克己"的程度逐步提升,进而将更多的收入花在"奉公"上,除必要的公务支出外,其他支出项为照顾亲友、资助贤士、周恤故旧以及支持以文化为主的地方公共事业等,而此正是佛教中所谓的"善",进而荫及后人。质言之,曾国藩通过基本生活支出将货币资本转化为人力资本和社会资本,实现了家族财富管理的有形资本传承向无形资本传承的转换。接下来,我们以曾国藩在道光二十一年的收支结构为例来佐证前述结论。

扩展阅读:一两银子的价值

书中我们多次用到"两"这一计价单位,具体一两银子的价值是多少?我们以杨津涛在《往事》2015年第10期发表的《一两银子的购买力》中所描述的情况为基准来分析一两银子的价值。第一,一两银子的重量,各地一两银子的重量和成色并不相同,通常而言,一两银子的重量约为37.3克。第二,一两银子的换算,一般以米价作为中间价进行换算,据黄冕堂在《中国历代物价问题考述》中的研究显示,一石米的价值明朝为两三钱到一两,清朝为五六钱到一两,都很常见。如果以嘉庆年间均值0.8两/石,以及乾隆年间1.5两/石的价格作为基准，鉴于1石米的体积约合0.1立方米，1立方米的米约合800千克，2015年全国米价约5元/千克，则一两银子在嘉庆年间值500元，而在乾隆年间则值267元。为此，以两者的均值400元作为下述衣食住行的计价参考基准。第三，一件衣服约400元，《金瓶梅》中西门庆资助常峙节一笔银子，常峙节给妻子买了7件衣服，共花费6.5两银子，平均每件衣服约1两银子，即400元。第四，两人套餐约54元，《宛署杂记》中侯林儿和陈敬济在酒馆里点了"四盘四碟，两大坐壶时兴橄榄酒"以及"三碗温面"，总共花了"一钱三分半银子"，即0.135两银子，价值约54元。第五，县城小楼租金约6000元，《水浒传》中潘金莲把簪子卖了十几两银子，"典"（类似于今天的租，不过期限未知）下了"县门前楼上下两层四间房屋居住，第二层是楼，两个小小院落，甚是干净"。以15两银子为准，县城两层小楼的租金约为600元。第六，租车出行约24元，同样是《水浒传》中，潘姥姥到西门庆家给潘金莲贺寿，租了一顶轿子，租金为0.6两银子，即24元。

历时63天行程2000余里，曾国藩于道光二十年正月二十八日到京，当时虽已授翰林院庶吉士，但并非仕途的起点，因为庶吉士为"三无产品"（无定员、无品秩、无俸禄），每月只有户部提供的四两五钱银子作为补助。同年，曾国藩被授予翰林院检讨，即七品京官。清朝乾隆年间定制，一品、二品官员双俸双米，其他京官是双俸单米，其中双俸表示除一份正俸外，还有一份同样数目的恩俸。按此标准，七品京官曾国藩的正俸和恩俸均为45

两,此外,还有 45 斛 (22.5 石) "禄米",折合 29.25 两银子,① 这表明曾国藩的正俸、恩俸与禄米总价值为 119.25 两。除此之外,作为京官的曾国藩每月还有少量的"公费",同现在的公款报销制度,标准是 1.5 两银子/月,公费的主要特点是折钱支付且发放不规律,道光二十一年曾国藩的公费收入计 15353 文钱,折合 10.71 两银子。② 综上所述,曾国藩正俸、恩俸、禄米和公费的收入总计为 129.96 两银子。

与普通老百姓相比,这笔收入当然非常可观,而与当时京官在"吃穿用住学行乐医养"等方面的"排场"相比则依然捉襟见肘,所以京官初期曾国藩生活的主旋律是借贷和哭穷,收支缺口巨大,这并非子虚乌有。③ 当时,京官弥补收支缺口不外乎采取如下七种方式:第一,前期拜客收入的结余;第二,家族亲友帮助;第三,收受其他官员特别是外官的馈赠;第四,向他人及商家借贷;第五,第二职业如润笔及坐馆收入;第六,通过得差获得额外收入;第七,贪污受贿,事实上,当时部分京官多居清水衙门,想要贪腐也没有机会。

下面,我们简述曾国藩其他方面的收入来源情况。拜客所得是进京初期的一项收入来源,此外,家族亲友目前也没有能力帮助在京做官的曾国藩,更没有第二职业和得差的机会,贪污受贿等非法所得也违背曾国藩想做"圣人"的初衷,所以为弥补财

---

① 张宏杰通过曾国藩日记中的案例研究,所得每石禄米的价值约为一两三钱银子,即每斛禄米值 0.65 两银子,所以曾国藩 45 斛禄米的价值约为 29.25 两银子。
② 同样,张宏杰通过案例研究得到的平均结果是一两银子约合 1343 文钱,以下所有换算比率均采用此基准。
③ 典型例证是仆人陈升的出走,因穷困拮据且脾气又大,陈升早就看不起曾国藩,两人发生一场冲突后,陈升卷铺盖另寻高枝,此事让曾国藩深受打击。

政赤字，一方面，曾国藩沿用拜客收入"不足"的弥补办法——借贷，个人借贷 85.53 两银子，同时因管理长沙会馆进而有机会挪用会馆资金 40 两银子，此外，还挪用"人寄卖货银"（他人托他代卖货物银两）42.2 两银子，由此可得曾国藩的借贷总额为 167.73 两银子。另一方面，与当时的社会风气同流合污，有时甚至寄希望于①通过碳敬（冬天取暖费）、冰敬（夏天降暑费）或别敬（离别分手礼）等方式获得外官馈赠，据统计，道光二十一年的外官馈赠总额约为 98.57 两银子。显见，收支结构中俸禄收入仅占其收入总额的 21.36%（见表 1-6）。

表 1-6 道光二十一年曾国藩的收支结构

单位：两，%

收入			支出		
项目	金额	比例	比例	金额	项目
俸禄	129.96	21.36	28.95	176.14	吃（用）
借贷	167.73	27.57	5.66	34.44	穿
外官馈赠	98.57	16.20	16.08	97.87	住
拜客结余等	212.20	34.87	10.06	61.20	学
			8.31	50.58	行
			21.18	128.88	乐（情）
			9.75	59.35	养（医）
合计	608.46	100.00	100.00	608.46	合计

资料来源：张宏杰《给曾国藩算算账——一个清代商官的收与支》，中华书局，2015。

接下来，我们从吃（用）、穿、住、学、行、乐（情）、养等方面简述道光二十一年曾国藩家庭的支出结构。"吃（用）"

---

① 曾国藩在道光二十一年十二月的一份家书中提道："男今年过年，除用去会馆房租六十千外，又借银五十两。前日冀望外间或有碳敬之赠，今冬乃绝无此项。"

方面，道光二十一年，曾国藩父亲和弟弟曾国荃送曾国藩的妻小入京，十一月曾国藩妻子生了一个女儿，曾国藩的家庭生活主要由仆人王荆七经营，主要支出为购买柴米油盐等日用品和用于仆人开支等，除工钱外，曾国藩及其家人还间或支付仆人一定数额的赏钱，以上所有开支为176.14两。

"穿"方面，清代官服的主要特点是种类繁多、按级定质以及自行支付等，种类繁多的具体表现为按出席场合分朝服和吉服，按季节分冬天和夏天两种，按功能分日常服和出行服。特别的，具体哪天穿何种衣服，是由朝廷统一规定，而不是官员自行决定。按级定质的依据则是《大清会典》，其中甚至将高级官员朝服外面的端罩按质地、皮色及其里、带的颜色分为八个等级，以此区别官员身份、地位的高低。此外，清代所有官服均由官员自行购置，包括皇帝赏赐置物，如花翎等。所以，衣服是清代官员的主要资产，[①]相关支出也占京官基本生活支出的较大比重，[②]鉴于进京之前，曾国藩购置了大量的衣物且生活简朴，所以道光二十一年曾国藩的衣物支出并不多，总计34.44两。

"住"方面，京官解决住房的主要方式有自建、自购以及租赁等，受经济能力等因素影响，曾国藩选择第三种方式解决住房问题，而京官租赁房屋的主要特点有宅子体面、周转率高以及讲究风水，[③]

[①] 道光二十九年曾国藩在写给弟弟的信中说："我仕宦十余年，现在京寓所所有惟书籍、衣服二者。衣服则当差者必不可少，书籍则我生平嗜好在此，是以二物略多。将来我罢官归家，我夫妻所有之衣服，则与无弟弟抓阄均分。"

[②] 因前期购置了大量衣服，道光二十一年曾国藩并未购置多少衣服，而道光二十三年，曾国藩在即将赴川主持乡试时准备了九箱衣服。

[③] 道光二十一年下半年，曾国藩搬入的绳匠胡同曾有30余位重要人物居住过，人们也都说这里最有"旺气"，是最能出主考的胡同。巧合的是，两年后的道光二十三年，曾国藩果然得差去四川主持乡试。

所以住房开支也是京官生活支出的重要一项,道光二十一年,一月至七月,住在棉花六条胡同,月租 8000 文,8 月搬至绳匠胡同,月租 10000 文,外加搬家和装修等费用 34500 文,道光二十一年的住房总支出折合 97.87 两银子。

"学"方面,曾国藩一生酷爱读书藏书,① 所以在道光二十九年的家书中明确说"在京多年,主要资产是衣服和书籍两项"。除买书外,买文具和笔墨纸砚等的花费也不少,因翰林生活中最重要的任务是准备朝考,据统计,全年在书籍和办公用品等方面的总支出为 61.2 两。

"行"方面,清朝为保持满人尚武的传统,规定满族官员上朝、出行需骑马,王公、贝勒、贝子和 60 岁以上的官员方可坐轿,而汉人文官不论年纪品级都可以坐轿。曾国藩京官初期的活动范围除偶尔到衙门、皇宫和圆明园值班外,主要集中在宣南一带,如琉璃厂、长沙会馆和湖广会馆等。据统计,道光二十一年,到长沙会馆 15 次,琉璃厂 13 次,紫禁城 7 次,湖广会馆 6 次,文昌馆 5 次,圆明园 3 次,财神馆 2 次,送人离京 2 次。出行方式不外乎从车行雇车、定期结算或临时雇车、当时结算雇车等。道光二十一年的出行交通费用为 50.58 两。

"乐(情)"方面,清朝后期,许多衙门的作风是"官不理事",每月只有初一、十五打卡(点卯),同时许多京官又生活

---

① 道光十六年,曾国藩在京会试失败回家,途中路费不够,路过睢宁时借同乡易作梅 100 两白银,在路过南京时,看到一套"二十三史",爱不释手,拿出所借的 100 两白银以及典当部分衣服将其买下。回到家中,将此事告知父亲,曾麟书没有骂他,且喜且怒曰:"尔借钱买书,吾不惜为汝弥缝,但能悉心读之,欺吾不负耳。"曾国藩听后,奋发图强,起早贪黑,几乎一年足不出户,并于第二年考中进士。

在一张同乡、同门、同年、同学、同僚编织起来的大网中,所以京官生活的特点是政务不多、食务繁忙。过年及端午、中秋等节日,都要给上级、长辈、亲友送礼,日常则有大量的红白喜事及生日、升官或升迁等应酬。在各种礼节中,最不能少的就是给座师的节礼。此外,京官们还经常组织各种会,或品诗鉴文,或研究学问,会后必然聚餐。据统计,曾国藩在道光二十一年的社交应酬和人情来往等开支为128.88两。

"养(医)"方面,京官期间,曾国藩每年都会给家里寄一些高丽参、鹿胶之类的药品供家族中的老人滋补身体以及治病用,以外还要提供家庭妇女用的针线、弟弟用的毛笔和书籍等。每次升官之后,要将退下来的衣服寄回家中,道光二十一年,曾国藩还承担了父亲曾麟书回家的路费。道光二十一年以上养老和家族支出以及医疗等相关费用总计为59.35两。

综上所述,将曾国藩道光二十一年的所有收支纳入表1-6,从中我们显见京官收入方面的主要特点是在薄俸制下,京官的俸禄收入略超过总收入的1/5,为弥补基本生活赤字,不依赖外官馈赠的"清官"只能依靠借贷度日,如曾国藩过年只能向朋友借50两银子。支出结构的主要特点则是家庭生活支出和仆人开支占支出结构的比例最大,其原因是人口众多且仆人不少(曾国藩家里约有6个仆人),除此之外的第二大支出则是曾国藩的社交应酬和人情来往,而与学习等相关的"学"和家族养老与医疗相关的"养(医)"位居第四和第五。

曾国藩的另类家族财富管理对当下的启示有两个。第一,勤学乐善成就圣人。纵向而言,曾国藩历年收支结构呈现克己加强、奉公增多的反向增长趋势,在构建"朋友圈"的同时实现人力资本这一无形资产的传承。横向而言,我们把曾国藩的收支结构与李慈铭①的收支结构做一个对比（见表1-7），前者代表的是一方面刻苦砥砺、力求俭朴，另一方面和光同尘、应酬周到的京官，后者代表的则是随波逐流的中低层京官。年度支出金额李慈铭高于曾国藩，在单项的支出比例上，李慈铭在衣服穿着、娱乐休闲以及人情来往等方面的支出明显高于曾国藩，如前所述，衣服穿着在京官时代是硬支出，没有调整的可能性，而娱乐休闲和人情来往则是软支出，因人而异。曾国藩在住房、学习、出行以及养老医疗或照顾家族等方面的支出明显高于李慈铭，其中住房一项也基本属于排场需要，出行一项高于李慈铭的原因在于李慈铭基本很少去衙门处理公务。重要的是，李慈铭虽身为名

表1-7 曾国藩李慈铭收支结构对比

单位：两，%

项目	曾国藩		李慈铭	
	金额	比例	比例	金额
吃(用)	176.14	28.95	28.35	266.93
穿	34.44	5.66	27.14	255.60
住	97.87	16.08	9.48	89.20
学	61.20	10.06	1.78	16.73
行	50.58	8.31	3.00	28.27
乐(情)	128.88	21.18	26.21	246.87
养(医)	59.35	9.75	4.02	38.01
合计	608.46	100.00	100.00	941.61

资料来源：张宏杰，2015。

① 李慈铭（1830~1894年），晚清官员，著名文史学家，一生仕途并不得意，11次参加南北乡试，无不落第而归。咸丰九年（1859年）北游京城，欲捐资为户部郎中，不料为人欺哄，丧失携资，落魄京师，其母因此变卖田产以遂其志，而家道由此中落。同治九年（1870年），41岁始中举。光绪六年（1880年），51岁始中进士，补户部江南司资郎。

士文人，其在购买书籍和学习用具等方面的支出大幅低于曾国藩在此项上的支出。此外，曾国藩虽然经济窘迫，但时刻不忘照顾家族亲友，"养（医）"支出比例高于李慈铭相应支出一倍多，这是曾国藩与李慈铭的最大区别所在，也是曾国藩成就丰功伟业并荫及后人的制胜法宝。

第二，利他终将利己。据统计，曾国藩的部下中有26人成为督抚、尚书，即正部级官员，有52人成为三品以上官员，也就是当今的副部级以上官员。此外，道员、知府、知州、县令更是数不胜数。前述这些都是曾国藩利他的具体表现，事实上，最终结果则是利己。有一种说法认为曾国藩一生功业半受朋友之助，其事业的成功从某种程度来说是善于用人的成功，即对人力资本的合理运用。事实上，曾国藩通过合理运用人力资本构建的"朋友圈"不仅有助于自己的事业，同时也可以帮助曾氏的后人。众所周知，曾国藩与左宗棠是一对欢喜冤家，更有一种说法是"既生左，何生曾"，左宗棠自始至终以骂曾国藩为荣，甚至在曾国藩死后也是如此，但在曾国藩死时，左宗棠的挽联署名是"晚生左宗棠"，原因在于左宗棠虽然一直辱骂曾国藩，但曾国藩对此表现得非常大度：第一，要求自己的亲朋好友及家人不要回击左宗棠，避免火上浇油，反而鼓励他们尽量与左宗棠搞好关系；第二，对左宗棠的攻击不闻不问，不予回答；第三，左宗棠西征时，时任两江总督的曾国藩负责的军饷总是足额准时送到；第四，左宗棠在剿捻和西征时，曾国藩又将最得意的部下刘松山交给左宗棠使用，刘松山屡立战功，对左宗棠帮助极大。基于以上原因和事实，左宗棠对曾国藩的后人极其照顾，曾国藩死后五年，曾纪泽因家人病重无钱医治，向左宗棠求助，左宗棠立即送去300两银子。曾纪泽因病去世后，左宗棠在医药费、丧葬费上又多次给予帮助。左宗棠任两江总督时，委任曾国藩的女婿聂缉椝为营务处

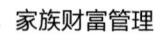

会办,第二年,又提升其为上海制造局会办。聂缉椝自此官运亨通,一直做到江苏巡抚。

四　客户分析实践经验

本节我们在简要陈述家族财富管理流程步骤的基础上,扼要介绍国外私人银行、日本财富管理机构和国内保险从业机构在客户分析策略方面的具体实践。

(一)财富管理流程步骤

事实上,在对客户进行调查并编制生命周期资产负债表的过程中,我们完成了财富管理流程中了解信息和确定权责两步,接下来的流程是基于客户个性化的财富管理目标,制定客户的资产配置策略、风险隔离策略和权益重构策略,此后再基于客户的动态信息及时更新调整财富管理策略流程(见图1-1和表1-8)。

扩展阅读：家谱

祠堂、族田和家谱是宋明时期家族财富管理的三个重要支柱,分别代表家族精神传承、家族财富传承和家族约束机制,其中家谱记载祖宗墓地和族产公田等以及家规家法的成文法或习惯法,修谱是家族中的重大事件,每个家族的家谱都定期修订,频率10年、20年或30年不等,如嘉誉陈氏规定,"族谱十年一修,有爵者主之,爵同论长"。族中子孙如不定期续修家族,就被认为是不孝。如南丰符氏规定,"三世不修谱,谓之不

孝"。（整理自徐扬杰《宋明以来的封建家族制度述论》，《中国社会科学》1980年第4期）

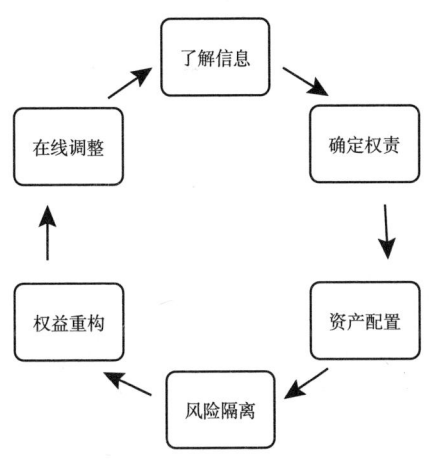

```
        了解信息
       ↗      ↘
   在线调整      确定权责
      ↑           ↓
   权益重构      资产配置
       ↖      ↙
        风险隔离
```

图1-1　财富管理流程示意

惯例而言，从功能视角来看财富管理的目标有融资、保值、增值、传承和非金融服务等。事实上，我们可能忽略了财富管理目标制定中的重要一环，举例而言，"别的不要和我说，只要告诉我买什么能赚钱就行"，这样的回答体现了决策者只关注增值的家族财富管理单一目标，而"我的目标很简单，就是想让我的孩子能上个好学校，然后退休后能安度晚年"，这样的回答则表明决策者的家族财富管理目标包括子女教育等非金融服务和养老规划等。

然而，以上两类家族财富管理目标看似"目标"，但依然模糊不清且忽略了诸多假设条件，一则忽略可能破坏其财务状况的风险，如地震或洪水情况下的财产损失或交通等意外情况下的人身安全风险等，没有做出如终身寿险等相关安排；二则忽视应急储备，即便考虑了尽可能多的破坏财务状况的风险，也依然存在我们无法确定的未知系统性风险，所以在给客户制定家族财富管理目标时不可忽略其应急储备问题，规避财务风险和做好应急储备是财富管理的两个基础性目标，通常称其为"隐性目标"。质言之，财富管理目标包括风控、融资、保值、增值、传承和非金融服务等方面，其中风控的要义之一即财富管理的隐性目标——规避财务风险和做好应急储备。

扩展阅读：人力资本与终身寿险

旧金山大桥的总设计师施特劳斯在竣工典礼上感谢一名保险代理人并讲述了一个与大桥建设无关的故事，原因还得从施特劳斯儿时的经历说起。一名保险代理人到身为建筑工人的施特劳斯父亲所在的建筑工地去向其推销保险，限于当时的家庭经济情况，施特劳斯的父亲拒绝了这位保险代理人，后来保险代理人第二次到工地上去游说施特劳斯的父亲，同样遭到了父亲的拒绝。第三次，保险代理人到其家里游说父亲，作为家庭主妇的母亲听到后将其赶出家门。殊不知，天有不测风云，两年后父亲暴病身亡，全家陷入经济瘫痪状态，没有经济来源维持现有的生活和子女的教育。此时，保险代理人再次来到施特劳斯的家中，母亲一脸怒气，因为母亲认为保险代理人是来笑话他们当时的错误决定的。哪知保险代理人深深地向母亲鞠了一躬说："夫人，请不要误会，我是来向你履行保险金赔付手续的，因为在您把我赶出家门后，我第四次到建筑工地找到了您的先生，并说服他购买了保险，目的在于保证您先生出现意外时家庭的基本生活和子女未来的教育。"有了这笔保险赔付金，施特劳斯得以完成学业，并成为著名的建筑设计师。

表1-8 家族财富管理流程明细

1. 财富管理目标	3. 风险隔离策略
（1）了解情况	（1）长寿风险
（2）确定权责	（2）死亡风险
（3）制定目标	（3）医疗、伤残及长期护理风险
2. 资产配置策略	
（1）目标	i. 生前遗嘱
i. 收益	ii. 健康看护代理
ii. 风险	（4）财产风险
（2）约束条件	（5）经营风险
i. 时间范围	（6）政治风险
ii. 税负	（7）法律风险
iii. 流动性	（8）市场风险
iv. 法律及监管需求	4. 权益重构策略
v. 特殊情况	（1）父辈权益
（3）战略资产配置	（2）自己权益
i. 资产等级约束	（3）儿女权益
ii. 投资约束	（4）孙辈权益
iii. 投资策略	（5）公益权益
iv. 投资风格	5. 在线调整策略
（4）执行、监督及审查	（1）变动信息及时更新
i. 对客户、经理、托管人及其他当事方的责任	（2）更新改进策略流程
ii. 绩效度量、评价及基准	
iii. 审查时间表	
iv. 再平衡方针	

资料来源：资产配置策略内容来源于哈罗德·埃文斯基等，2015。

此外，哈罗德·埃文斯基等（2015）从时间维度对财富管理的目标进行分类，明确界定隐性目标后，将财富管理目标分为短期目标、中期目标和终生目标,其中,短期目标的关键指标是流动性管理;中期目标则表示在预期之中,在有限时间内,并需用现有的储蓄和未来的收入予以支付的项目,如大学教育、婚礼、购买第二套房和环球旅行等;终生目标则是财务自由。事实上,所有现有的分类都不足以满足客户个性化的财富管理目标,但至少有几点是共性的:目标的优先劣后顺序、资金规模安排和时间分配规划等。

作为本节的结束,我们给出客户规划安排死亡风险的死亡率(见表 1-9),即储蓄-消费函数关系中的 L_t。事实上,这只是一

表 1-9 死亡率(退休规划余生预测)

当前年龄	性别	平均死亡年龄	累计概率*对应死亡年龄			
			70%	80%	90%	95%
50	男	83 岁	88 岁	91 岁	95 岁	98 岁
	女	83 岁	92 岁	95 岁	98 岁	101 岁
55	男	84 岁	89 岁	92 岁	96 岁	99 岁
	女	84 岁	92 岁	95 岁	98 岁	101 岁
65	男	85.5 岁	89 岁	92 岁	96 岁	99 岁
	女	85.5 岁	93 岁	95 岁	99 岁	101 岁
70	男	86 岁	90 岁	93 岁	96 岁	99 岁
	女	86 岁	93 岁	95 岁	99 岁	101 岁
75	男	87.5 岁	91 岁	93 岁	97 岁	100 岁
	女	87.5 岁	93 岁	96 岁	99 岁	101 岁
80	男	89.5 岁	92 岁	95 岁	98 岁	100 岁
	女	90.5 岁	94 岁	97 岁	100 岁	102 岁
85	男	91.9 岁	94 岁	95 岁	99 岁	102 岁
	女	91.9 岁	95 岁	98 岁	101 岁	103 岁

* 表示考察对象死亡年龄低于给定水平的概率。举例而言,假定决策者是 50 岁的男性,则决策者在 83 岁之前死亡的概率不低于 50%,在 98 岁之前死亡的概率不低于 98%。

资料来源:哈罗德·埃文斯基等,2015。

个大数定律下的参考,在分析具体问题时,我们还要考虑决策者及其成员的独特基因情况,以此推断决策者的死亡时间,所以在做规划时还需调查客户近亲的生命终止时间,也就是说要分析客户的基因情况。

(二)客户分析策略实践

我们从国际经验和国内实践两个维度给出具体的客户分析案例,其中国际经验以财富管理业中的私人银行业务以及日本金融机构的客户分层为例,而国内实践我们以保险公司的客户分析策略为例。

1. 客户导向四层含义

以财富管理业中的私人银行业务为例,"以客户为中心"的含义有四层,第一层是明确目标客户。以瑞士和美国的部分私人银行为例,瑞士的私人银行家普遍认为未来10年内私人银行客户的最低门槛将由25万瑞士法郎的可投资资产提高到100万瑞士法郎,可投资资产在100~500万瑞士法郎的客户将成为私人银行争夺的焦点。[①] 美国一些大型银行抬高了客户准入门槛,将可投资资产至少为1000万美元的超高净值客户作为私人银行的服务对象。比如2012年4月,富国银行将其私人银行部门重新整合成新公司Abbot Downing,并将目光对准了家庭净资产在5000万美元以上的超富裕个人和家庭。此外,高盛也于2013年取消了由私人银行部门为其员工理财的福利待遇,将资产规模在1000万美元以下的员工转给服务一般客户的理财部门Fidelity

---

① KPMG, *Success Through Innovation: Achieving Sustainability and Client-centricity in Swiss Private Banking*.

Investments。这些私人银行提高客户门槛主要有三方面原因：一是出于成本考虑，摒弃以往"大而全"的做法，只专注于一类客户；二是由于服务超高净值客户对银行在规模、专业能力等方面的要求较高，一般银行很难进入，竞争压力相对较小；三是超高净值客户市场发展空间巨大，根据瑞银集团的《2014年全球财富报告》(*Global Wealth Report 2014*) 中的数据，未来10年美国净资产在3000万美元以上的超高净值人士将由2013年的39378人增长21%至47648万人，届时美国、日本、中国、德国和英国的超高净值人数将分列全球前五位，增幅均在15%以上，其中，中国超高净值人数将增长80%至14213人。值得注意的是，定位于超高净值客户并不适用于所有私人银行，各私人银行应结合所在地区客户的财富特征，以及自身的发展定位等因素来确定目标客户，这样也有利于各私人银行的品牌建设。

"以客户为中心"的第二层含义是"客户和战略引导产品"将取代"产品引导客户分类和战略"。产品和服务的提供模式将从传统的"产品开发和筛选—提供和解决—建议和出售给客户"，演变为以客户为中心的"签约客户—标准化客户数据收集程序—保持、更新和分析数据—动态客户分类—度身定制产品和服务"的过程，客户行为数据分析将成为解决客户需求和拓展新业务的主要工具。

"以客户为中心"的第三层含义是提供全面的综合跨界服务，即针对高净值客户的需求，采用顾问模式，为客户提供终生资产安排、建议和服务以及针对另类投资机会、特殊要求（如公司建议、艺术、奢侈品、慈善投资、游艇融资等）的定制设计。

"以客户为中心"的第四层含义是加强"顾问"作用，

提高客户与银行之间的黏性,而非对客户经理的黏性,可采取由一名投资方面的全才负责协调联络各领域专家,与客户经理一起为客户提供度身定制的财富管理解决方案的服务形式。

2. 日本行业属性分类

野村综合研究所以纯金融资产作为客户五级分类的基准,第一级是资产在3000万日元(不含3000万日元,下同)以下的大众阶层;第二级是资产在3000万~5000万日元的超大众富裕阶层;第三级是资产在5000万~1亿日元的准富裕阶层;第四级是资产在1亿~5亿日元的富裕阶层;第五级是资产在5亿日元以上的超富裕阶层,有关日本财富管理市场尤其是与家庭金融资产相关的数据见附录1-2。其中纯金融资产是指金融资产(现金、存款、股份、债券、投信、临时支付的生命保险、养老保险金等实物资产以外的资产)减去负债的金额,不包含不动产资产。在实际操作中,为避免基于金融资产统计口径进行客户分类的信息不完整性,金融机构以客户所属的行业作为分类基准,并针对客户所属的行业不同提供有针对性的个性化服务。如三井住友信托银行将客户分为企业主、私营医生、公司董事和私有土地所有者等四类,鉴于企业主的资产以自己公司的股票为主,向其提供的服务是如何降低股票评估价格及降低股票配置权重等,而对私有土地所有者提供的服务有买入不动产的贷款或建造房屋、安排房屋出租的相关融资等。不同类型机构获取客户的方式也不尽相同,如信托银行从拥有定期存款的零售客户或住房登记系统中获取客户资源,而证券公司则以对公客户服务的延伸作为获取客户的主要渠道。

进一步,以前述的客户分类为基础,结合机构优势进行架构安排。再以三井住友信托银行为例，其私人银行部门下设三个部门，分别是服务母公司客户的部门、支持服务分公司客户的部门和对公客户服务部门。又如野村证券公司，下设财富管理部和私人银行部两个部门，前者以资产管理等业务为核心，即所谓的特定运用型[①]业务模式；后者以企业传承等业务为核心，属于事业支持型业务模型，两部门之间具有产业链上下游的关系，协调中又有配合。此外，为服务特定的客户或开展特定的业务，金融机构也会成立专营部门和专项子公司等，如三菱东京UFJ银行集团下属的证券子公司向私人银行客户提供综合证券业务，PB证券子公司向客户提供资产的特定运用服务，三井住友信托银行下设由税务专业人员组成的以税务咨询为主业的财富管理子公司。

3. 保险公司投资顾问服务

作为专注于财富管理业务的代表企业，瑞泰人寿在向客户提供服务时，采取多种形式的投资顾问策略，如定期定投策略、账户转移策略和 DCA 功能（Dollar Cost Average）等。定期定投策略和账户转移策略类同于证券投资基金和证券公司集合理财产品等投资工具的对应投资策略，DCA 功能是在市场行情并不明朗的条件下，客户经理建议客户将其所有投资本金转入稳健型投资账户，后面分期定额转入高风险账户，以规避行情波动风险。此

[①] 在以客户为中心的导向下，日本财富管理业根据服务的客户对象不同，将业务模式分为特定运用型、综合资产管理型和事业支持型三种类别。具体而言，特定运用型是关于个人/家庭金融资产运用的建议；综合资产管理型则是关于个人/家庭资产总体的建议，如家族办公室成立、不动产投融资、遗产继承对策，合理避税对策以及健康、社会贡献等的关心事项等；事业支持型则是以事业为切入点，提供与家庭/个人资产相关的建议，如资本政策、本公司股份分配对策和事业继承对策等。

外，为更好地服务客户，工银安盛人寿还推出定制专业顾问服务，备选的项目有性别、年龄、专业特长和服务时间等，客户在网站填写上述基本信息后，工银安盛人寿将安排客户需求的定制化财富管理经理提供服务。

保险公司投资顾问服务还包括定制服务，典型案例如信诚人寿的定制管理团队和工银安盛的定制理财顾问服务。作为信诚人寿传家品牌的增值服务之一，定制管理团队旨在根据客户的意愿，结合客户家庭实际情况，遵循有关保险、信托、法律和税务的相关内容，依托中信集团全金融资源和经验，制定适合客户的管理、运用和实施方案，主要的协作分工如下：第一，中信信托担当此项保险金的受托人，按照客户的意愿以自己的名义为受益人的利益或者特定目的进行资金的管理、保值或分配；第二，信诚人寿协助安排专业法律事务所咨询服务，为客户解决企业和个人的各种法律咨询，提前认知法律风险，最大限度保护客户利益；第三，信诚人寿作为整套解决方案的私人保单管家提供私密服务，为每位客户特别指定一名私人保单管家，以专业高效服务为客户提供"一条龙"保单服务，切实保障信息安全，提升客户服务的私密性。

工银安盛人寿在其产品服务分类中，除个人产品和团体产品外，还增加了理财顾问服务环节，包括金牌顾问推荐和定制理财顾问两个层次：第一层次主要通过展现金牌理财顾问的基本信息，如展业证号、服务地区、行业资历、获得荣誉和联系方式等相关信息，供决策者自由选择；第二层次是向客户提供定制理财顾问的问卷，工银安盛人寿根据问卷内容推送定制后的理财顾问，进而实现客户需求和顾问供给之间的一一对应。

扩展阅读：工银安盛理财顾问定制问卷

1. 您对理财顾问的要求
   (1) 性别　男（　）　女（　）
   (2) 年龄　28岁以下（　）　30~39岁（　）
   　　　　　40岁以上（　）
   (3) 专长领域（多选）　子女教育（　）
   　　退休规划（　）　　家庭保障（　）
   　　财富管理（　）

2. 接受工银安盛联络的时间（多选）
   　　早上9点前（　）　　上午9点~12点（　）
   　　中午12点~2点（　）　下午2点~6点（　）
   　　晚上6点以后（　）

3. 通过何种渠道了解工银安盛的？（多选）
   　　百度搜索引擎（　）　　谷歌搜索引擎（　）
   　　其他网站的网络广告（　）　报纸杂志广告（　）
   　　地铁、电梯广告（　）　收藏夹（　）
   　　公司短信（　）　　电子邮件（　）
   　　理财顾问（　）　　服务热线（　）
   　　其他渠道（　）　　工商银行网点（　）

4. 其他需求（自填）

资料来源：工银安盛网站。

附录1-1 客户资产负债表

资产			负债	
科目		金额	金额	科目
有形资产	金融资产	现金			吃	生活支出
		股票			穿	
		股权			用	
		债券			住	
		银行理财			学(教育)	
		证券集合产品			行(交通)	
		保险产品			业(创/就业)	
		信托产品			老(养老)	
		证券投资基金			乐(休闲娱乐)	
		私募股权			情(礼金往来等)	
		其他金融资产等			医(医疗和养老等)	
	非金融资产	房产			企业融资	融资支出
		飞机			住房贷款	
		汽车			汽车贷款	
		游艇			其他贷款等	
		土地				慈善支出
		林地				
		金银				
		玉石				
		字画				
		酒茶				
		其他				
无形资产	人力资本	工资收入等				
	社会资本	教育经历				
		工作经历				
		社会兼职等				
	其他资本	政商关系				
		X二代*				
总计					总计	

*如富二代、红二代、学二代或企二代等。

附录1-2 日本财富市场数据

亚洲文化中的"防患于未然"基因在其家庭金融资产结构中也表露无遗,以日本、美国和欧元区为例,2014年第一季度日本居民金融资产中的现金占比超过一半,为52.6%,远高于美国和欧元区同类资产的占比(见图1)。鉴于日本信托制度中的"信托机制"也不健全,日本居民家庭金融资产中投资信托的占比不高,仅为5.2%,而同期美国和欧元区的相应资产占比则为13.1%和7.2%。此外,由于老龄化背景下的养老保障问题凸显,居民家庭金融资产中的保险或年金准备金占比与美国及欧元区相应资产占比相差无几。纵向来看,受"失去的20年"的经济萧条影响,日本居民家庭资产规模虽然也由1990年的1017万亿日元上升到2013年的1624万亿日元,但其中流动性资金占比由1990年的5%飙升3倍到2013年的20%,年金准备金占比则由1990年的6%上升到2013年的13%,股份出资金占比则由1990年的17%下降到2013年的7%。

另外,从居民家庭金融资产的持有结构来看,据野村综合研究所调查数据,2011年末日本5036.3万家不同富裕阶层的家庭总资产为1138万亿日元(见表1)。总体来看,日本居民家庭金融资产并未呈现明显的"二八特征",而体现明显的"二五特征",即占比为20%的超大众富裕阶层以上家庭金融资产占居民家庭金融资产的比重在50%以上,因为1997~2011年大众阶层占家庭总数的比重基本在80%上下波动,但其金融资产占比从未超过50%,最高占比为2003年的49.10%且总体呈逐年下降趋势,如2011年的对应比例为43.94%,这表明日本居民家庭金融资产的财富分化现象明显。进一步看，如果我们考量单位家庭的金融资产持有量①（见表2），则可以发现更明显的贫富差距，富裕阶层和超富裕阶层家庭金融资产持有量分别是准富裕阶层家庭和大众阶层及超大众富裕阶层家庭金融资产的3倍和12倍以上。如果以准富裕阶层家庭为基准，类同于中产阶级收入家庭或国内的小康生活水平，显见，大众阶层和超大众富裕阶层金融资产持有量不足中产阶层收入家庭金融资产持有量的25%，这表明财富管理业对大众阶层和超大众富裕阶层家庭的未来生活保障管理大有可为。

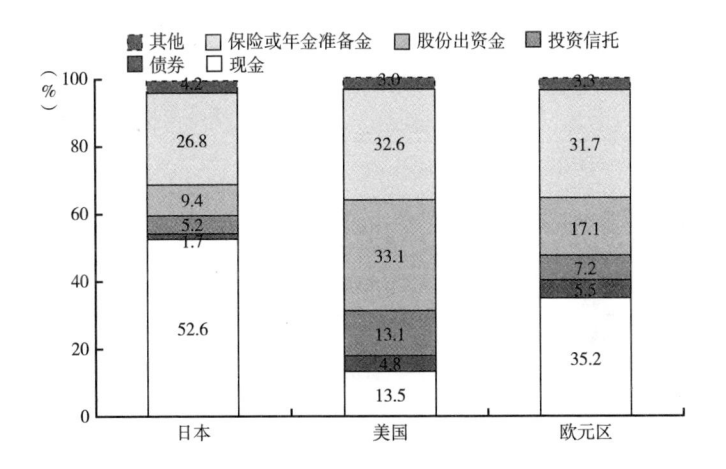

图1 日本、美国和欧元区家庭金融资产结构对比（2014年第一季度）

资料来源：日本央行。

---

① 单位家庭金融资产持有量＝某类家庭金融资产占比/某类家庭数量占比，如富裕阶层和超富裕阶层家庭金融资产持有量＝富裕阶层和超富裕阶层家庭金融占比之和/富裕阶层和超富裕阶层家庭数量占比之和，其他类同。

表1 富裕阶层金融资产数据

单位：万亿日元，万家

分类＼年份		1997	2000	2003	2005	2007	2009	2011
超富裕阶层	纯金融资产	52	43	38	46	65	45	44
	家庭数	8.2	6.6	5.6	5.2	6.1	5.0	5.0
富裕阶层	纯金融资产	125	128	125	167	189	150	144
	家庭数	80.4	76.9	72.0	81.3	84.2	79.5	76.0
准富裕阶层	纯金融资产	137	166	160	182	195	181	196
	家庭数	210.8	256	245.5	280.4	271.1	269.8	268.7
超大众富裕阶层	纯金融资产	192	201	215	246	254	225	254
	家庭数	547.7	575.1	614	701.9	659.8	639.2	638.4
大众阶层	纯金融资产	487	503	519	512	470	480	500
	家庭数	3643.7	3760.5	3881.5	3831.5	3940	4015.8	4048.2
合计	纯金融资产	993	1041	1057	1153	1173	1081	1138
	家庭数	4490.8	4675.1	4818.6	4900.3	4961.2	5009.3	5036.3

资料来源：日本野村综合研究所。

表2 不同阶层家庭的金融资产持有量及其相关指标

单位：万亿日元

年份	富裕阶层和超富裕阶层	准富裕阶层	大众阶层和超大众富裕阶层	比值1	比值2	比值3
1997	9.03	2.94	0.73	3.07	12.33	0.25
2000	9.20	2.91	0.73	3.16	12.61	0.25
2003	9.58	2.97	0.74	3.22	12.86	0.25
2005	10.47	2.76	0.71	3.79	14.73	0.26
2007	11.90	3.04	0.67	3.91	17.87	0.22
2009	10.69	3.11	0.70	3.44	15.24	0.23
2011	10.27	3.23	0.71	3.18	14.43	0.22

注：比值1 = 富裕阶层和超富裕阶层/准富裕阶层；比值2 = 富裕阶层和超富裕阶层/大众阶层和超大众阶层；比值3 = 大众阶层和超大众阶层/准富裕阶层。

第二章
资产配置策略

本章以均值-方差理论为基础,给出客户保值、增值和保全目标导向下的财富管理资产配置策略显式表达和实证检验,辅以首席官商盛宣怀的财富增值保全策略案例、美国的投资时钟案例以及标普的四象限模型,最终给出目前家族信托市场和保险市场中具备增值、保值或保障功能的产品案例。

一 老钱新钱话题讨论

目前,全球财富管理西风东渐,源于欧洲,发展于美洲,正向亚洲走来。如前所述,中观上家族财富管理的业务模式和赢利模式等与宏观上的法律、制度、政策和文化密切相关,所以如果我们照搬欧洲和美洲的财富管理业务模式,在国内并不适应,以私人银行业务的组织架构为例,业务开创之初各机构纷纷学习拷贝境外成熟的事业部模式,历经几年的实践获得相应经验教训后纷纷回归国内通用的大零售模式。

事实上,除前述的法律和制度等因素外,还有一个影响财富管理业务开展的重要因素——资金来源,分"新钱"(New Money)和"老钱"(Old Money),新钱表示经历辛苦劳动创业赚来的钱,如美国财富管理的资金来源,我国现有财富管理的资金来源也是新钱，基本都是改革开放以来的新富，目前正处于由富一代向富二代传承的过渡阶段，增值是这类资金来源客户的主要目标，他们寄希望于通过特定的投资组合策略和资产选择理论实现家族财富的增值。老钱则表示经历过一代或多代传承的资金，欧洲的财富管理以管理老钱为主，所以保值是这类客户的财富管理目标，对收益的要求不高。而财富保全的含义则同家族财富管理的隐性目标——规避财务风险和做好应急储备等相吻合，如施特劳斯父亲购买的终身寿险等，决策者并不要求增值，也不要求保值甚至没有资产可去保值，但需要一定的工具或手段规避财务风险并做好应急储备。接下来，我们运用均值-方差理论分析目标导向下决策者的资产配置策略差异。

二　最优资产配置策略

假定市场中有三种允许卖空的独立资产，一种无风险资产的收益为 r_0，两种风险资产的收益分别为 r_1 和 r_2，无风险资产和两种风险资产的投资组合权重顺次为 ω_0，ω_1 和 ω_2，满足 $\omega_0 + \omega_1 + \omega_2 = 1$，记其投资组合收益率为 r_p，即

$$r_p = \omega_0 r_0 + \omega_1 r_1 + \omega_2 r_2. \qquad (2-1)$$

（一）财富保值最优策略

以风险最小为目标的财富保值优化目标为

$$\min \operatorname{Var}(r_p)$$
$$\text{s. t. } \operatorname{E}(r_p) = \bar{\mu}$$

第二章 资产配置策略

即

$$\min(\omega_1^2\sigma_1^2 + \omega_2^2\sigma_2^2)$$
$$\text{s. t. } \omega_1\hat{\mu}_1 + \omega_2\hat{\mu}_2 = \hat{\mu}$$

其中 $\hat{\mu}_i = \mu_i - r_0 = E(r_i) - r_0$,$i = 1, 2$,$\hat{\mu} = \bar{\mu} - r_0$。上式的一阶条件为：

$$\begin{cases} 2\omega_1\sigma_1^2 - \lambda\hat{\mu}_1 = 0 \\ 2\omega_2\sigma_2^2 - \lambda\hat{\mu}_2 = 0, \\ \omega_1\hat{\mu}_1 + \omega_2\hat{\mu}_2 - \hat{\mu} = 0 \end{cases} \quad (2-2)$$

解之得最优解投资组合为：

$$\begin{cases} \omega_1^e = \dfrac{\hat{\mu}\hat{\mu}_1\sigma_2^2}{\hat{\mu}_1^2\sigma_2^2 + \hat{\mu}_2^2\sigma_1^2} \\ \omega_2^e = \dfrac{\hat{\mu}\hat{\mu}_2\sigma_1^2}{\hat{\mu}_1^2\sigma_2^2 + \hat{\mu}_2^2\sigma_1^2} \end{cases} \quad (2-3)$$

（二）财富增值最优策略

以收益最大为目标的财富增值目标为：

$$\max E(r_p)$$
$$\text{s. t. } \text{Var}(r_p) = \bar{\sigma}^2$$

解之得稳定点为：

$$\begin{cases} \omega_1 = \pm \dfrac{\sigma_2\bar{\sigma}\hat{\mu}_1}{\sigma_1\sqrt{\hat{\mu}_1^2\sigma_2^2 + \hat{\mu}_2^2\sigma_1^2}} \\ \omega_2 = \pm \dfrac{\sigma_1\bar{\sigma}\hat{\mu}_2}{\sigma_2\sqrt{\hat{\mu}_1^2\sigma_2^2 + \hat{\mu}_2^2\sigma_1^2}} \end{cases}, \quad (2-4)$$

进一步验证其最优解为：

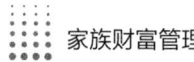

$$\begin{cases} \omega_1^a = \dfrac{\sigma_2 \bar{\sigma} \hat{\mu}_1}{\sigma_1 \sqrt{\hat{\mu}_1^2 \sigma_2^2 + \hat{\mu}_2^2 \sigma_1^2}} \\ \omega_2^a = \dfrac{\sigma_1 \bar{\sigma} \hat{\mu}_2}{\sigma_2 \sqrt{\hat{\mu}_1^2 \sigma_2^2 + \hat{\mu}_2^2 \sigma_1^2}} \end{cases} \tag{2-5}$$

（三）保全保值最优策略

接下来，我们以终身寿险产品作为财富保全产品的代表。假定在原有的三种投资工具基础上增加了第四种投资工具——终身寿险产品，则有

$$r_p^i = \omega_0^i r_0 + \omega_1^i r_1 + \omega_2^i r_2 + \omega_3^i r_3, \tag{2-6}$$

其中 $1 = \omega_0^i + \omega_1^i + \omega_2^i + \omega_3^i$，$\omega_3^i$ 和 r_3 为财富保全投资工具的投资比例和投资收益。对上述投资组合进行降维，若记

$$\omega_0 \triangleq \frac{\omega_0^i}{1-\omega_3^i}, \omega_1 \triangleq \frac{\omega_1^i}{1-\omega_3^i}, \omega_2 \triangleq \frac{\omega_1^i}{1-\omega_3^i}, r_p \triangleq \frac{r_p^i - \omega_3^i r_3}{1-\omega_3^i}, \tag{2-7}$$

则上述以财富保全为目标的财富管理问题即可转化为以财富保值和财富增值为目标的资产配置问题。

显见，对以财富保值和财富增值为目标的财富管理问题而言，由其最优投资组合及其简化形式知，$\hat{\mu}_1$ 和 $\hat{\mu}_2$ 取值的正负对 $E(r_p)$ 和 $Var(r_p)$ 的计算结果并无实质影响。因此，我们只需比较不同目标下财富管理投资组合头寸的差异，静态分析结果见表 2-1。结果表明，财富保值和财富增值的做空和做多方向相同，即做多超额收益为正的资产，同时做空超额收益为负的资产。

表2-1　财富保值和财富增值目标下投资组合头寸的比较静态分析

	$\hat{\mu}_2 > 0$	$\hat{\mu}_2 < 0$
$\hat{\mu}_1 > 0$	$\omega_1^e > 0, \omega_2^e > 0, \omega_1^a > 0, \omega_2^a > 0$	$\omega_1^e > 0, \omega_2^e < 0, \omega_1^a > 0, \omega_2^a < 0$
$\hat{\mu}_1 < 0$	$\omega_1^e < 0, \omega_2^e > 0, \omega_1^a < 0, \omega_2^a > 0$	$\omega_1^e < 0, \omega_2^e < 0, \omega_1^a < 0, \omega_2^a < 0$

（四）最优策略实证检验

为与理论推导中的假设条件相容，除定期存款（假定其利率为3%）外，我们选择证券投资基金、黄金现货和终身寿险等作为家族财富管理的可配置资产，其中前两者相关指数的年度数据见表2-2。

表2-2　上证基金指数和黄金现货价格指数

年份	上证基金指数			黄金现货价格指数		
	收盘价	收益率（%）	滚动标准差（个百分点）	收盘价	收益率（%）	滚动标准差（个百分点）
2000	1121.71	—	—	272.65	—	—
2001	1183.13	5.48	—	276.50	1.41	—
2002	942.33	-20.35	18.26	342.75	23.96	15.94
2003	1016.96	7.92	15.66	416.25	21.44	12.36
2004	872.01	-14.25	14.11	435.60	4.65	11.48
2005	840.19	-3.65	12.25	513.00	17.77	10.18
2006	2090.52	148.82	63.73	635.70	23.92	9.99
2007	5070.79	142.56	74.21	836.50	31.59	10.96
2008	2512.49	-50.45	75.50	865.00	3.41	11.35
2009	4765.75	89.68	73.65	1104.00	27.63	11.30
2010	4557.66	-4.37	70.49	1410.25	27.74	11.15

续表

年份	上证基金指数			黄金现货价格指数		
	收盘价	收益率（%）	滚动标准差（%）	收盘价	收益率（%）	滚动标准差（%）
2011	3592.26	-21.18	68.64	1574.50	11.65	10.77
2012	3921.09	9.15	65.61	1664.00	5.68	10.85
平均值	—	24.11	50.19	—	16.74	11.49

资料来源：WIND，作者计算。

由式（2-3）或式（2-5）计算出不同风险收益目标下的投资组合权重见表2-3，在相同的市场环境下，以市场平均收益水平20.43%和平均风险水平30.84%为条件的财富保值和财富增值投资组合方向相同且均存在负债投资现象，但财富增值目标下的负债投资额远高于财富保值目标下的负债投资额，也可理解为增值导向的家族财富管理资产配置策略比保值导向下的财富管理投资策略更为激进，这与直觉完全吻合。

表2-3　不同风险收益目标下的均值-方差投资组合权重

收益水平（%）	上证指数投资权重(%)	黄金现货投资权重(%)	定期存款投资权重(%)	风险水平（%）	投资效率
5.00	1.04	12.95	86.00	1.58	1.27
10.00	3.65	45.34	51.01	5.52	1.27
15.00	6.26	77.72	16.02	9.47	1.27
20.43	9.09	112.89	-21.98	13.75	1.27
42.09	20.39	253.20	-173.59	30.84	1.27

进一步，假定某投资者目前有100万元现金资产，其首要目标是财富保全，即至少给子孙后代留100万元，次要目标是财富保值。如前所述，选取终身寿险作为财富传承工具，投保100万

元所需的保费为 10 万元，即 $\omega_3^i = 10\%$，$r_3 = 0$，由式（2-7）知，当财富保值的目标收益率 $r_p = 20.43\%$ 时，财富保全的目标收益为：

$$r_p^i = (1 - \omega_3^i)r_p + \omega_3^i r_3 = 18.39\%$$

其投资组合权重顺次为：

$$\omega_0^i = (1 - \omega_3^i)\omega_0 = -19.78\%$$
$$\omega_1^i = (1 - \omega_3^i)\omega_1 = 8.18\%$$
$$\omega_2^i = (1 - \omega_3^i)\omega_2 = 10.06\%$$

事实上，在以财富保全为目标的家族财富管理资产配置问题中，当决策者对收益水平要求适中时，如目标收益率不高于 13.5%，决策者无须负债进行投资。这表明，不同家族财富管理目标的资产配置策略差异明显，如财富增值、财富保值和财富保全三者潜在负债额度逐级提高。

三　资产配置策略案例

实践中，决策者可依据不同的环境总结不同的资产配置策略，如《杂阿含经》中有关家族财富的"四分法"资产配置策略是"一份自食用，二份营生业，余一份藏密，以抚于贫之"，即将家族财富分为四份，一份用于满足自身的生活所需，两份用于投资或创业经营，一份用于储蓄以备应急所需。再如，生命周期投资决策模型的两个重要公式为：

投资组合中股票的投资比例 = 100 - 投资者的年龄
投资组合中债券的投资比例 = 投资者的资产余额

这表明对决策者而言，在设计投资组合时，年龄即使不是唯一需要考虑的因素，也是一个十分重要的参数。就财富管理的增值策略而言，国外有古巴比伦的定期储蓄增值故事，国内有明清时期盛宣怀的安全资产组合策略。

扩展阅读： 古巴比伦的定期储蓄增值

在古巴比伦出土的陶砖土上记载着巴比伦首富阿卡德的成长故事。阿卡德以做陶砖雕刻为生，一天，一位有钱人欧格尼斯请他尽快雕刻一块有关法律条文的陶砖，阿卡德答应为欧格尼斯彻夜工作，但要求对方告诉其致富秘诀。结果，双方都兑现了诺言，欧格尼斯给阿卡德的秘诀是：按比例存下你的每一笔收入，如10%等。一年后，两人相遇，欧格尼斯问阿卡德是否照做，阿卡德回答照做了，但把钱给砖匠阿卢玛，请他从远方捎带珠宝回来在当地销售。欧格尼斯训斥道：怎能和砖匠做珠宝生意？要做珠宝生意，就应该找珠宝商；要做羊毛生意，就要找羊毛商，也就是说不要和外行人做生意。果不其然，砖瓦匠买回的是和珠宝很像的玻璃。第二年，两人再次相遇，欧格尼斯问了阿卡德同样的问题，阿卡德说："把一年来存下的钱借给铁匠，以便他购买青铜材料，铁匠每四个月付一次利息。"欧格尼斯说："很好，租金用在何处呢？"阿卡德说："用租金饱餐了一顿，买了一些漂亮的衣服和一头种地的驴。"欧格尼斯笑着说道：你把存钱所繁衍的子孙全给花了，如何期望它们和它们将来的子孙为你再赚钱？也就是说，在你拥有足够财富之前，不要想着去享受。阿卡德经历两次失败的教训后,谨遵欧格尼斯的教诲,最后让自己的财富越滚越多,成为巴比伦的首富。

(一)安全资产组合策略

作为李鸿章经济事务和外交事务的首席管家,盛宣怀合理利用"官督商办"① 的政策优势,在经营运动的过程中积累了大量财富,主要方式有股权投资和优化组合两种方式。与李鸿章倡办"洋务"而无个人投资不同,盛宣怀不仅以管位之隆而得以操持航运、路矿、纺织、金融等部门的权柄,而且在官督商办、官商合办和商办的若干大型企业中拥有巨额股份,是这些企业主要的股东和企业主。② 比如,轮船招商局等企业每次在民间招募股份时,盛宣怀总是率先认购,总计股份占比超过 1/4。又如,中国通商银行的注册资本为 500 万两,开办后实收 250 万两,其中大部分是盛宣怀个人资本和招商局股金。盛宣怀精心优化股权投资所得的再投资组合,以盛宣怀遗产的主要类型为例(见表 2-4),其投资组合以房产、股票和典股本存款以及存款为主,其中地产等不动产投资占所有资产的 56.84%,股票占比 37.89%,汉冶萍公司股票占股票总资产的比重高达 52.78%。进一步,遗产中的地产多以上海道契地产为主,占地产总量的 87.17%。另外,从资产的地域分布来看(见表 2-5),上海和湖北的资产占比最大,总计为 94.28%,其中汉冶萍和招商局股票价值以资金归属地为准计入上海。

---

① "官总其大纲,察其利弊。"——李鸿章
② 蔡美彪等:《中国通史(第十二册)》,人民出版社,2009。

表2-4 盛宣怀遗产概况

遗产类型	规模(两)	占比(%)
上海道契地产*	6686054.080	49.55
内地地产	984090.010	7.29
各项股票	5112498.380	37.89
各典股本存款	355928.278	2.64
现款	355298.107	2.63
总计	13493868.855	100.00

注：*上海道契指上海租界内的房产地契。道契"是中国官方为解决外国人在上海租界永租土地所需，制作的一种特殊地契，因此此证只有上海海关道有权制发，所以俗称'道契'"。

资料来源：云研《盛宣怀家产及其结构——基于1920年盛氏遗产清理结果的分析》，《近代史研究》2014年第4期。如无特别说明，本章相关内容资料来源同。

表2-5 盛宣怀遗产所属区域

所属区域	资产规模(两)	所占比例(%)
上海	12069512.0	89.44
湖北(汉口、武昌)	652097.3	4.83
江苏	254006.0	1.88
北京	95000.0	0.70
杭州等地	423253.6	3.14
总计	13493869.0	100.00

在经营洋务运动的过程中，盛宣怀曾因受贿和贪污腐败等多次遭人举报，李鸿章都以各种理由保护这位重臣，显见，李鸿章是盛宣怀个人以及资产的直接保护人。事实上，盛宣怀优化的资产组合中以上海道契地产居多，原因在于《上海英法美租界租地章程》的前身是《上海租地章程》，其中有两条规定为明显的

不平等条约,一是英国人拥有承租和退租的主动权,进而将"名为买卖"的土地变为"土地用租",而道契为租方提供获得土地产权和交易权的法律依据;二是英国领事馆全权负责居留地内的所有事务,确立了英国在居留地内的绝对权威,俨然将居留地变成"国中之国"。修改后的租地章程的不平等性虽然有所弱化,但只不过是将原有的英国的绝对权威变成"英法美"的相对权威而已。所以盛宣怀将具有永久权和法外权的道契作为安全资产重仓配置。

为借助1904年颁布的《大清公司律》中的相关产权保护政策以及实现公司运作由"管办—官督商办—招商承办"向"股份制"转型发展进而脱离政治力量的干扰,盛宣怀相继对旗下公司进行股份制改革。1908年,汉阳铁厂、大冶铁矿和萍乡煤矿合并成完全商办的股份有限公司;1909年,轮船招商局在上海召开了第一次股东大会,选举产生招商局首届董事会,盛宣怀当选董事会主席。这些表明,随着股份制的推行,在这些企业中,股东开始取代政府,"商办"取代"官督",商人成为企业管理中的主导力量。同样,到"民国"2年(1913年),汉冶萍公司召开特别股东大会,盛宣怀被推举为总理,随后又被推为董事长。

追根溯源,要知道盛宣怀为何能有上述增值保全意识,尤其是对政治和制度的敏锐洞察力,还得从盛宣怀的一次失败经历谈起。1879年6月,盛宣怀奉命创办荆门矿务总局,因种种原因该局亏损。对于盛宣怀而言,这是完全的公务行为,且他个人并无营私舞弊或决策失误等问题,但最终他被"无限"问责——赔偿公司直接损失1.6万串制钱,而且在上海金融风暴中蒸发的公司存款14.3万串制钱,也要由盛宣怀赔偿。两项相加，他实际承担了相当于 15 万两白银（约人民币 3000 万元）的损失。① 事实上，早年创办的新型洋务企业都潜在巨大的投资风险，所以盛宣怀及其家人有能力而且愿意投资入股，并在后期占有大量股份，其前期承担投资失败风险获得了高额回报。

（二）美林投资时钟理论

美林投资时钟理论的核心是把经济周期与资产配置策略以及各行业之间的轮动联系在一起，是目前以经济周期为框架指导资产配置最为常用的分析工具。主要方法是从经济增长和通货膨胀两个维度将经济周期分为四个阶段：衰退、复苏、过热和滞胀。而在经济周期的每个阶段，通过实证检验都能找到某一类特定资产或某些行业的表现好于市场表现。如图 2-1 所示，经典的"繁荣-衰退"周期从左下角开始顺时针转动，债券、股票、大宗商品、现金的表现依次超过大市。这表明，首先可以通过产出缺口（经济增长率偏离长期趋势的程度）和通胀率来判断经济周期所处的阶段，再根据投资时钟调整不同类型资产的配置比例，以控制风险并取得优于大市的收益。

（三）标普象限配置策略

标普四象限配置策略的主要理念是将决策者的家族财富分为四个账户（见图 2-2）。第一个为日常开销账户，约占决策者家族财富的 10% 或家族 3~6 个月的生活费用，主要配置活期存款、现金或货币市场基金，从而保证日常生活的开销；第二个是

---

① 雪饵：《"干净"富豪盛宣怀》，搜狐财经网站，2013 年 1 月 17 日。

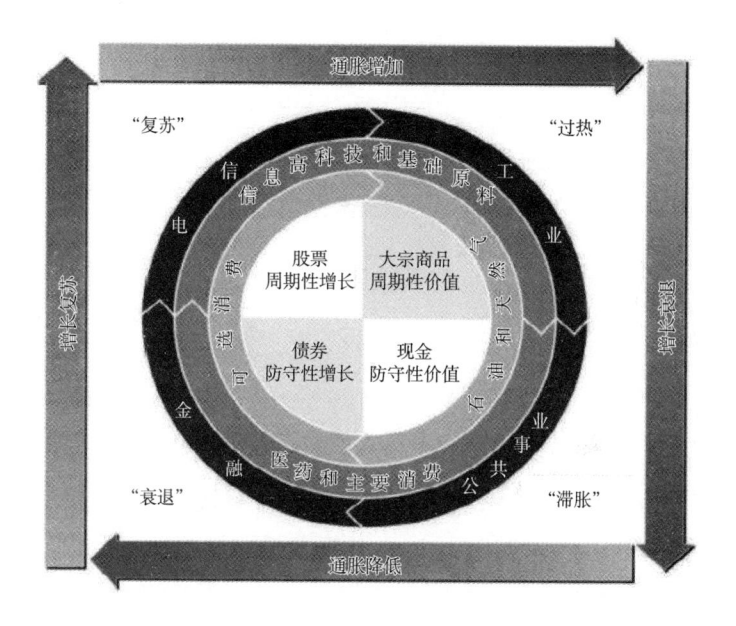

图 2-1 美林的投资时钟理论示意

资料来源：Bank of American Merrill Lynch, *The Investment Clock*, 29 April, 2010。

杠杆账户，约占决策者家族财富的 20%，目的在于通过以小博大应对突发的大额支出，主要配置意外保险或重疾保险等保险产品，从而保证在家族成员出现意外事故和重大疾病时有足够的保命钱；第三个是投资收益账户，约占家族财富的 30%，目的在于通过风险投资创造高回报，主要配置股票、基金和房产等；第四个是长期收益账户，约占家族财富的 40%，旨在保障家庭成员的养老、子女的教育或财富传承等，主要配置养老保障、寿险产品和家族信托等。事实上，如与前述的最优资产配置策略对应，上述四个账户可顺次界定为现金账户、保全账户、增值账户和保值账户。

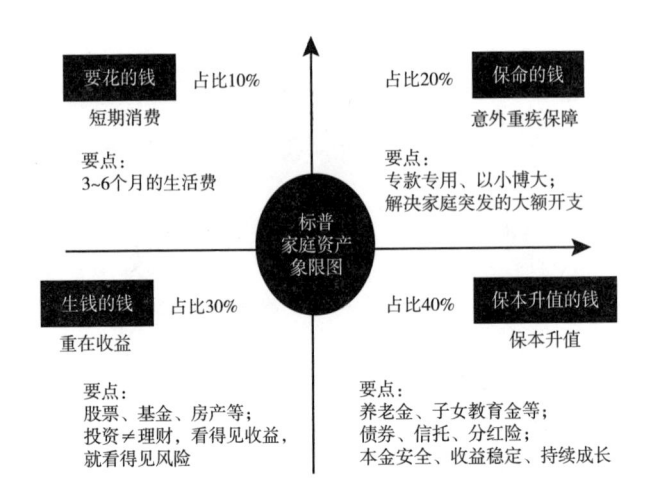

```
                 占比20%   保命的钱
要花的钱  占比10%          意外重疾保障
短期消费
                          要点：
要点：                    专款专用、以小博大；
3~6个月的生活费           解决家庭突发的大额开支
              标普
              家庭资产
              象限图
生钱的钱  占比30%  占比40%  保本升值的钱
重在收益                   保本升值

要点：                    要点：
股票、基金、房产等；      养老金、子女教育金等；
投资≠理财，看得见收益，   债券、信托、分红险；
就看得见风险              本金安全、收益稳定、持续成长
```

图2-2 标普的四象限配置策略

资料来源：http://www.360doc.com/content/14/0906/14/105945-407430392.shtml。

四 家族信托产品案例

目前，国内家族信托业务正处于由以产品为导向，向定制化的综合性财富管理及传承方案转变的阶段。在法律制度不完善、"信托文化"缺失、信托财产以货币资产为主的现实条件下，财富保值增值依然是高净值客户关注的焦点。目前，境内家族信托的非金融性增值服务和附加服务基本都是免费的，资产配置仍然是家族信托业务的主要赢利环节，被参与主体认为是家族信托的核心功能。

扩展阅读：信托的定义与性质

2001年颁布的《中华人民共和国信托法》（以下简

称《信托法》）定义信托为委托人基于对受托人的信任，将其财产权委托给受托人，由受托人按委托人的意愿以自己的名义，为受益人的利益或者特定目的，进行管理和处分的行为。显见，信托包含委托人、受托人、受益人和委托财产四个基本要素。如果将信托定义中的财产权换成"资金"，当然，这儿的资金应是委托人合法拥有的资金，则称这样的信托为资金信托业务；① 如果将资金信托中的委托人限定为"两个以上（含两个）"，则称此时的资金信托业务为集合资金信托计划；② 如果将集合资金信托计划中的"两个以上（含两个）"换成"单个委托人"，则集合资金信托计划退化为单一资金信托计划。③

事实上，根据中国信托业协会（以下简称"信托业协会"）分类，按信托资产的来源可将信托分为集合资金信托计划、单一资金信托计划和管理财产信托计划，其中管理财产信托计划是指委托人以非货币形式的财产、财产权为标的，委托受托人按照约定的条

---

① 2002年颁布的《信托投资公司资金信托管理暂行办法》定义资金信托业务为委托人基于对信托投资公司的信任，将自己合法拥有的资金委托给信托投资公司，由信托投资公司按委托人的意愿以自己的名义，为受益人的利益或者特定目的管理、运用和处分的行为。

② 2007年颁布的《信托公司集合资金信托计划管理办法》将集合资金信托计划定义为由信托公司担任受托人，按照委托人意愿，为受益人的利益，对两个以上（含两个）委托人交付的资金进行集中管理、运用或处分的资金信托业务活动。

③ 按信托业协会定义，单一资金信托是指信托公司接受单个委托人的资金委托，依委托人确定的管理方式（指定用途），或由信托公司代为确定的管理方式（非指定用途），单独管理和运用货币资金的信托。

件和目的，进行管理、运用和处分的信托业务。按照信托财产的标的物可将信托分为动产信托、不动产信托、知识产权信托和其他财产权信托。综上所述，可以总结上述信托的分类和定义为表1内容。请注意，集合资金信托与单一资金信托的不同点并非有一个委托人或有两个以上委托人，而是集合资金信托的委托人以自然人为主，主导权在受托人手中；单一资金信托的委托人则以机构为主且对信托计划有控制权。

表1　不同类型信托的异同

名称	委托人	受托人	受益人	委托财产
信托	信托投资人	信托机构	委托人指定	财产权
管理财产信托	同上	同上	同上	非货币形式的财产、财产权
资金信托	同上	同上	同上	资金
集合资金信托	两个以上(含两个)	同上	同上	同上
单一资金信托	单一委托人	同上	同上	同上

2009年2月4日修订的《信托公司集合资金信托计划管理办法》规定单个信托计划的投资者中自然人人数不得超过50人，但单笔委托金额在300万元以上的自然人投资者和合格的机构投资者数量不受限制，并要求集合资金信托的投资者必须为合格投资者，其中合格投资者是指符合下列条件之一，能够识别、判断和承担信托计划相应风险的人：①投资一个信托计划的最低金额不少于100万元的自然人、法人或者依法成立的其他组织；②个人或家庭金融资产总额在其认购时超过100

万元,且能提供相关财产证明的自然人;③个人收入在最近三年内每年收入超过20万元或者夫妻双方合计收入在最近三年内每年收入超过30万元,且能提供相关收入证明的自然人。

基于"一法三规"① 的相关内容,可以总结国内"信托制度"具有分离性、独立性、连续性、自由性、保密性、法定性和有限性七个性质。

性质1:分离性(Separation),信托财产所有权、管理权和受益权完全分离。

信托财产的所有权归受托人拥有,但信托财产的利益由受益人享有。受托人拥有信托财产的所有权(委托意义下)并加以管理、处分,不是为了自己的利益而是为了受益人的利益。受益人的对象和受益人享受信托利益的范围则由委托人通过信托目的和信托文件加以确定。

以家族企业股权信托为例,合伙制企业的所有者集所有权、管理权和受益权于一身,而公司制则实现公司所有权和管理权的分离,即公司股东拥有公司的所有权和受益权,而职业经理人则执行公司的管理权。家族企业股权信托将所有权、管理权和受益权完全分离,此时,信托将拥有企业的所有权,职业经理人实施管理权,而信托架构中的受益人将享有受益权。

性质2:独立性(Independence),信托财产与委托

---

① 《中华人民共和国信托法》和《信托公司管理办法》、《信托公司集合资金信托计划管理办法》、《信托公司净资本管理办法》。

人、受托人和受益人固有资产完全独立。

《信托法》第15条规定"信托财产与委托人未设立信托的其他财产相区别";第16条规定"信托财产与属于受托人所有的财产(以下简称固有财产)相区别,不得归入受托人的固有财产或者成为固有财产的一部分";第47条规定"受益人不能清偿到期债务的,其信托受益权可以用于清偿债务,但法律、行政法规以及信托文件有限制性规定的除外"。

质言之,法律上,在完成信托登记的条件下,受托人享有信托财产的所有权,但不属于受托人的固有财产。在他益信托①情况下,信托财产独立于委托人的固有财产;如果信托文件有约定,信托财产还可以独立于受益人的固有财产。信托财产独立性的规定,旨在确保信托财产的安全,以充分实现信托目的。

性质3:连续性(Continuity),信托不因委托人或受托人的死亡、丧失民事行为能力、依法解散或者被宣告破产而终止,也不因受托人的辞任而终止。

以上这句话出自《信托法》第52条。在实际的遗嘱信托中,信托还不因受托人的欠缺而不成立。此外,《信托公司管理办法》第55条规定:"信托公司已经或者可能发生信用危机,严重影响受益人合法权益的,中国银行业监督管理委员会可以依法对该信托公司实行接管或者督促机构重组。"

---

① 他益信托与自益信托相对应,如信托定义中委托人和受益人为同一人,则称为自益信托;如受益人为委托人、受托人之外的第三人,则称为他益信托。

性质 4：自由性（Freedom），在合法条件下，任何委托人可以以任何目的将任何财产以任何方式委托给受托人，并任意设定受益人。

《信托法》第 7 条规定"设立信托，必须有确定的信托财产，并且该信托财产必须是委托人合法所有的财产"；第 19 条规定"委托人应当是具有完全民事行为能力的自然人、法人或者依法成立的其他组织"；第 24 条规定"受托人应当是具有完全民事行为能力的自然人、法人"；第 43 条规定"受益人是在信托中享有信托受益权的人。受益人可以是自然人、法人或者依法成立的其他组织"。

性质 5：保密性（Secrecy），《信托法》第 33 条规定"受托人对委托人、受益人以及处理信托事务的情况和资料负有依法保密的义务"，但没有规定保密性受到破坏时的救济性权利，及涉及司法需要时受托人是否有权不公开委托人的家族信托计划等。此外，《信托法》要求"设立信托，对于信托财产，有关法律、行政法规规定应当办理登记手续的，应当依法办理信托登记"。信托登记制度是大陆法系信托法的重要内容，英美法系信托法中并没有完整的信托登记制度。信托财产登记的规定主要是基于保护第三人的目的，《信托法》中尚未明确提及登记的具体内容，但这种公示方式势必会损害家族信托的私密性。

性质 6：法定性（Legalization），意为受托人不仅要遵守信托文件约定的各项职责，还必须履行法律规定的各项职责，如 FACTA 法案等。

性质 7：有限性（Limited），受托人管理信托对内要承担对受益人的责任，对外要承担对信托财产交易对手的责任。无论是对内还是对外责任，只要受托人无过错地履行了自己的约定和法定职责，均以信托财产为限承担有限责任。受托人只有在履行职责有过错的情况下，才会被要求以自己固有财产承担责任。

（一）鸿承世家产品案例

2013年初，平安信托发行国内首款家族信托——"平安财富·鸿承世家"系列单一万全资金信托。此信托产品募集规模为5000万元，合同期为50年，客户是一位年过40岁的企业家。根据约定，信托委托人与平安信托共同管理这笔资产。委托人可通过指定继承人为受益人的方式来实现财产继承。信托可设置其他受益人，可中途变更，也可限制受益人权利。信托利益分配多样化，可选择一次性分配、定期定量分配、不定期不定量分配、临时分配、附带条件分配等不同的形式。

资产配置是该家族信托计划的核心功能。产品设计之初，根据委托人的意愿和特殊情况定制产品。产品存续期间，还可以根据委托人的实际情况和风险偏好来调整资产配置方式和运作策略。万全资金信托的模型此前主要针对高端法人客户，资金主要投向物业、基建、证券和集合资金信托计划，预计年收益在4%~4.5%。固定管理费年费率为信托资金的1%，年信托收益率高于4.5%的部分，收取50%作为浮动管理费。

平安信托业务团队采取平台化运作模式，专注于资产配置，铸就主动管理的核心优势(见图2-3)。① 一方面了解客户的资产配置需求,另一方面对产品库中不同条线、不同产品的特点、收益风险及流动性要素进行评估,再基于量化、评级、风控等技术性工作,制定与客户预期目标相匹配的投资方案,通过与客户沟通修订方案,最终执行定制化方案,实现个性化的资产配置。投资过程中,根据客户需求及产品篮子收益、风险的变化在投资期限临近时及时调整投资策略。平安信托家族信托团队采用基于

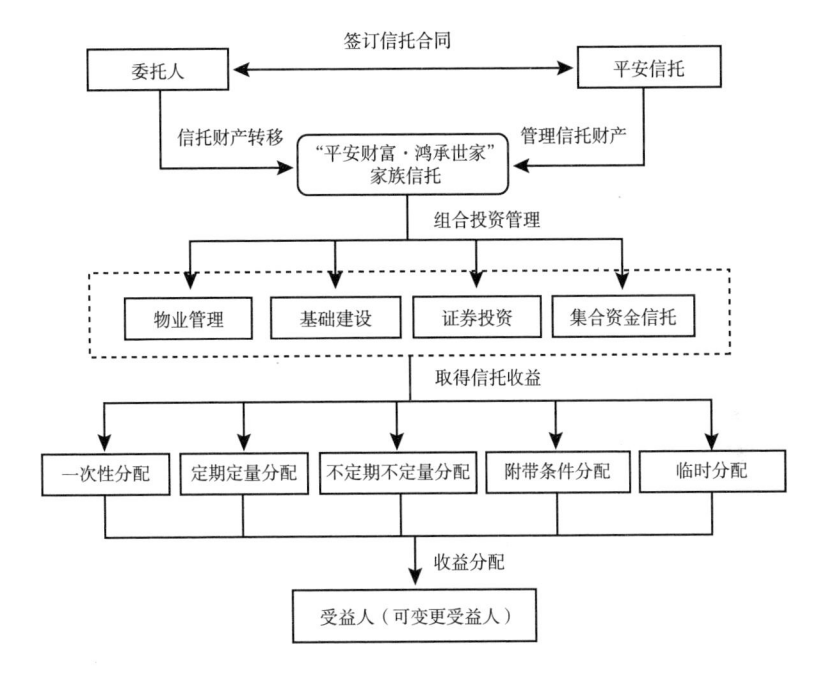

图2-3 "平安财富·鸿承世家"系列单一万全资金信托产品运作模式

资料来源:中国信托业协会,《2014年信托业专题研究报告》。

---

① 中国信托业协会,《2014年信托业专题研究报告》。

多维度二分法的精细化管理理念："四合一"、"三七开"和"二八开"。① "四合一"指的是产品库主要包括物业基建等硬资产、资本市场产品、海外投资、债权资产四类资产，一般四类资产各占1/4，具体根据客户实际情况有所调整。"三七开"是指为更好地做到资产的分散化配置，平安信托未来计划增加对公司外部、集团外部甚至境外资本市场的产品配置，将家族信托从目前95%配置公司产品、5%配置公司以外（境内）产品的结构，调整至未来70%配置公司产品、30%配置公司以外（境内和境外）产品的新结构。"二八开"是指平安信托20%的家族信托采取全权委托方式，80%采取部分委托方式。

（二）"标准化"家族信托

2015年4月，中融信托家族办公室推出标准化家族信托产品——"承裔泽业标准化家族信托产品"，由长期从事家族信托、税务、婚姻继承等领域理论与实践的台湾专家团队提供咨询服务。该产品主要特点有四个。其一，覆盖六大客户需求，包括资产保护、子女教育、婚姻保障、退休赡养、财富传承、全权委托等。其二，降低了家族信托的资金门槛，产品起点为1000万元。其三，核心目标资产包括资金及金融资产，还可提供股权、房地产等一揽子资产信托方案。其四，信托期限10年起，收益分配、权利义务、资产管理模式、操作流程、服务流程等都具有类型化的特点。

该产品最大的创新在于，在国内首次提出"标准化"家族信托的理念。从表面看，"标准化"似乎与高净值客户"个性

---

① 中国信托业协会，《2014年信托业专题研究报告》。

化"的需求相悖。据中融信托介绍,"标准化"的含义是将"家族信托规划服务"变成"家族信托金融产品"的过程,"标准化"主要体现在:产品规格标准化、营销流程标准化、信托规划标准化、操作流程标准化、服务流程标准化。相比"客制化"产品,"标准化"产品简约不简单,扩展性更强。台湾家族财富管理经历了"标准化家族信托—定制化家族信托—境外信托—家族办公室服务"的发展历程,由此看来,"标准化是客制化的起点,客制化是标准化的高级阶段","标准化"与"客制化"结合将成为国内家族信托努力的方向。

五 保险市场产品案例

(一)财富增值产品案例

目前,市场中的高现金价值产品以分红型两全险为主,呈现重资金安全、轻保障的特点,兼具投资功能和保障功能,但保障功能弱于传统保障型险种。投资部分,通常可获得保底收益加分红收益;保障部分,身故保险金通常为保费的100%或105%。保障功能较弱的原因有两个:一是投保人更注重资产保全和财富传承,不重视保障功能;二是保额巨大,道德风险具有不确定性,因此,身故保障风险很大,发行机构不愿意承担风险。

以太平人寿"稳赢一号"两全保险为例,该产品为分红型保险,目标客户为高净值人群。缴费方式为趸交(保费100万元起)或期交(3年、5年、10年),主打"三高一久"功能,即"高返还额度、高现金价值、高贷款比例、终身领取"。在实现传统两全保险保障功能的同时,兼顾投保人对于资产稳健增值的需求。若将子女指定为保单受益人或者直接为子女投保,该产品可变身为财富传承工具,既能保证财富稳妥地传给下一代,又能避免资产被挥霍。产品详情见表2-6。

举例说明,王先生购买保额30万元的太平人寿"稳赢一号"之"畅享一生计划",3年缴费,每年缴保费114.84万元,累计缴纳保费345万元。自第三保单周年起,王先生每年可领取生存保险金7.5万元(30万元×25%),也可申请将生存保险金转入万能账户。

表2-6 太平人寿"稳赢一号"两全保险概况

保障项目		具体条款
身故保险金	被保险人18周岁前身故	无息返还已缴保费
	被保险人18周岁后身故	已缴保费1.1倍
生存保险金		从第三保单周年起,每年给付基本保额的25%,终身领取
其他权益	保单贷款	贷款上限:合同现金价值净额的95%; 贷款利率:max(两年期定存利率,2.5%)+2%
	年金转换	保险受益人可就身故保险金与保险公司协商,将其全部或部分转换为年金
	减额交清	投保人可申请将合同变更为减额交清保险合同
	生存保险金转入万能账户	投保人可申请将生存保险金作为保险费自动转入"太平金账户终身寿险(万能型)"的保单账户,生存保险金按照3.5%的利率(可变)累积生息

资料来源:太平人寿。

以光大永明的两款"定活保"产品为例,一款由"光大永明光明财富2号A款年金保险(投资联结型)"构成,锁定66天,预期年化收益率是6%;另一款由"光大永明光明财富2号B款年金保险（投资联结型）"构成，锁定168天，预期年化收益率是6.5%。两款产品都是1000元起购，500万元封顶，主要特点如下。

收益方面，对比同期挂钩保险的理财产品的表现可见，2014年6月上线的"娱乐宝"二期预期年化收益率为7%；京东挂钩万能险的超级理财收益率为6.9%；百度"百赚180天"挂钩万能型保险理财产品收益为6.5%；网易之前推出的"收益保"收益6.6%。相比之下，"定活保"两款产品在收益上并没有绝对竞争优势，但表现还算可以。

风险方面，由于"定活保"不投资于股票、股票型基金、期货等高风险产品，因此风险较低，锁定期后每月15日"定活保"会在网易理财平台公布下月预期年化收益率。即便如此，也不能认为该类产品没有风险，因为按规定不能对投资联结型保险的收益进行任何形式的承诺，也就是说该产品是不保本保收益的。

流动性方面，"定活保"两款产品锁定66天及168天，只有锁定期结束之后才可以赎回，获取本金及收益。如果在锁定期内领取需要缴纳10%的手续费，锁定期后领取不收取任何费用。虽然可能没有余额宝类产品灵活性强，但由于保险合同生效后的前10天为犹豫期，投资人可以在此期间申请全额退还。

（二）财富保障产品案例

20世纪90年代以来，ING（荷兰国际集团）和IOWA（联合保险公司）等保险机构在政府支持下开始进行养老社区投资管理并粗具规模。保险公司投资、建立这种将保险、地产、养老产业融合在一起的商业模式，可以扩展投资渠道、拉长寿险产业链以及通过养老社区向上衔接医疗保险、护理保险和养老保险，同时带动下游的老年医学、护理服务、老年科技产品及老年建筑等产业。

在美国、德国、日本等发达国家,虽然发展养老社区的具体方法不同,但是养老服务产业由非营利性向营利性发展的趋势日益明显。在国内,保险公司进军养老社区符合国家政策,又能优化资产负债结构,还可以完善寿险产业链,有望成为国内高端保险市场的新品种。

养老社区挂钩产品将保险保障与养老服务有效结合,通过提供文化、健身与医疗服务,建设综合性的养老社区,实现"从摇篮到天堂"的服务目标。泰康人寿联合泰康之家于2012年4月推出"幸福有约终身养老计划",是国内首款典型的养老社区挂钩产品。该计划包括泰康人寿起价200万元(上不封顶)的保险产品和入住养老社区确认函两部分,入住门槛为200万元,可以确保本人、配偶和父母的入住资格。尽管目前养老社区的概念较为超前,但从公开销售数据来看,该产品对高净值人士有一定的吸引力,发展前景广阔。

表2-7 "幸福有约终身养老计划"概况

养老计划构成	功能	说明
乐享新生活养老年金保险(分红型)	养老财务规划	两种生存保险金的结合,全面满足客户的养老财务规划需求;提供从约定年龄开始终身按月领取的生存保险金,可满足养老生活的日常开支;提供备选的一次性领取生存保险金,可作为养老生活的启动资金,也可进行再投资。具有分红功能,能够在一定程度上抵御通胀风险
泰康人寿保险客户入住养老社区确认函	养老生活安排	为客户提供了一个未来养老生活安排的选择权。客户不仅获得年老时保证入住养老社区的资格,而且可选择将保险利益直接用于支付养老社区的相关费用,轻松享受便捷、舒适的高端养老服务

第二章 资产配置策略

以吉祥人寿的"百万家庭保障计划"为例,其保障内容含以下八项。第一,住院保障,如果发生感冒、发烧等疾病需要住院,能得到250元/天的赔付。第二,重症监护保障,若因疾病或遭受意外伤害入住重症监护病房,则获得的赔付不是250元/天,而是800元/天。第三,特种疾病保障,如果住院是因为罹患规定的15种特种疾病之一,则获得的赔付不是250元/天,而是再加500元/天,即750元/天,如果因为这样的疾病入住重症监护病房,则获得的赔付为1300元/天。第四,手术保障,如果需要手术,则每保单年度的保险金额是8000元。第五,器官移植保障,如果需接受器官移植,则根据不同部位的器官移植获得不同的赔付,每保单年度的保险金额是16万元。第六,身故保障,如果遭受意外伤害事故,且自发生之日起180日内因该伤害身故,将获得54.42万元赔付。第七,残疾保障,如果遭受意外伤害事故,且自发生之日起180日内因该伤害残疾,将根据残疾程度获得相应额度赔付,最高可达54.42万元。第八,烧伤保障,如果遭受意外伤害事故,且自发生之日起180日内因该伤害形成Ⅲ度烧伤,将根据烧伤程度获得相应额度赔付,最高可达54.42万元。

产品主要特色在于:其一,主险可单独购买,无须花钱买不需要和不认可的东西;其二,保证续保,客户一旦进入保证续保,无论患何种疾病,即使是癌症,吉祥人寿都不能对其加费,更不能拒保;其三,完全定额给付,无须原始发票,减少理赔纠纷,与社保及其他医疗保障不冲突,可控制卫生资源的滥用和浪费;其四,覆盖了住院、手术、特种疾病、器官移植、重症监护、身故、残疾和烧伤八大人身风险;其五,多达六个档次,可满足不同地区、不同经济承受能力客户的需要;其六,除了条款规定的责任免除项外，几乎包括所有疾病和意外的住院和手术（条款列明 1038 种，其他可挂靠）、所有重大疾病（其中 15 种给予三倍赔付）；其七，既保自己、保生存，又保家人、保身后；其八，对于在等待期后、合同期满前发生且延续至合同期满后 30 日内的住院（包括住院和重症监护病房住院）、特种疾病、手术和器官移植，产品仍然承诺按保险责任给予赔付。此外，投保年龄为 3~64 周岁，可续保至 69 周岁，缴费方式是每年根据对应年龄保费一次性交付，保险时间为 1 年，可续保。

农银人寿的财富天下两全保险（分红险）的主要保障功能有两个。一是生存保险金，第 3 个保单周年日若被保险人生存，给付基本保险金额的 30%；第 4 个保单周年日若被保险人生存，给付基本保险金额的 10%，以后每年递增 1%，直至 15%；从第 9 个保单周年日起，每年若被保险人生存，给付基本保险金额的 15%，直至满期前的最后一个保单周年日；满期给付已缴保险费。二是身故保险金，基本身故保险金为给付已缴保险费的 105%；指定交通工具意外伤害身故保险金，如果被保险人已满 18 周岁、未满 75 周岁，给付 min（3 倍已缴保险费，300 万元 + 已缴保险费）；航班飞机意外伤害身故保险金，如果被保险人已满 18 周岁、未满 75 周岁，给付 min（5 倍已缴保险费，600 万元 + 已缴保险费）。

第三章
权益重构策略

本章我们首先以梅氏家族信托为例引出家族财富管理尤其是家族财富传承中的权益重构策略并非简单重复拷贝，而需要综合考虑定价、组合与风控等因素的技术分析。接着我们以 Becker (1974)[①] 的家庭生产函数理论为基础进行家族财富传承权益重构策略的理论与实证研究，给出财富管理权益重构策略的显式表达和比较静态分析，以期给实践操作提供理论支撑。历史镜鉴方面，我们列举愚斋义庄的家产庄息传承机制设计以及李经方的五代传承架构，其中特别指出李鸿章家族教育、婚姻等非货币资本的传承经验借鉴。国内实践方面，我们给出家族信托和保险市场在权益重构策略方面的产品案例等。

一 梅氏家族信托话题

梅艳芳在临终之前设立家族信托以保障母亲的晚年生活，家族信托的主要受益人和资金用途有三个：一是其晚辈侄子侄女的教育；二是母亲的晚年生活保障，每月向母亲支付 7 万元的生活

[①] Becker, Gary S., "A Theory of Social Interactions", *Journal of Political Economy*, 1974, 82 (6), pp. 1063 – 1093.

费,直至母亲"百年";三是在母亲"百年"之后,将余下的所有资金捐给妙境佛学会。梅艳芳去世后的第二年,其母亲就将受托方告上法庭,理由有两个:其一,信托合约是在委托方意识模糊的情况下签订的,应宣判该家族信托合约无效;其二,由于物价水平的上涨和个人身体不好需要医治等原因,原先约定的每月7万元生活费不足以支撑当下的生活。历经十余年的诉讼历程,梅艳芳母亲最后依然以个人破产、露宿街头为结局。

在此,如果我们忽略家族信托中的法律和道德因素,仅从技术层面探讨上述家族信托失败的原因,可以发现,忽视梅艳芳母亲的长寿风险以及由此引致的疾病风险和通货膨胀风险等是梅艳芳家族信托失败的主要原因。譬如,成立家族信托时梅艳芳的资产价值总额约为3500万港元,当下,其资产价值已超1亿港元。这表明,在设立家族信托或做其他形式的财富管理安排时,不仅要考虑法律、制度和政策等宏观层面的因素,还要综合考虑风险、定价和组合等微观层面的因素。

2015年,招商银行和贝恩公司联合发布的《中国私人财富报告》显示,"财富传承"的重要性排序已由两年前的第5位跃升到了第2位,约40%的受访高净值人士将其列为主要财富管理目标,在超高净值人士中该比例高达45%。其中约有26%的受访者已为子女购买保险,约21%的受访者已为子女购置房产,约13%的人已通过家族工作室设立了家族信托。此外,报告还显示,高净值人群财富传承的内涵也在不断丰富,他们不仅关注钱款、房产等物质财富的传承,也越来越重视精神价值的延续,约65%的受访者认为精神财富是家族财富的重要组成部分,排名第1,接下来依次是物质财富、社会资源和人力资源,占比分别为58%、34%和12%。一项应景的调查是"家风"作为家族

第三章 权益重构策略

中长期沉淀、代代传承的价值观、能力素质和文化,是家族财富的集中体现,涉及教育观、拼搏精神、经商哲学、婚恋观、家族心态、家族礼节和复杂问题处理方式等,选择前三项的受访者占比分别为61%、46%、21%。质言之,实践中财富传承在客户财富管理中的重要性凸显,不仅要传承物质财富,而且要传承精神财富,二者均是家族财富管理权益重构的重要体现形式,决策者可通过优化物质财富的分配方案来实现权益重构,接班人培养机制则是精神财富传承的主要表现形式之一。

进一步,由《般泥洹经》中的家族财富配置方案①可以看出,"利他"是家族财富管理权益重构策略的基本要义。从学理上来看,杨春学(1998)②从功能视角将利他主义经济行为划分为三类:第一类是对特殊变故的拯救,如灾难后的合作行为、为受害者献血和捐赠等;第二类属于对市场竞争机制的调整或补救,如税收、再分配政策、慈善捐款、参与某些机构和组织的志愿工作等;第三类属于不同的运行机制(如公社所有制和分配方式),决定了需要对个人利益采取限制的方法。他进一步借助社会生物学理论讲利他主义有两种基本形式——无条件的利他主义和有条件的利他主义,前者表示利他主义者不企求相等的回报,或者任何期待的无意识举动都不曾有过、纯粹为他人考虑的行为;后者则意为利他主义者期待社会或他人报答自己或其近

---

① 《般泥洹经》中有关家族财富的资产配置策略是在生活必需之外的四分法:一份为供养父母妻子,一份为赡视人客奴婢,一份为给施亲属挚友,一份为奉事君天正神沙门道士。这表明从佛教的视角而言,家族财富管理除考虑自己的生活所需,重要内容之一就是考虑他人——父母、家人、亲人和朋友等。

② 杨春学:《经济人和社会秩序分析》,上海三联书店、上海人民出版社,1998。

亲。由下面权益重构理论实证的相关结果来看,财富管理委托方属于第二类的有条件利他主义。

二 权益重构理论实证

在编制家族财富管理的生命周期资产负债表过程中,我们将决策者的资产分为有形资产和无形资产,换言之,就是可货币化的资产和不可货币化的资产,所以在接下来的讨论中,我们也分有形资产和无形资产两种情形,有形资产需要通过生产函数转化成无形资产。为方便起见,我们会给出一系列假设条件。

假设1:家族财富权益重构决策者(m)考虑的问题是本人、委托人儿女(s)和委托人孙辈(g)三代的优化问题,委托人是利他主义者,而子孙则是利己主义者。

(一)分析框架

1. 有形资产情形

在单变量假设条件①下,决策者权益重构策略的目标效用函数为:

$$U = U(X_m, X_s, X_g) \qquad (3-1)$$

其中X_i($i = m, s, g$)表示家族成员i的商品消费量。目标问题的约束条件为:

$$pX_m + A_s + A_g = I_m$$
$$pX_s = I_s + (1-\alpha)A_s$$

---

① 用"代表型商品"表示市场中可供家族成员消费的所有商品。

$$pX_g = I_g + (1-\alpha)A_g$$

其中，I_i（$i=m,s,g$）表示 i 拥有的有形资产，即：

$$(1-\alpha)pX_m + pX_s + pX_g = (1-\alpha)I_m + I_s + I_g \triangleq S_m \quad (3-2)$$

其中 p 表示市场中代表型商品的价格，A_i（$i=s,g$）表示决策者 m 向子孙传承的有形资产数量，α 表示传承过程中的税费损失即损耗率，S_m 表示家族的有形资产总量。由 Lagrangize 乘子法知，优化问题的一阶条件为：

$$\frac{\partial U}{\partial X_m} = \lambda(1-\alpha)p, \quad \frac{\partial U}{\partial X_i} = \lambda p, i=s,g$$

其中，λ 为 Lagrangize 乘子。

2. 无形资产情形

在单变量假设条件下，决策者权益重构策略的目标效用函数为：

$$U = U(f_m, f_s, f_g) \quad (3-3)$$

其中 f_i（$i=m,s,g$）表示家族成员 i 的无形资产规模。进一步，假定家族成员的无形资产生产函数为：

$$f_i = f_i(X_i, t_i, T_i, E_i), i=m,s,g \quad (3-4)$$

其中 X_i 表示用于无形资产生产的代表型商品数量，t_i 表示用于无形资产生产的时间——如用于照顾和培养子女的时间等，T_i 表示家族成员的技能或人力资产储备等，E_i 表示决策者所在的环境。事实上，如果 t，T 和 E 均是外生变量，则无形资产生产由所投入的代表型商品数量决定，[①] 所以不妨设家族成员的无

[①] 如在 20 世纪五六十年代的饥荒时期，食物（代表型商品）是家族成员孕、生、育、业、老、病、死、残、心等人力资本的基本保障条件，人类文明史的发展脉络也可佐证这一假设。

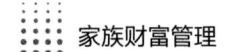

形资产生产函数为：

$$f_i = a_i X_i, i = m, s, g \quad (3-5)$$

其中，a_i 表示 i 的无形资产生产率。由此得到的无形资产影子价格为：

$$\pi_i = \frac{p}{a_i}, i = m, s, g \quad (3-6)$$

结合前述的约束条件式（3-2），得：

$$(1-\alpha)\pi_m f_m + \pi_s f_s + \pi_g f_g = S_m, \quad (3-7)$$

优化问题的一阶条件为：

$$\frac{\partial U}{\partial f_m} = \lambda(1-\alpha)\pi_m, \quad \frac{\partial U}{\partial X_i} = \lambda \pi_i, i = s, g \quad (3-8)$$

其中，λ 为 Lagrangize 乘子。

（二）显式求解

为给出上述分析框架的显式解，我们再做如下两点假设。

假设 2：决策者的效用函数可加，即：

$$U = U(x, y, z) = (1-\beta-\gamma)U_x(x) + \frac{\beta}{1+\rho}U_y(y) + \frac{\gamma}{(1+\rho)^n}U_z(z)$$
$$(3-9)$$

其中，ρ 为代际贴现因子。为与假设 1 相容，我们不妨假定决策者对二代和三代的利他因子均为正，即 $\beta > 0$，$\gamma > 0$，此时委托人是完美的利他主义者。[①] 特别的，如果 $\beta = \gamma = \frac{1}{3}$，则称委

[①] 杨春学：《利他主义经济学的追求》，《经济研究》2001 年第 4 期。

托人是完美、对称的利他主义者。

假设3：决策者、二代和三代的效用函数相同，即：

$$U_w(w) = -\frac{1}{\theta}e^{-\theta w} \quad (3-10)$$

其中，$\theta>0$ 为常风险绝对厌恶系数。

综上所述，决策者的目标效用函数为：

$$U = U(x,y,z) = -\frac{1}{\theta}\left((1-\beta-\gamma)e^{-\theta x} + \frac{\beta}{1+\rho}e^{-\theta y} + \frac{\gamma}{(1+\rho)^n}e^{-\theta z}\right), \theta>0 \quad (3-11)$$

当决策者权益重构的对象是有形资产时，由前述的分析框架知，在假设1和假设2下，优化问题的一阶条件为：

$$\begin{cases} (1-\beta-\gamma)e^{-\theta x_m^*} = \lambda(1-\alpha)p \\ \dfrac{\beta}{1+\rho}e^{-\theta x_s^*} = \lambda p \\ \dfrac{\gamma}{(1+\rho)^n}e^{-\theta x_g^*} = \lambda p \end{cases} \quad (3-12)$$

即

$$\begin{cases} X_m^* = -\dfrac{1}{\theta}\ln\dfrac{\lambda(1-\alpha)p}{1-\beta-\gamma} \\ X_s^* = -\dfrac{1}{\theta}\ln\dfrac{\lambda(1+\rho)p}{\beta} , \\ X_g^* = -\dfrac{1}{\theta}\ln\dfrac{\lambda(1+\rho)^n p}{\gamma} \end{cases} \quad (3-13)$$

代入约束条件式（3-2）并解之得：

$$\lambda = \exp\left\{\frac{1}{\alpha-3}\left((1-\alpha)\ln\frac{(1-\alpha)p}{1-\beta-\gamma} + \ln\frac{(1+\rho)p}{\beta} + \ln\frac{(1+\rho)^n p}{\gamma} + \frac{\theta S_m}{p}\right)\right\} \quad (3-14)$$

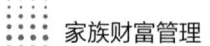

综上所述，得到家族财富管理中有形资产权益重构的结论如下。

命题1：在假设1、假设2和假设3下，有形资产的最优权益重构策略（X^*_m，X^*_s，X^*_g）满足式（3-13）和式（3-14）。

同理，我们还可得到家族财富管理中无形资产权益重构的结论。

命题2：在假设1、假设2和假设3下，无形资产的最优权益重构策略（f^*_m，f^*_s，f^*_g）满足如下表达式：

$$\begin{cases} f^*_m = -\dfrac{1}{\theta}\ln\dfrac{\lambda(1-\alpha)\pi_m}{1-\beta-\gamma} \\ f^*_s = -\dfrac{1}{\theta}\ln\dfrac{\lambda(1+\rho)\pi_s}{\beta}, \\ f^*_g = -\dfrac{1}{\theta}\ln\dfrac{\lambda(1+\rho)^n\pi_g}{\gamma} \end{cases} \quad (3-15)$$

和

$$\lambda = \exp\left[-\dfrac{(1-\alpha)\pi_m\ln\dfrac{(1-\alpha)\pi_m}{1-\beta-\gamma}+\pi_s\ln\dfrac{(1+\rho)\pi_s}{\beta}+\pi_g\ln\dfrac{(1+\rho)^n\pi_g}{\gamma}+\theta S_m}{\pi_m+\pi_s+\pi_g}\right]$$

$$(3-16)$$

接下来，我们以家族信托为例对最优权益重构策略进行实证分析，分参数校准和比较静态两个部分。

（三）参数校准

不失一般性，我们假定决策者的利他性是完美、对称的，即：

$$\beta = \gamma = \dfrac{1}{3}$$

第三章 权益重构策略

实践中，家族信托的费用分两部分四项，一部分是商业银行的财务顾问费和保管费，另一部分是信托公司的受托人服务报酬和受托人投资管理费。以北京银行的家业恒昌为例，家族信托的四项费用之一受托人服务报酬为每年1%，所以我们可以将以现金为主要受托资产的家族信托损耗率设为：

$$\alpha = 4\%$$

而对以非现金资产为主要委托资产的家族信托损耗率据委托资产类型而定，据报道，北京银行家业恒昌房地产信托的费率高达18%。1990年以来，1年期定期存款和通货膨胀率分别为4.37%和4.48%，为计算简单起见，我们假定家族信托的贴现率为：

$$\rho = 5\%$$

鉴于目前设立家族信托的客户基本都生活在城镇且未来趋势也应如此，所以我们以国家统计局公布的人均消费支出[①]数据为基准，上浮8倍作为高净值家庭居民的消费支出标准，即：

$$p = \delta \times 城镇居民人均消费支出$$

当$\delta = 8$时，以2012年的城镇居民人均消费支出1.7万元为基准，简单计算得：

$$p = 13.6$$

从社会生物学的角度看，利他的核心是保持种族基因的延续，换言之，提高决策者及其家族成员的生存概率。为此，我们

---

① 城镇居民消费含食品、衣着、居住、家庭设备及用品、医疗保健、交通和通信、文教娱乐和其他等。

以居民的平均寿命来衡量无形资产的生产率。以国家统计局公布的数据为基准（见表 3-1），鉴于家族信托以 30 年为限居多，所以我们以 1990 年的平均寿命为基准，测算得到 2000 年和 2010 年的平均寿命分别是 1990 年平均寿命的 1.04 倍和 1.09 倍，对应的分别是二代和三代的无形资产生产率。

表 3-1　不同年份居民的平均寿命及相关指标

年份	平均寿命(岁)	增长率(%)	生产率(倍)	对应参数
1981	67.77	—	—	—
1990	68.55	101.15	1.00	a_m
2000	71.4	104.16	1.04	a_s
2010	74.83	104.80	1.09	a_g

资料来源：国家统计局及作者计算。

特别的，一般情况下，我们假定委托人的风险厌恶系数为 2，即：

$$\theta = 2$$

综上所述，在其他条件不变时，相关参数的默认值见表 3-2。需要特别说明的是，在研究无形资产的权益重构策略时，我们选取了特殊的线性生产函数，基于此我们可以将有形资产权益重构策略下的约束条件式（3-2）转化为约束条件式（3-7），显见，如此变换的结果是将单位代表型商品价格基于生产效率略做调整，其他并无实质变化，所以在下面的实证分析中，我们只考虑简单的有形资产传承情形，感兴趣的读者可自行验证无形资产传承情形，抑或验证其他形式的生产函数等。

表3-2 分析框架中的参数校准结果

参数	β	γ	α	ρ	p	a_m	a_s	a_g	θ
取值	1/3	1/3	4%	5	13.6	1.00	1.04	1.09	2

（四）实证分析

1. 权益重构显式求解

目前，家族信托的门槛为1000万～5000万元，下面我们以中间水平3000万元为例来说明决策者的最优权益重构策略，即：

$$I_m = 3000$$

或

$$S_m = 3000 \times (1 - 4\%) = 2880$$

将以上参数代入式（3-13）和式（3-14），并解之得：

$$X_m^* = 71.66, \quad X_s^* = 71.60, \quad X_g^* = 71.38$$

代入式（3-2）及其前面的分步约束条件得：

$$\begin{cases} X_m^* = 71.66 \\ A_s^* = \dfrac{pX_s^* - I_s}{1 - \alpha} = \dfrac{973.76 - I_s}{96\%} \\ A_g^* = \dfrac{pX_g^* - I_g}{1 - \alpha} = \dfrac{970.77 - I_g}{96\%} \end{cases}$$

特别的，当 $I_s = I_g = 0$ 时，[①] 解之得：

[①] 实际应用中，如果我们能通过一定方式测算出一代、二代和三代的收入额，也可代入前述表达式进行计算，在此不予赘述。

$$X_m^* = 974.53, \quad A_s^* = 1014.29, \quad A_g^* = 1011.18$$

这表明,当决策者是完美、对称的利他主义者时,决策者对二代和三代的权益重构额几乎相等,这恰是对称利他主义的核心所在,其中决策者自留的权益额为 974.53 万元。事实上,对决策者而言,无论是有形资产传承还是无形资产传承,最重要的是基因的延续,所以在不考虑子女数量的情况下,对称利他主义决策者的最优权益重构策略是在委托人、二代和三代之间均分其有形资产,此与徽商的"诸子均分"分产不分业的分家析产策略含义相同。

2. 费率水平静态分析

鉴于国内信托登记制度的缺失,不动产等有形资产作为家族信托的委托资产,委托人需支付巨额的税费,以北京银行的家业恒昌房产信托为例,目前公布的最高费率为 18%。前述家族信托的基本费用为 4%,因此我们考察家族信托损耗率在 4%~20% 波动时,家族信托最优权益重构策略的变化情况。由图 3-1 可以看出,在其他条件和参数不变的情况下,当费率水平逐步提高时,作为完美、对称的利他主义者,决策者留给自己的消费量逐步下降,而二代或三代的最优权益重构额增加幅度更大,旨在弥补税费造成的损失,这说明决策者要想保持其权益重构规模不变,就必须提高前期预定的权益重构总额。

3. 利他因子静态分析

为考察利他因子变化对最优权益重构策略的影响,我们假定 $\beta + \gamma = 0.99$,即:

$$1 - \beta - \gamma = 0.01$$

也就是说,决策者的利己因子仅为 0.01。当 $\beta = 0.98$,$\gamma = 0.01$ 时,决策者只考虑对二代的利他情形,也就是说会做出极

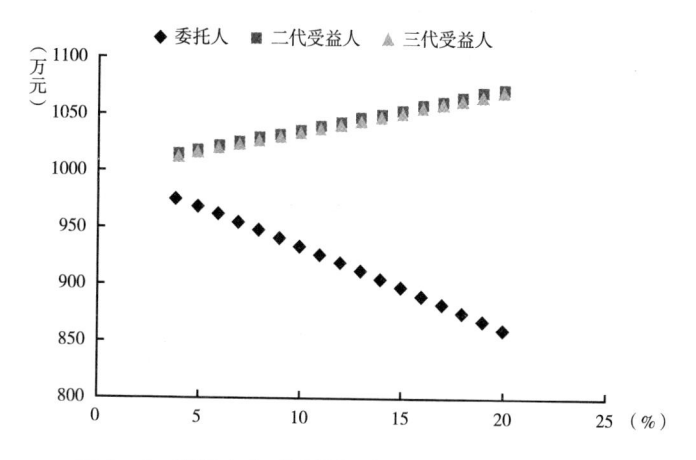

图 3-1 费率变化对最优权益重构额影响的静态分析

端利二代行为；当 $\beta = 0.01$，$\gamma = 0.98$ 时，则决策者只考虑对三代的利他情形，也就是说会做出极端利三代行为，如隔代家族信托等。图 3-2 展示决策者的利二代因子 β 从 0.01 增加到 0.98，即 γ 从 0.98 下降到 0.01 时，决策者的最优权益重构策略，随着利二代因子的提高，二代的受益额也逐步提高，另外，三代的受益额随利三代因子的降低而减少，结论与直觉相吻合。显见，鉴于利二代因子和利三代因子的和不变，所以决策者自留的消费规模基本保持不变。进一步，如果我们比较完美、对称利他主义情形（利他利己因子均为 0.33）和本节探讨的极端利他主义情形（利己因子仅为 0.01），可以计算出决策者留给自己的最优消费量分别为 974.53 万元和 960.26 万元，两种情形下利他因子之比为 33，而自留的最优消费量仅相差不足 15 万元，这表明无论利他因子如何变化，决策者执行最优权益重构策略的前提条件是保障自己的基本生活消费，印证了家族信托决策者的利他主义是有条件的，即"对利他主义的经济学分析强调，即便是世人眼中神圣的利他主义行为也仍然不能摆脱'自利'这个动机"。① 质言之，家族信托的最优权益重构策略是有条件的第二类利他主义。

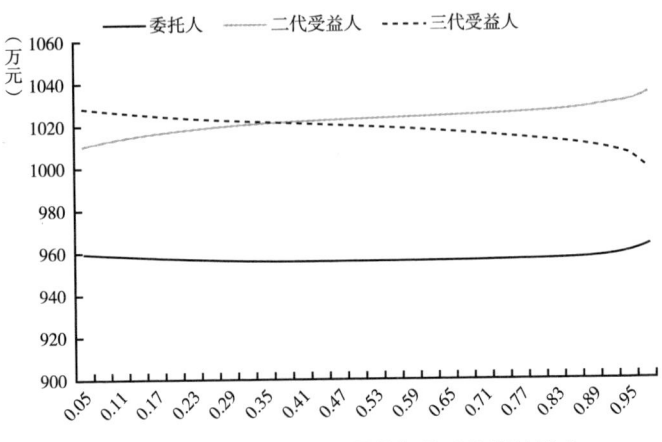

图3-2 利他因子变化对最优权益重构额的影响

4. 价格水平静态分析

在参数校准中，我们以城镇居民一年的生活成本作为代表型商品，以国家统计局公布的城镇居民现金消费支出作为价格，考虑到家族信托决策者每年的生活成本远高于普通的城镇居民，我们设定家族信托决策者的生活成本为普通城镇居民的8~20倍，由此引致的家族信托最优权益重构策略（以保障基本生活的年份为基准）变化见图3-3。结果表明，当代表型商品的价格逐步提高时，家族信托最优权益重构额并未发生明显变化，但每年商品价格的提高导致商品消费量的减少非常明显，即最优权益重构额可以支撑三代基本生活的年数越来越少，结果同样与直觉相符。

---

① 杨春学：《经济人的"再生"：对一种新综合的探讨和辩护》，《经济研究》2005年第11期。

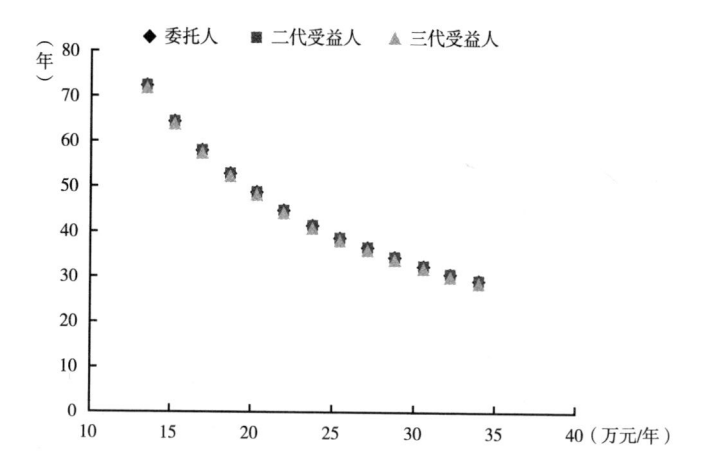

图 3-3 代表型商品价格变化（消费额）对最优权益重构策略的影响

5. 贴现因子变化：$5\% \leqslant \rho \leqslant 15\%$

作为本节的结束，我们分析贴现因子变化对最优权益重构策略的影响（见图 3-4），可以看出，随着贴现因子的提高，三代受益人的最优权益重构额有所降低，而委托人和二代受益人的最

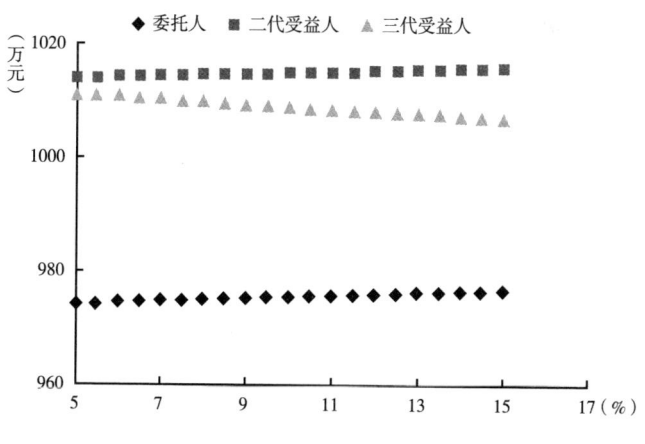

图 3-4 贴现因子变化对最优权益重构额的影响

优权益重构额有所提升,这与贴现因子的经济含义完全吻合。即便如此,当贴现因子从5%提高到15%时,二代受益人的重构额仅下降4万元,这体现了家族信托的利他性。

事实上,在客户的目标函数中我们考虑了完美、对称利他情形,然而这并不符合实际,如万达集团董事长在万达院线上市之前以1元的价格分别向其4个兄弟各转让300万股,以同样的价格向其儿子转让500万股,从基因上来看,兄弟、儿子与董事长之间各有1/2相同的基因,但其权益重构的额度明显不同,这表明权益重构策略的利他性不仅与基因有关,而且与感情因素等其他因素密不可分,在实际应用中要结合实际情况具体分析。

扩展阅读:自私的基因

道金斯(2012)在《自私的基因》中给出的广义亲缘系数作为利他因子的参考指标。子女携带父母的基因为1/2,对任意给定的两个个体A和B,可分三步计算二者之间的广义亲缘系数:第一步,从A和B开始向上追溯他们的共同祖先;第二步,计算A和B到共同祖先间隔的代数,记为n_A和n_B;第三步,计算A和B之间的广义亲缘系数。第一种情形是如果A和B之间的共同祖先为一个,如叔侄关系的共同祖先是爷爷等,则他们之间的广义亲缘系数计算公式为$(\frac{1}{2})^{(n_A+n_B)}$,接前例,叔侄间的广义亲缘系数是$(\frac{1}{2})^{(1+2)}=\frac{1}{8}$。第二种情形是如果A和B之间的共同祖先为两个，如（外）堂兄弟的共同祖先是爷爷奶奶，则他们之间的广义亲缘系数计算公式为 $2 \times (\frac{1}{2})^{(n_A+n_B)}$，如四代（外）堂兄弟之间的广义亲缘系数为 $2 \times (\frac{1}{2})^{(4+4)} = \frac{1}{128}$，这表明他们之间的共同基因仅为 $\frac{1}{128}$，关系已经很疏远了，此恰印证了民间的说法——"出了五服就不是亲戚了"。

在私人银行业务的发源地瑞士，早期的客户在做家族信托的权益重构策略时，传承给女儿孩子的额度高于传承给儿子孩子的额度，当受托人问客户原因时，客户回答说："女儿的孩子肯定有我 $\frac{1}{4}$ 的基因，儿子的孩子是否有我的基因，我不知道。"（亲子鉴定技术在20世纪90年代才实现突破并得以广泛应用）

三　家产庄息重构案例

晚清重臣盛宣怀因协助李鸿章主办洋务运动而名扬海内外，在经营洋务运动的过程中，盛宣怀通过股权投资获得了大量财富，通过投资上海租界内的不动产和对公司进行股份制改革而保全了部分资产，所以在过世之后其遗产清算总额约为1349万两白银。盛宣怀生前曾借鉴三井住友集团的"动息不动本"理念立了遗嘱，然而，在其过世之后，家族成员对原有的分家析产机制意见不一，所以后来在家族成员和李鸿章长子李经方等人的共同努力下,决定成立愚斋义庄并以义庄为中心做好"家产庄息"的机制设计,即将家族遗产按五五开分成两部分,一部分产权均分给5个儿子,另一部分纳入义庄,严格遵守盛宣怀"动息不动本"的生前遗嘱。事实上,愚斋义庄是当下家族信托、家族办公室和家族基金会等成熟家族财富管理传承工具的先驱,下面我们从家产庄息的分析机制和愚斋义庄的机制设计来介绍盛宣怀的家族财富传承机制以供参考。

(一)家产庄息分析机制

由表3-3可以总结出盛宣怀家族财富传承"一代、传男、①均分"的主要特点。为分析问题方便,我们从代际传承的角度分析这一特点,正常而言,在规划财富传承方案时,决策者应考虑父辈、同辈、子辈以及孙辈的财富分配问题,而本章讨论的盛宣怀案例则只考虑子辈中五房在世儿子的财富传承问题。鉴于父辈已过世,在此不做讨论,而同辈和孙辈则通过义庄中的常州盛氏老宅义庄、本支子弟或各房自由安排完成财富传承安排。同辈中的妻妾盛庄夫人和萧姨太太则通过计提生活费的方式保障其晚年生活,其中祖辈传下的公典遗产均纳入二位的晚年生活保障资产中,再次印证家族财富传承中的一代性特点。事实上,即便在传男不传女的"宗法制"传统继承方式下,也并非不考虑子辈中女儿们的相关安排,通常通过计提嫁妆费的方式来做财富传承

---

① 正如道金斯在《自私的基因》中所言,自私的要义在于拓展自身的生存概率空间,也就是家族基因的延续,这也是宗法制传男不传女的原因所在,因为如同 Browning 等人在 *Economics of the Family* 中所言,"从生物学角度而言男女不平等的原因在于:一个女人可以与不同男人生为数不多的孩子,而一个男人可以与不同女人生数量众多的孩子"。

安排，如七小姐、八小姐的嫁妆费均为 6 万两白银。最后，鉴于盛氏遗产以房产等不动产和股票等权益类资产为主，所以在规划五房的遗产份额时既要考虑房产和股票的比例均衡问题，又要考虑资产组合的收益即月息问题，自始至终体现"均分"二字，可见董事会家族财富传承分配策略的睿智。

表 3-3 盛氏五房资产结构与愚斋义庄资产结构

类别		房产(%)	股票(%)	工厂企业(%)	公典(%)	月息(两)
五房	仁(三房)	73.9	6.5	19.6	—	4789
	义(四房)	64.1	5.6	30.3	—	4684
	礼(七房)	70.1	6.7	23.2	—	4419
	智(五房)	73.5	6.9	19.6	—	4347
	信(大房)	75.3	5.1	19.6	—	4238
	平均	71.4	6.2	22.4	—	4495
愚斋义庄		20	79.4		0.6	
附:盛庄夫人		72.2	—	—	27.8	
附:萧姨太太		58.5	—	—	41.5	

资料来源：盛宣怀遗产史料。

在上述的"家产庄息"分配方案中，明确了五房、盛庄夫人、萧姨太太和小姐们所得遗产的处置安排。首先，盛庄夫人和萧姨太太的赡养费坚持"动息不动本"的基本原则，遗产由愚斋义庄代为管理，二位"百年"后按"家产庄息"策略原则分配。其次，七小姐和八小姐等所得遗产中的实业部分，在义庄中有足够现金后照价收回。再次，如果五房中某房想要出售其名下的遗产，义庄和其他各房拥有优先购买权。最后，义庄的不动产和权益类资产等坚持"动本不动利"的基本原则，应由董事会商议决定是否将其中部分资产变现以购买不动产等资产。这表明，在"家产庄息"的策略下虽然有违宫保"动利不动本"的分配原则，但在"愚斋义庄"机制下严遵宫保遗嘱，体现了家族办公室、家族信托或家族基金会等现代意义上传承机制的优势，也是这些传承机制的先驱。事实上，"愚斋义庄"还具有"表决权信托"的雏形，在首起遗产纠纷宣判结果中有一条"盛氏遗产中保存股股票选举权，应由庄夫人主持办理"，如前文所述，股票资产占义庄资产中的绝大多数。

（二）愚斋义庄机制设计

愚斋义庄采取董事会会长负责制，其中董事会成员有7人（见图3-5），分别是夫人、后裔、家族、亲属、法律顾问各1人和广仁善堂2人，主要职责特点如下：一是丙、丁、戊三项董事由甲、乙、丙三项董事公推，从中可以看出董事会的家族主导性；二是成员中宫保后裔五房及盛庄夫人无论何时不得超过2人以示限制，这也表明家族成员权利的有限性；三是盛庄夫人任首任董事会会长，而且对其任期并无年限约束，待其"百年"后，由五房轮流按照长幼次序增加1名董事，此后，会长由董事会公推，任期限定为1年，由此可见董事会相对家族成员的独立性；四是除盛庄夫人及五房代表外，其余董事任期3年，每年只准辞职1名，并按照丙、丁、戊己顺序依次辞职，显见董事会决策的连续性；

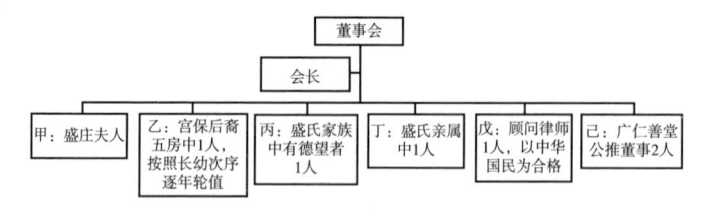

图3-5 愚斋义庄董事会及其成员构成

五是董事会决议以少数服从多数为准则,如果出现赞同和否决票数相同的情况,最后的决策权属于会长,表明董事会决策的集中性。

资金使用方面,董事会决议将义庄利息按 4∶4∶2 分成 3 份,分别用作善举准备金、本支义庄准备金和公共开支等,具体内容详见表 3-4。主要特点有三个:第一,设置上限,如在善举准

表 3-4 愚斋义庄资金使用安排明细

份额	用途	类别	明细	上限	余款用途
4 股	善举准备金	应用开支	每月 1000 两白银作为广仁堂总开支用,其所办各事随时报告给愚斋义庄董事会	75%	购买不动产
		保存书物	每月拨付经费若干用于维护愚斋藏书楼,保护宫保遗物中的字画古玩等,另用于赈灾等公益慈善等		
4 股	本支义庄准备金	祭扫用款	一切祭祀扫墓、修理宗祠、栽种树木等	除(1)和(2)外,其他各项不得超过五房内所有人数应得之份	
		置买田产	在江苏境内购买田产,加上宫保生前购买的 3000 亩凑足 1 万亩,交给常州盛氏老族义庄以资补助		
		子弟安排	(1)肄业可设立初等学堂 (2)有志向学而无力者可酌情补助学杂费 (3)贫穷且没有依靠者可酌情补助生活费 (4)贫穷且有志创业者可酌情以资补助,具体办法由董事会核定 (5)子女无力婚嫁者可酌情补助		
2 股	公共开支等		● 老宅开支,其界限及数目应由义庄董事会核定 ● 盛氏公共贺吊赠礼各项费用 ● 董事会的日常运作费用	无	作保存股

注:上限表示资金用途中的一项或多项不得超过准备金总额的比例。
资料来源:中国社会科学院近代史研究所近代史资料编辑部编《近代史资料》,中国社会科学出版社,2008。

备金和本支义庄准备金中的祭扫用款和置买田产等均设置准备金总额75%的使用上限；第二，余款买房，如果在使用过程中各项资金所有结余，则将其用于购买增值潜力较高的房产；第三，高低有别，如本支义庄准备金中子弟安排的（3）、（4）和（5）不得超过五房内子弟所得，很好地平衡了他们之间的关系，既照顾每个受益人，又不让受益人认为存在分配不均问题。

四 五代传承架构案例

本节我们以李鸿章和李经方的遗嘱为例，分析李氏家族的财富传承策略，其中重在分析李经方遗嘱中的五代传承架构设计。

（一）积善堂有条件利他

载于《朋友、客人、同事——晚清的幕府制度》（K. E. 福尔索姆著，刘悦斌、刘兰芝译，中国社会科学出版社，2002）一书中载有李鸿章立于1904年4月4日的分家合同，简单梳理归纳为表3-5，主要特点有：第一，遗产内容以地为主，遗产主要形式有庄田、坟田、堰堤、产业、房地产、田产和当铺等，其中以庄田、坟田及房地产为主要资产；第二，遗产用途以祭祀、祠堂和安葬费用为主，兼顾三房的自住和生活安排等；第三，遗产分配兼顾经管权和所有权，如留作祭祀、祠堂和安葬用途的遗产一般不得分割、抵押或出售等，而为保证三房的居住生活，将上海一套价值4.5万两白银的房产出售，其中2.5万两用于在上海外国租界买地建房，[①] 供三人共同所有、共同管理，此

[①] 鉴于租界地权的永续性和制度的独立性，在租界内买地建房具有财富保全功能，如盛宣怀的房产以租界内的房产为主。

外,再将江宁、扬州两地房产出售,卖房所得用于扩建上海公有居处。① 特别的,将江宁学管分与国杰宅邸,扬州一处房产分与经迈作为宅邸。

表3–5 李鸿章遗产、分配及用途等

继承人	权责关系	遗产(处)							用途	备注
		庄田	坟田	堰堤	产业	房地产	田产	当铺		
李经方	经管权	14	1	1	4	14			李鸿章发妻祠堂	房产地处安徽
	经管权	1							祭祀李鸿章两妾及经方发妻费用	
	所有权					$\frac{23}{27}$			自住	上海房产
	总计	15	1	1	4	$14\frac{23}{27}$				
李国杰	经管权	2							经述祭田	
	经管权					5	4		祭祀和维修泸州府祠堂、扩置房地产	不得分割、抵押与出售
	所有权					$1\frac{23}{27}$			自住	江宁学馆
	总计	2				$6\frac{23}{27}$	4			

---

① 由分家合同可以看出,李鸿章将上海一套房屋价值的5/9(4.5万两白银中的2.5万两)以及江宁和扬州的两处房子出售,然后在上海租界内购买公有房,所以从遗产分割的角度而言,每个人平均有[(5/9+2)×1/3]=23/27处房产的所有权。

续表

继承人	权责关系	庄田	坟田	堰堤	产业	房地产	田产	当铺	用途	备注
李经迈	经管权	3	1				2		经迈祭田	
	所有权					$1\frac{23}{27}$				扬州房产
	总计	3	1			$1\frac{23}{27}$	2			
继承人信息不明			1						李文安墓地及祭田	不得分割、抵押与出售
						$\frac{4}{9}$			上海李氏祠堂	
								1	江宁李鸿章祠堂	
	总计		1			$\frac{4}{9}$		1		
合计		20	3	1	4	23	6	1		

资料来源:宋路霞《细说李鸿章家族》,上海辞书出版社,2015。

众所周知,李经方是李鸿章从六弟李昭庆处过继过来的长子,虽然分得的财产数量众多,如14处庄田和14处房地产等,但财产价值和所有权关系并不如二房国杰和三房经迈,一方面庄田和房地产都在安徽老家;另一方面田产均在国杰和经迈名下,不仅如此,他们每人还分得了一套学馆或房产以作个人宅邸,进一步佐证了伟人李鸿章也是一位有条件的利他主义者,可用广义亲缘系数予以解释。① 三人分得具有经管权的遗产一般不得分割、

---

① 由道金斯《自私的基因》中给出的广义亲缘系数计算公式知,李鸿章与李经述以及李经迈之间的亲缘系数为1/2,而与李经方之间的广义亲缘系数为1/4。

抵押或出售，但如果遗产收益超过一定额度，则三人可均分超额收益，如由国杰负责经营的用于祭祀和维修泸州祠堂的遗产等。

（二）经方五代传承架构

据"李经方遗嘱"（本章以下简称"遗嘱"）内容整理，李经方的遗产包括以住宅、宅基地或商铺等为主的房地产约有12处，公司股票证据7张，砖瓦厂等产业3处，银行存单6张，田产5处，应收账款5宗，现金2份共7.3万元，价值明确的遗产价值总额为72.6万元，租金明确的田产租金总额为2.35万石，详见表3-6。

表3-6 "李经方遗嘱"中的遗产

类型	数量	价值	租金
房地产	12处		
公司股票证据	7张	48.3万元	
产业	3处		
银行存单	6张	7万元	
田产	5处		2.35万石
应收账款	5宗	10万元	
现金	2份	7.3万元	
总计		72.6万元	2.35万石

资料来源：作者整理自本章附录3-2。

下面，我们从组织架构、受益人结构和受益财产情况三方面详述遗嘱内容。总体而言，作为遗嘱的见证人，周孟文还是受益人之一李国烋受益财产的监察人，原因在于李国烋素有心疾。李经方在制定遗嘱时，赋予监察人周孟文极大的自由裁量权，这对当下的家族财富管理或企业传承也具有很大意义，原文为"国焘素有心疾，所分授各产或现款，今由予委托周孟文为监察人，督察其各产财政出入，国焘一切须听受周孟文支配，不得违抗。如不遵从孟文，可代表予随时以法律制裁之"（见图3-6）。此外，李经方对大管家周孟文的回报是利济轮船局的10万元股票，免费赠予，这也是李经方遗产分配中的一个组成部分。

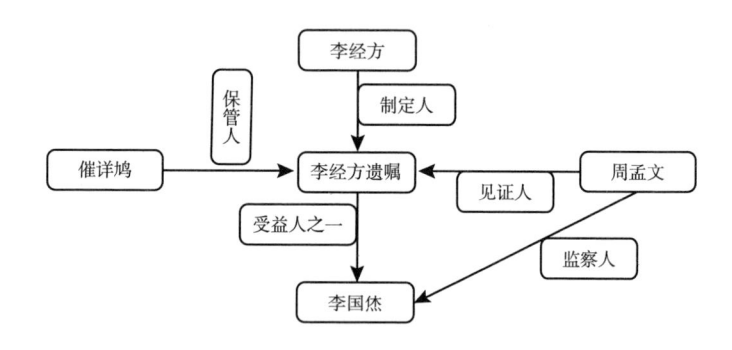

图3-6　李经方遗嘱组织架构示意

李经方遗嘱的受益人上至家族长辈，下至重孙第三代，中间兼顾妻妾和管家周孟文，详见本章附录3-3，具有"兼顾五代、人产确定"的家族财富传承权益重构思想，有意打破"富不过三代"的魔咒。事实上，从后面的分析中我们可以看出，遗嘱旨在照顾家族中每个人的权益。综合遗嘱明细和受益人结构，可以总结其家族财富传承特点如下。

第一，直产外息。对儿女[①]等直系血缘的一代，[②] 直接分配

[①] 民国时期的女子继承权政策已经实施，同时，李经方作为盛宣怀分家析产机制的监督人，在后来也见证了盛宣怀家族的女子继承权风波，鉴于此，在制定遗产分配的遗嘱时，除考虑"宗法制"下的儿辈外，也考虑了女儿及外孙或外孙女等。

[②] 如一代过世，则二代顺位继承，依然分配其房产或地产，如家骥在遗嘱中的继承地位等同于国焘。

房产或地产的所有权,而对上辈和同辈等"外人"则只赋予其财产的使用权,特别的,上辈或同辈名下的遗产也多以波动性较大的权益类资产如股票等为主,如刘四姑太太等长辈只在有生之年拥有遗产利息的使用权,待其过世后,其名下的遗产将进行二次分配。其中,作为李经方家族的管家,周孟文直接获得利济轮船局的 10 万元股票。

第二,顺位继承。对某些资产,李经方遗嘱明确"长房继承"的顺位继承思想,如遗嘱第 18 条中规定其从父亲李鸿章手中继承的周太夫人祭产等,当时能够继承的原因是李经方是长房,接下来依然要传给长子国燾和长孙家骥,且以后永归子孙之长房者继承管理,他房不得干涉、争论。遗嘱的第 1 条和第 11 条是顺位继承的第二种表现形式,以第 1 条为例,将芜湖城内外的房地产租金收益分为 3 份,其中 2 份为李经方自身的养老费,其余 1 份为国燾家用,李经方过世后,其原来享用的养老费由国燾继承,国燾原来的 1 份家用则由家骥、家骅均分(见图 3-7)。

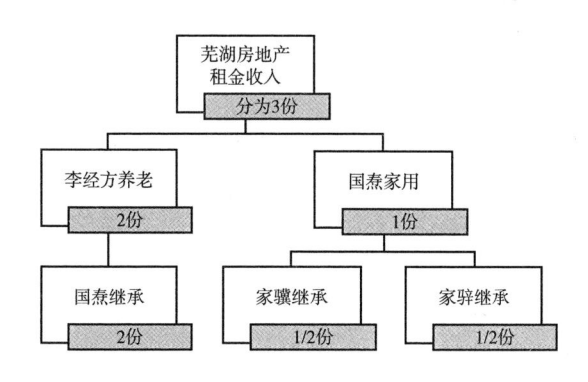

图 3-7 "遗嘱"的顺位继承案例示意

第三，二次分配。在一次分配中得息的受益人过世后，会将其名下的遗产分配给儿女和孙辈，基本原则是"人人有份，顺位分配"，也就是说，儿女和孙辈中本人或本人的子女至少有一人拥有二次分配的权利，如刘四姑太太名下的股票权的二次分配受益人是家骥的儿子，即李经方的重孙；再如姜王氏和姜陈氏各字遗产的受益人分别是女儿国芸和女儿国华的儿子即姜陈氏的孙子等。姜王氏和姜陈氏的受益额基本相当，分别为5.3万元和5万元，这也体现了遗产均分的基本思想。对于没有生儿育女的姜吴氏，李经方分配2.3万元的现金作为她的养老金和丧葬费用，不存在二次分配问题。

第四，家族永续。前述遗产一次分配和二次分配方案的结果是将遗产直接分配给儿女或孙辈，即在遗嘱设立时已经出生且在世的儿女或孙辈均有受益权和受益额度。事实上，为保证家族永续，作为遗嘱的制定人，李经方不仅考虑已经出生在世的子孙，而且兼顾了尚未出生的子女以及已出生和未出生中的"德者"，即遗嘱中的第31条，① 这是当下国内私人银行或家族信托等具有传承性质的家族财富管理工具的先驱。主要内容是李经方从"少至老"在"一大银行"存入不计其数的存款，且没有存券，与银行之间的约定是"凡吾名下之款，吾子孙将来有德者，该银行当然付给，无德者亦无从妄取分文"。显见作为委托人的银行是否支付给其子孙的决定条件是其子孙是否有德，此处的"德"是双方议定的支付条件。

---

① "吾在少至老陆续秘密存入一大（行名）银行之款，不计其数，皆无存券。数十年来本利未尝计算，亦不知有若干万。但此银行永远存在，不致倒闭停歇，亦无人可以冒领、盗取。凡吾名下之款，吾子孙将来有德者，该银行当然付给；无德者亦无从妄取分文。吾后人其各好自为之，此时吾固不能亦无从预为之支配耳。"

第三章 权益重构策略

扩展阅读：李经方的约定支付存款

根据相关资料，李经方存入"一大银行"的约定支付存款，金额可能为 500 万英镑。关于这个额度的来源，还得从一个故事说起。20 世纪 80 年代的一天，几位公安人员推开了李经方最小的孙子李家骁先生的家门，但他们不是上海市公安局的，而是哈尔滨市公安局的，来者共 4 人，他们手持中共中央统战部和有关公安部门的介绍信，声称已找了他大半年，花费了上万元出差费，曾经在上海访问了统战部、政协、文史馆等部门，都没有线索。这也难怪，因为他们根本就不知道李家骁的名字，上海茫茫如大海，谁知道李经方这个半个世纪以前的人的孙子是谁。说来也是老天长眼，在他们心灰意冷准备打道回府的时候，抱着"试试看""碰碰运气"的想法，来到了华山路派出所，因为他们听说"华山路半条街都是李家的"。谁知年轻的派出所所长听后哈哈一笑，说："你们这回算是找对了！李鸿章的曾孙正是我的老师，他叫李家骁！"为什么要找他呢？因为，哈尔滨酿酒厂有个调酒师叫李国安，声称当年手里有一张几万英镑的存折，是他父亲留给他的，但上面写的是李经方的名字。在"三年自然灾害"时期，他吃不了内地的苦，约了三个好友，想从广东偷渡到香港，至香港后就靠此存款生活，结果后来东窗事发，四个人锒铛入狱，李国安被判了十年刑，那存折也在混乱中弄丢了。出狱后李国安重提旧事，并说那存折被造反派抄家抄去了。他写信到各级政府部门和中央统战部，要求政府帮忙寻找那存折,若能把钱取出来的话就捐献国家,因为那是李鸿章的儿子李经方的存款,一直由其父保管,其父去世时把存折交给了他,并说此事李经方的遗嘱上有记载……于是,人们找不到存折,就来上海找遗嘱。(整理自宋路霞《细说李鸿章家族》,上海辞书出版社,2015)

(三)教育婚姻资本传承

从生命周期资产-负债角度而言,家族财富管理不仅涵盖前述的有形资产管理,还应包括社会资产、无形资产和其他形式资产的传承管理,如前所述,李鸿章因家族几代人的努力而官居直隶总督等要职,并非现在大家常说的"X二代"等,有关家族教育等无形资产的传承,我们将在家族企业治理一节介绍,本节我们重点介绍教育经历和婚姻关系等李氏家族无形资产的传承情况。

1. 曾门——入官运亨通

不惑之年考中进士的李文安与曾国藩"同年",[①] 当时曾国藩仅仅是翰林院侍讲学士、内阁学士,即编写史书的闲官,而李文安当时就安排儿子李瀚章和李鸿章拜其为师学习"经世之学",兄弟二人此后成了"曾国藩"的得力助手。1855年,曾国藩在江西设立湘军后勤处,李瀚章任后勤总管,掌管曾国藩的"钱袋子"。1858年,李鸿章的团练队伍在安徽丢盔弃甲,举家前往江西投奔大哥李瀚章,然后择机入驻曾府。如同李鸿章考验

[①] 当时,"同年"是一种微妙且重要的人际关系,远超过同乡、同学、同族乃至同胞的关系,因为同时中进士意味着要同时做官,有着共同的联系和参照。初做京官的"同年"无形中就是一个整体,除了他们的考官,他们之间往往比官场上的其他人更亲近,更能够理所当然地相互帮忙、相互利用。

其首席管家盛宣怀一样，虽然曾国藩比较欣赏李鸿章，但还是让他在江西坐了一个多月的冷板凳，最后还是李鸿章托同年陈鼐前去说情曾国藩才将其留了下来。后李鸿章因援兵上海组建淮军而名声大噪，得以实现自己的理想抱负（见图3-8）。

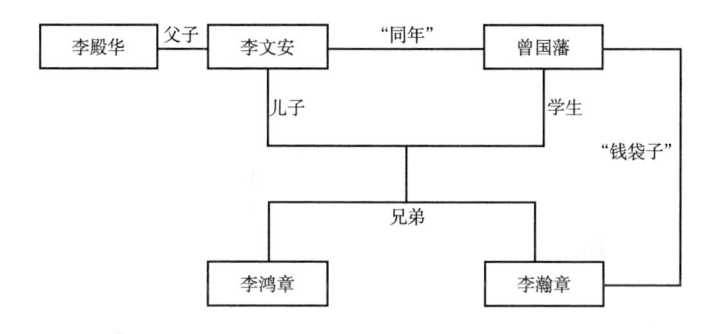

图3-8 李氏家族教育资本传承示意

2.婚姻资本无形有形

综观李氏家族的豪门婚姻关系，我们可以发现婚姻在家族关系的强化以及无形资产的传承中发挥着至关重要的作用。据统计，李鸿章与学生兼战友刘秉章家族之间有7门婚姻关系，与太湖赵家即李鸿章的继室赵小莲家族的婚姻关系至少有6门，与安徽合肥张家即父亲李文安的亲家之间的婚姻关系不少于5门，与安徽寿州孙家即京师大学堂的创办人、咸丰状元、光绪帝师孙家鼐家族之间姻亲关系不少于7门，与安徽泾县朱氏家族即明洪武帝朱元璋的后代之间通过李凤章的儿孙至少结成了3门姻亲。除了与刘、赵、李、孙、朱五大家族的强大婚姻关系网外，李鸿章家族在淮军系统内的亲家还有很多，如刘铭传家、周胜波家等。李氏家族不仅在淮军系统内的婚姻关系交错复杂，豪门关系的阔亲家还有很多，如江苏巡抚薛焕、长江水师提督黄翼升以及段祺瑞等。接下来，我们仅举与赵小莲家族以及段祺瑞的姻亲关系两例说明豪门婚姻在无形资产传承中的重要应用。

(1) 赵氏家族的"帮夫运"

众所周知，李鸿章继室赵小莲有"帮夫运"，"来归"第二年即为老李生了一个"亲"儿子李经述，当年正是湘军、淮军攻克太平军最后的大本营天京的年头。此后，李鸿章官运亨通，直至直隶总督兼北洋大臣。简言之，赵氏夫人嫁到李家的30年（1863～1892年），恰是李鸿章在政坛大红大紫的30年，办洋务、办海军、办学堂等。然而，赵氏夫人过世后，李鸿章的厄运也接连到来，先是甲午战败，接着是外放广东，最后是急召回京，吐血而死……其中，为李家生下儿子李经述当然是赵小莲的"个人能力"，那在李鸿章的官运中是否有赵氏家族的帮助呢？我们先看看赵小莲家族的基本情况。赵小莲出生在安徽太湖的著名书香之家，祖父赵文楷是嘉庆年间的状元，父亲赵昀是道光年间的进士，还当过咸丰皇帝的陪读，哥哥赵继元是同治年间的进士，侄儿赵曾重是光绪年间的进士，后人中有现代的著名宗教人士、全国政协副主席赵朴初先生。赵小莲本人从小耳濡目染，也是个知书达理之人。事实上，如果不是出身于赵氏家族这样的书香门第，赵小莲也不可能成为知书达理的贤内助，"帮夫运"估计也无从谈起。另外，从赵小莲嫁给李鸿章起，李氏家族与赵氏家族之间陆续结成5门婚姻，李鸿章侄子李经羲娶了赵氏夫人的侄女，李鸿章侄子李蕴章的女儿李果慧嫁给赵氏夫人的侄子赵曾翯，这是第一代的联姻情况。第二代中李经曦的儿子即李鸿章的孙子李国筼娶了赵曾重的长女为继室，李鸿章的侄孙女即李蕴章的孙女嫁给赵曾翯的儿子赵恩廊，此外，李鸿章的小儿子李经达的继室也是赵家的小姐（见图3-9），无形之中再次强化了婚姻作为无形资产的传承功能。质言之,在一定程度上,赵小莲的"帮夫运"实为赵氏家族的"帮夫运"。

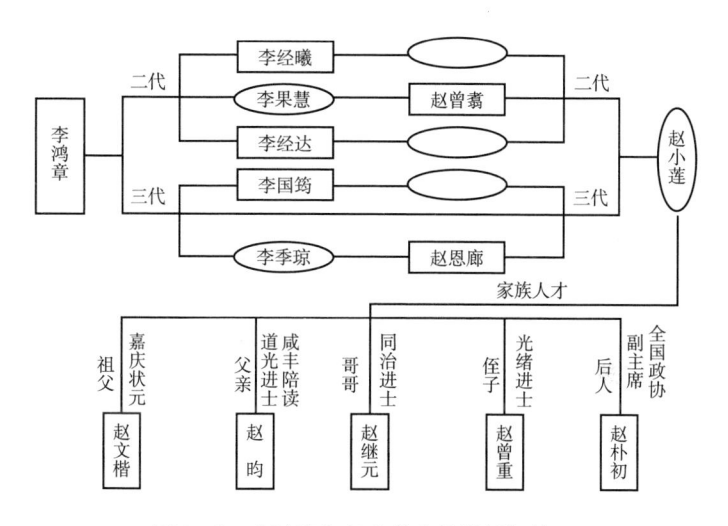

图 3-9 李鸿章与赵小莲家族的婚姻关系

(2) 段祺瑞"关系"救国杰

如家族财富增值策略中一节所述,李国杰一直留任官商督办企业轮船招商局的总办,曾与国民政府就轮船招商局所有权关系发生一系列冲突。1932 年 12 月 27 日,上海地方法院以"以国家财产作抵押向美商公司借款、出卖国家利益等"为由判处李国杰有期徒刑 3 年,剥夺公民权利 4 年。之后,段祺瑞因工作关系遇到蒋介石,并和他说:"国杰的事,就看在中堂大人的面子上,就算了吧!"几天后,蒋介石就放了李国杰。从中我们可以看出,"营救"李国杰的过程中存在的"人际关系"(见图 3-10):第一,家族关系,李国杰与李国源是堂兄弟,李国源是李昭庆的孙子,李国杰是李鸿章的孙子,李鸿章和李昭庆是兄弟关系;第二,婚姻关系,段祺瑞的女儿段式萱是李国源的原配夫人；第三，工作关系，段祺瑞的祖父段韫山办过团练并隶属于李鸿章的淮军，算是李鸿章的下属，此外，段祺瑞17岁那年前往投靠的一个叔叔也在军中，同样是李鸿章的下属；第四，教育关系，段祺瑞20岁时就读于李鸿章创办的天津武备学堂（陆军学校），当李鸿章想选取一批人去德国进修时，24岁的段祺瑞以第一名的身份入选，回国后备受重用。事实上，段祺瑞将女儿许配给李国源也算是报答李鸿章的知遇之恩。当然，段祺瑞"打声招呼"就能释放李国杰，同样也是因为段祺瑞是蒋介石在保定讲武堂就读时的校长。简言之，促成段祺瑞施救李国杰的关系有多种，但李国源与段式萱之间的婚姻关系是中枢。

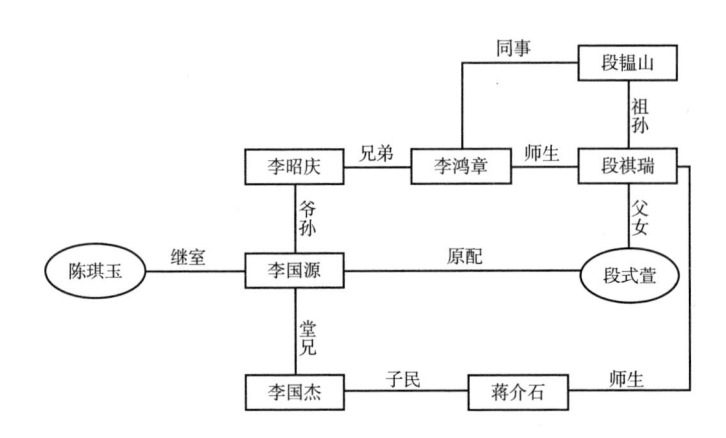

图3-10 李国源与段式萱的婚姻关系

五　家族信托产品/服务

不动产与人力资本等非货币资产是超高净值客户家庭财富的

主要表现形式,因此实现非货币资产的传承是家族信托业务的迫切需求。近年来,国内信托公司致力于在现有制度框架下推动非货币型家族信托业务的创新。

(一)房产信托

2014年,北京银行与北京信托开始推出房产管理主题的家族信托服务。北京银行担任家族信托的财务顾问,一方面扩大了客户群体规模,另一方面可为委托人提供一系列私人银行增值服务。接下来以不动产家族信托的案例介绍非货币型家族信托的操作流程。委托人拥有多处房产,为规避子女婚姻的风险,希望将受益人设定为"直系血亲后代非配偶继承人"。操作流程如图3-11所示,与普通资金信托类似,架构设计的核心是用信托计划购买自家房产。第一步,成立资金信托。委托人以其持有的资金设立一个单一资金信托,该资金可以是委托人的自有资金,也可以是委托人合法获得的过桥资金,以确保所设信托的合法性,将信托受益人设定为"直系血亲后代非配偶继承人"。第二步,用资金信托计划购买自家房产。

该操作流程满足客户资产隔离的需求,但需要承担很高的税收成本。首先,资金信托购入委托人房产时,需要缴纳二手房交易费用,包括个人所得税(房屋增值部分的20%或房屋转让收入的1%)、营业税(视房产持有年限而定)及契税(约1%)等。其次,信托存续期内,信托持有房产需缴纳房产持有税,以北京为例,按公司持有房产的标准每年应缴纳对应价值的0.84%。最后,信托终止阶段,受托人将信托财产和收益分配给受益人时还可能要承担房产过户费用。

不动产家族信托业务不仅可以针对客户的存量商品房,也可

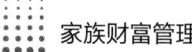

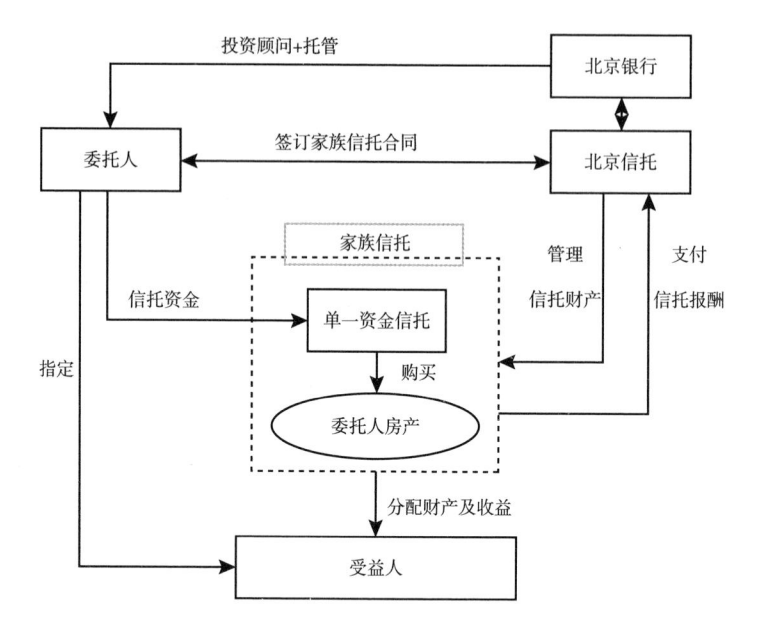

图 3-11　不动产家族信托运作模式

资料来源：21 世纪经济报道，作者整理。

针对新增可售商品房。北京信托表示，可通过家族信托的方式为客户锁定房源，比如尚未达到可出售状态的稀缺房产，客户可设立单一信托，委托信托公司与开发商签署合作建房等政策或法规许可的协议。在合作的房地产开发商取得预售资格或办理竣工验收后，私人银行客户再行使"委托人选择权"，由受托人代理或委托人本人办理网签过户手续。

中信信托也推出过类似的不动产家族信托，不同的是其信托计划引入专业养老机构（主要提供养老服务）管理房产，实现信托财产的保值增值，体现了中信信托"实业投行"的理念。

扩展阅读：家族信托的认识误区

为满足国内获益于改革红利而创富的"富一代"的日益增长的财富传承需求，家族信托应运而生，即家族信托是需求导向而非供给导向，更不是为了做家族信托而做家族信托。虽然目前在理论界和实务界中家族信托已耳熟能详，但大众的认识误区也成为阻碍其顺利发展的"绊脚石"，现予以简要澄清。

规划非避税 & 他益非自益

国内通常以遗产税和房产税为噱头做家族信托的推广，事实上，家族信托的要义是规划而非单纯避税。从财富管理的角度而言，财富管理即资本-负债管理，其中资本管理又分为货币资本管理和非货币资本管理，而非货币资本的内涵则覆盖个人、家庭、家族甚至非基因共同体泛家族的孕、生、育、业、老、病、死、残、心等方方面面。家族信托作为财富管理的高端服务模式，其规划的要义在于防范子孙挥霍、特殊目的婚姻、姻亲夺产、道德风险，实现家族企业永续传承、财产保护、跨国资产整合、资产信息保密、税务筹划和开展慈善事业。显见，税务筹划或合理避税只是家族信托的规划内容之一。这表明家族信托以利他行为为主，兼顾利己行为，即他益非自益。

结构非产品 & 单一非集合

根据委托人的预期目的，受托人应结合信托所在地的政治制度和法律法规设计合理的家族信托架构，如期权激励信托架构、企业海外上市架构、未成年子女抚养和家族企业永续传承架构等。信托架构设计才是家族信托的灵魂，或者说是家族信托这个"皇冠"上的"明珠"。信托架构设计不当导致全盘皆输的案例屡见不鲜，如枫丹别墅等。鉴于国内的信托市场以资金信托为主，我们通常将家族信托理解为某种形式的金融产品，这并非家族信托的本质。在当前的法律制度下，并非所有的金融或非金融资产均可作为受托资产，如未上市股权和房地产等，所以国内目前的家族信托以现金类的资金信托为主。

特别的，鉴于《信托公司集合资金信托管理办法》明确要求"参与信托计划的委托人为唯一受益人"，即委托人和受益人必须为同一人，这与家族信托的他益性相悖，所以现金类的家族信托只能是单一资金信托而非集合资金信托。需要特别指出的是，原则上，单一资金信托为通道类业务，属于被动管理型业务范畴，此类信托风险是由单一委托人承担的，信托公司作为业务通道仅在交易结构中起到事务性管理功能，信托合同条款已明确了交易双方的权利义务关系，潜在风险不容忽视。

投支非顾问 & 东掌非东自

国外，作为家族信托服务的提供方，信托公司或律师事务所等仅提供家族信托的内核服务——架构设计的咨询顾问服务，一般不提供家族信托的资产管理服务。国内，鉴于信托公司的"实业投行"牌照功能，目前自行开展或与商业银行联合开展家族信托的信托公司，除提供架构设计的咨询顾问服务外，还重点开展如下两个方面的业务：一是信托财产支付管理，即信托公司据架构设计中的合同约定，向客户指定的受益人有计划地支付孕、生、育、业、老、病、死、残、心等相关费用；二是信托财产投资管理，依据与委托人商业性的合同架构，将信托财产闲置资本以信托公司名义进行投资管理，实现财富的保值和增值。

鉴于国内家族信托当下的委托资产以现金资产为主，商业银行在开展业务过程中会采用家族基金、全权委托、慈善资金或家族办公室等绕开信托牌照的"类家族信托"业务，其中全权委托业务最为成熟。目前国内有家族信托需求的客户多为"富一代"企业主，其创富过程多以自我为中心，所以也希望在家族信托的资产管理中享有一定的控制权或话语权，类同于票号经营中的"东自制"。事实上，成熟的全权委托业务神似"东掌制"，人权、财权和物权全部交给掌柜——家族信托的受托方，如商业银行或信托公司等。

国内非国外 & 增值非业务

印象中，国内的法律环境和制度环境并不支撑家族信托业务，据说这是当年境外机构忽悠境内机构和客户的一种托词，因为大家都知道统一口径就是事实，这样可以垄断国内客户的家族信托业务。事实上，"国内"才是家族信托业务的沃土，表现有两个。第一，目前来看，《中华人民共和国慈善法》的不足之处以及信托登记制度的缺失等一定程度上限制了家族信托的发展，而实践中已有相当成功的家族信托案例，如外贸信托和招商银行的合作等。第二，国内客户即便有海外投资需求，在设立家族信托的过程中，也更愿意国内的中资机构为其提供服务,一方面语言无障碍、沟通顺畅,另一方面且更重要的是路径依赖——信任。

部分外资机构仅将家族信托业务列为其增值服务的内容之一,因为对它们而言,家族信托的架构设计咨询顾问服务并非主要赢利点,一定程度上讲,家族信托业务而产生的利润甚至不足整体利润的10%,且只有当其承担家族信托的资产管理服务时才会产生利润。

综上所述,国内开展家族信托业务的法律和制度环境基本健全,只需修正部分法规和部门规章制度以及与家族信托相关的其他法律等即可保障家族信托业务的正常运行。作为一项新生业务,其组织架构的建设、业务模式的构建、赢利模式的探索、产品服务的完善、风控体系的建立以及监管制度尤其是投资保护制度的优化等都还有进一步提升的空间,其中看似无关但非常重要的一点是国内死亡文化的重建,因为儒家文化下我们避讳谈论死亡问题,而家族信托处理的恰是"身后事"。

(二)保险信托

保险信托是以保险金或人寿保单作为信托财产,由委托人(一般为投保人)和受托人(信托机构)签订人寿保险信托合同,保险公司将保险赔款或满期保险金交付受托人,由受托人依信托合同约定的方式管理、运用信托财产,并于信托终止时将信托资产及运作收益交付信托受益人的信托形式。不可撤销人寿保险信托(ILIT)是美国广泛采用的财富传承方式。寿险产品本身具备一定的遗产分配功能，可以指定多名受益人，并指定受益份额和受益顺序。但是，保险可以保障受益人名义上享有保险金利益，但未考虑受益人是否具备自行处理保险金的能力。信托的加入可以提高财产传承方案的灵活性，避免继承人之间的权益争夺，防止财产挥霍，保障受益人的权益免受侵害等。人寿保险信托可以弥补保险制度的不足，在保险合同义务履行后，由受托人代为管理和运用保险资金。信托具备的避税、避债等功能也可以更有效地实现资产保障和财富传承。

2014年，信诚人寿推出的"信诚'托富未来'终身寿险"以保险的资产保全功能为基础，联合中信信托为客户打造具有独立性、保密性的个性化解决方案，可视为国内首款保险金信托产品。该款产品保额起售点为800万元，引入了信托选择权，客户可选择由信托公司代为管理保险金，信托公司根据委托协议作为保险金受益人，根据客户意愿管理和分配信托资金。2015年，友邦保险与中信信托联合推出保险金信托，其公开的"保险金信托客户意向书"显示该保险金信托的基本元素如下。

第一，资金门槛。分标准设立费和增值设立费两项，其中标准设立费的门槛为300万元，即该保险金信托的资金门槛；增值设立费由委托人自行设定。

第二，功能作用。其一，信息隔离。在较大的范围内指定信托受益人，并分别约定各个受益人获取的信托财产份额及领取规则，相关信息仅在发生约定情形时分别向相关受益人等进行披露，以实现信息隔离。其二，风险隔离。让包括保险金在内的信托财产能够真正归属受益人本人，避免未来受益人年龄、婚姻、负债等变动导致包括保险金在内的保险财产被滥用、篡夺、操控、分割或追索。其三，终身受益。让包括保险金在内的信托财产在受益人的日常生活、求学、成长、婚育、事业、保险保障、养老等方方面面发挥关键作用,细水长流、循序渐进,助力受益人过好幸福的一生。其四,激励约束。以获取信托财产为鞭策,对受益人起到长久的管教和约束作用。其五,荫及子孙。对包括保险金在内的信托财产进行多代传承规划,荫泽子孙,富过三代,助力家庭辈辈出人才。其六,例外规划。委托人其他的长期、个性化财富管理规划需求。

第三,资金运用。受托人获得的身故保险金、受托人获得的生存保险金及其现金红利、委托人交付的初始信托资金以及其他形式信托财产的管理运用方式由委托人和受托人自行约定。就这款产品而言,委托人将资金运用分为存款型、安稳型和平衡型三种专户,投资范围的风险程度和潜在收益逐级提高。以存款型专户为例,其投资范围有信托产品、资产管理计划、有限合伙份额等,最终投资于货币工具、金融同业存款、通知存款、银行定期存款、协议存款或大额存单等。安稳型与存款型专户的资金运用差异在于前者最终投资范围更大,增加的投资产品包括:高评级的债券和资产支持证券等;大型金融机构提供信用增级的金融产品;评级在 AA+级以上大型国企提供信用增级的金融产品;高信用等级或优质信用等级的票据资产;中低风险银行理财产品;受托人发行或管理的低风险信托产品、资产管理计划等产品;其他具有较高安全性并且法律法规允许投资的短期金融产品以及监管部门许可的其他金融产品等。特别的,如果资金运用的投资范围中有非委托人发行或管理的信托产品,则需要根据相关法律法规认购信托业保障基金。

第四,费率结构。保险金信托的费用分变更费和管理费两种,其中管理费的收取又分按比例提成和业绩报偿两种形式。受托人有权决定每次变更信托合同是否收取信托合同变更手续费以及每次收取的信托合同变更手续费的具体金额，合同变更手续费原则上每次不超过 1000 元。存款型专户的信托报酬＝结算当期信托财产的加权本金[①]×0.5%×本结算当期的实际天数/360，即按加权本金的 0.5%收取信托报酬，而安稳型专户的信托报酬则等于其投资收益[②]的 20%，即受托人和委托人按 2∶8 分配投资收益。

保险信托的业务模式见图 3 - 12。架构设计的核心是：委托人在购买保险产品之前签订信托协议，在发生理赔之前，保险信托以财产权信托形式（保单作为信托财产）托管在信托公司，发生理赔后，财产权信托转换为资金信托（保险金作为信托财产）。保险信托的出现是客户需求推动的结果，保险信托一方面可以提升保单传承的灵活性，另一方面降低了家族信托的资金门槛，客户可以一定数额的保费撬动大额资产的传承。相关案例架构见图 3 - 13。

对信托公司而言，身故保险金信托的等待期较长，在资金信托生效前，信托公司很难获得管理报酬。目前，信托公司主要在

---

① 信托财产的加权本金＝本结算当期开始时的该类信托本金的金额＋本结算当期内该类信托财产每次信托资金增加的金额×每次金额增加之日至本结算当期终止时的天数/本结算当期的实际天数－本结算当期内该类信托财产每次信托资金减少的金额×每次金额减少之日至本结算当期终止时的天数/本结算当期的实际天数。本结算当期内本信托因追加、交付、赔付等而获取的信托资金中归属于该类信托财产的金额、具体投资项目实际发生的投资收益（亏损）中属于该类信托财产的金额、本结算当期内该类信托财产向受益人分配的信托利益的金额，均视为信托资金发生增加或者减少的金额。
② 信托财产的投资收益＝本结算当期内各个具体投资项目的投资收益（亏损）之和。本结算当期具体投资项目回收至信托专户中的相应资金，由受托人根据具体投资项目交易文件的约定确定其属于投资收益与投资本金的具体金额。

两方面探索业务创新：一是将信托财产由身故保险金拓展到生存保险金；二是探索双层保险信托。双层保险信托指的是受托人既作为保单的投保人又作为受益人，无论在财产信托阶段还是资金信托阶段，受托人均可获得管理报酬。现阶段，双层保险信托的法律基础不明确，主要争议在于：信托公司可否担任投保人？《中华人民共和国保险法》第十二条规定："人身保险的投保人在保险合同订立时，对被保险人应当具有保险利益。"投保人具有保险利益的人员包括：本人；配偶、子女、父母；与投保人有抚养、赡养或者扶养关系的家庭其他成员、近亲属；与投保人有劳动关系的劳动者。而"除前款规定外，被保险人同意投保人为其订立合同的，视为投保人对被保险人具有保险利益"的规定似乎可以成为信托计划/信托公司担任投保人的突破口。

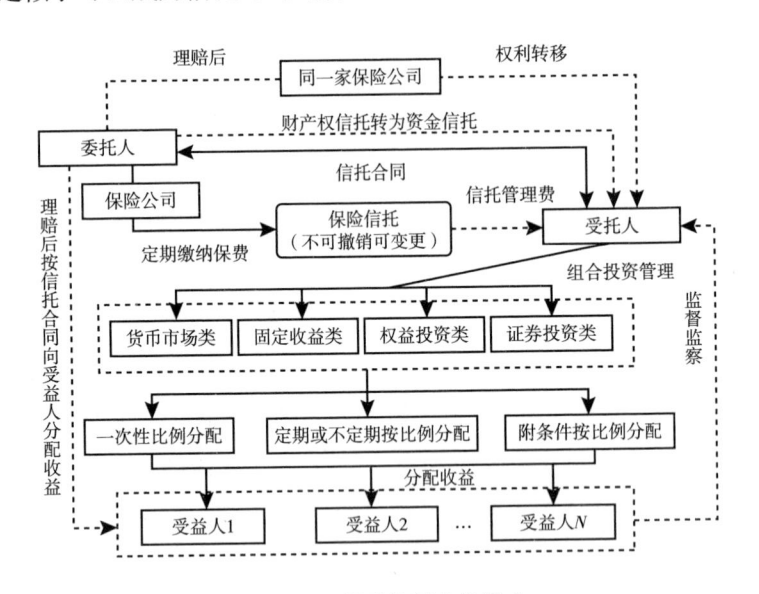

图3-12 保险信托业务模式

资料来源：中国信托业协会《2014年信托业专题研究报告》。

第三章　权益重构策略

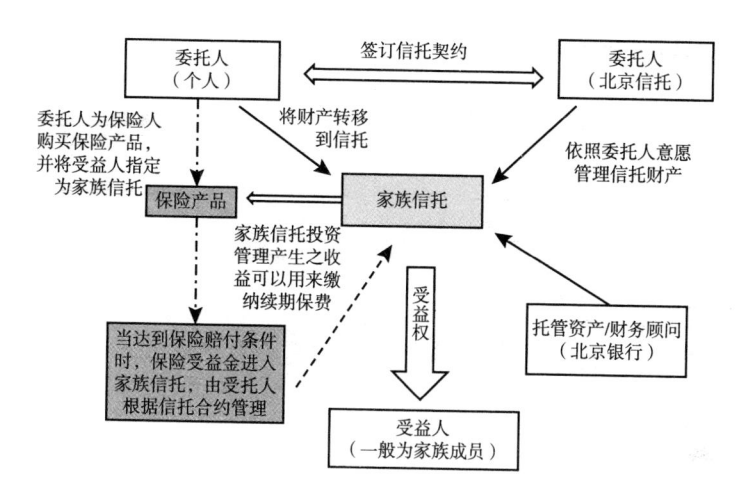

图 3-13　北京银行与北京信托的人寿保险信托案例

资料来源：北京银行。

（三）股权信托

目前，国内上市股权类家族信托已有成功案例，未上市股权类家族信托的架构尚在研究之中。假定某客户持有某上市公司小于5%比例的股份，客户目的在于将持有的股票留作资产传承给下一代。为此，受托机构可以设计"股票—现金—信托—股票—现金"的上市公司股票传承家族信托架构（见图3-14）。第一步，委托人卖出其持有的股票，获得现金；第二步，委托人委托受托机构成立现金类家族信托；第三步，家族信托根据信托合同约定，择机购买委托人持有的等额股票市值；第四步，家族信托获得股票分红后，按信托合同约定的分配方式向受益人分配股票红利。其中，双方协议约定家族信托不对股权类信托资产做买入卖出的市值管理。

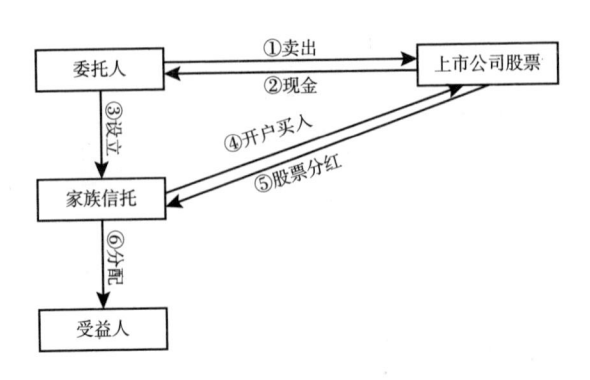

图 3-14 股权类家族信托架构示意

（四）事务信托

事务管理类业务主要是受托管理业务，受托人按照信托文件约定和委托人意愿执行和履行事务管理职责，主要按合同约定向指定受益人分配信托财产和收益，分家族事务管理和公司事务管理两类。家族事务管理的代表案例是北京银行和北京信托的"家业恒昌张氏家族单一资金信托计划"。该家族信托计划的目的是满足失独客户的隔代继承需求。张先生和老伴儿在年逾古稀之际失去了唯一的儿子，留下年仅28岁的儿媳和两个分别只有1岁和3岁的孙子。老两口早年经商创业积累下数亿元资产，如今面临儿媳改嫁、孙子改姓或孙子长大后不成材而无法继承家业的担忧。于是老夫妇决定出资5000万元设立家族信托，并约定它的受益人为其两个孙子及其"直系血亲后代非配偶继承人"。信托财产投资于稳健的金融资产，并对受益权分配做出如下规定。

①除非患有重大疾病，受益人在未成年之前对本金和收益没

有支配权，在未成年之前只能运用信托财产的收益来支付必要的学习支出。

②受益人在其18～25岁可以支配收益，但不能支配本金；25岁以后本金和收益均可自由支配但须兄弟和睦、一致决定。

③若受益人改姓或在张松夫妇去世后按社会公序良俗标准未尽孝道如清明节"不祭扫"等，受益人丧失对本金和收益的支配权。

④一旦受益人死亡，受托资产捐给慈善机构。

⑤受益人成家立业后，本金和收益根据两人所生育的继承人数量按比例分配。

通过该信托计划，委托人成功地将信托财产保全并预留给两个孙子和直系血亲后代，并排除媳妇、女婿等姻亲主张收益权的可能。受托人的主要职责是对信托财产进行投资管理，并遵照委托人意愿按照合同约定向受益人支付本金和收益。

下面，我们介绍万向信托的股权事务管理家族信托。2015年9月，北京某公司（本章以下简称"北京公司"）想拓展广东市场，与当地创业团队合资成立一家股份公司（本章以下简称"股份公司"）。目前，考虑利用股票期权的方式激发创业团队的积极性，为此还有诸多问题需要解决：对创业团队而言，如何解决在婚姻变化和身故风险下面临的激励股权拆分和继承问题，如何防范股份公司到期激励失信的道德风险以及股份公司无法真正代表创业团队的表决权风险；对股份公司而言，如何处理人员流动引发的激励股权清退风险或未达到股权期权激励条件导致的激励期权收缴风险等。鉴于此，双方商议考虑设置家族信托架构以解决上述问题。在家族信托架构下，信托、股份公司和创业团队分别为受托人、委托人和受益人。此时，信托公司集资产管理和事务管理两种权限于一身，一方面容易滋生道德风险，另一方面信托公司也非事务管理的最佳委托人。于是，在信托架构中引入中华遗嘱库作为家族信托的保护人，专职从事事务管理工作，同时通过遗嘱、协议、代理等方式规避受益人的婚姻和身故风险（见图3-15）。

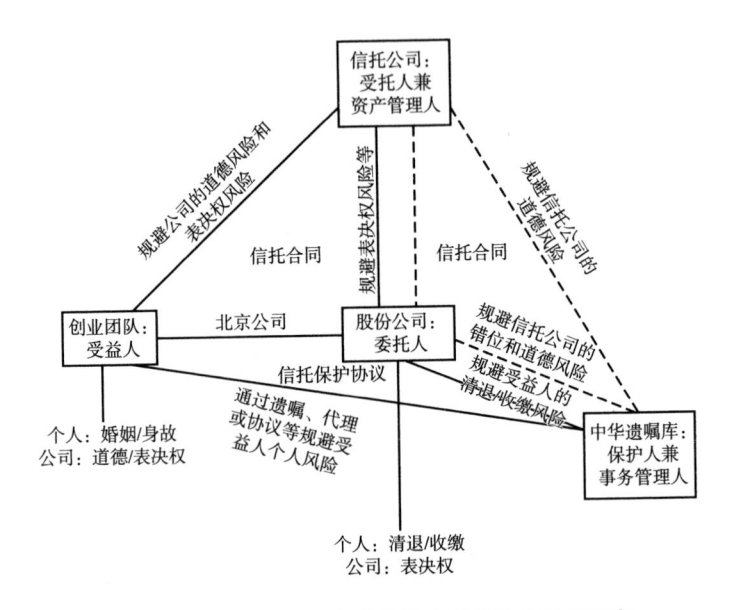

图3-15 万向信托股权事务管理家族信托架构示意

（五）四代架构

如同李鸿章家族的五代传承架构，国内家族信托也有四代传承的架构设计案例。某客户夫妇名下有现金2亿元，上海、北京和南京区域未经运营不动产3栋。客户设立家族信托的目的在于财富增值、长辈和夫妇二人养老、女儿及其未来子女的财富传承以及公益慈善等。基于前述信托资产，结合受托人的愿望，委托机构针对不同类型受益人设计资产归属不同、管理方式不同和运用方式不同的家族信托架构（见图3-16）。

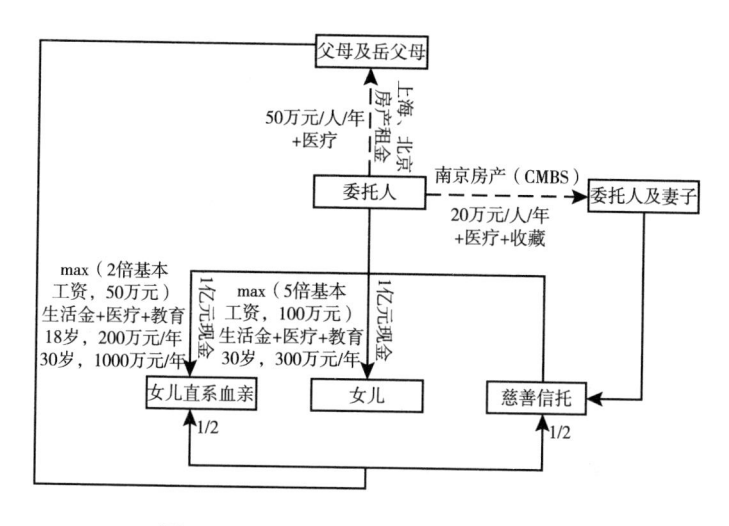

图 3-16　现金房产类家族信托架构示意

针对委托人的父母和岳父母4个受益人，受托人将委托人名下上海和北京的不动产收益划归该类受益人，考虑到该类受益人的年龄特征和养老需求，受托人通过租赁方式管理受托资产，养老金的标准是每人每年50万元，总和不得超过受托资产的总收益，盈余用于积存。医疗费用据实际情况按需支付。该类受益人过世后，按合同约定，受托资产收益的一半将划归委托人女儿的直系血亲名下，另一半归属受托人设立的公益慈善基金。

针对委托人本人及其妻子两个受益人，委托人将南京的不动产收益分配给该类受益人，考虑到该类受益人的风险承受能力较强等因素，受托机构通过与证券公司合作对信托财产进行CMBS资产证券化管理，获得现金后对该物业进行升级重构，之后再进行资产重组和股权投资，从而获得良好的预期收益。夫妇二人的养老金安排是每人每年20万元，总额不得超过信托财产的总收益,盈余部分捐赠给委托人设立的慈善信托。受益人的医疗、艺术品收藏支出将根据实际情况按需支付。该类受益人身故后,信托财产的收益将捐赠给委托人设立的慈善信托。

针对委托人女儿及其直系血亲,受托人将委托人名下的2亿元现金均分给两位受益人。对这两个受益人而言,分配的方式相同,涵盖生活金、医疗、教育以及定期定额分配等,只是分配的额度不同。其中,医疗和教育支出根据实际情况全额支付。女儿的生活金标准是受益人所在地平均工资的5倍或100万元(或等值其他货币)中的最大者,女儿年满30周岁后的定期定额分配额度是每年300万元(或等值其他货币)。女儿直系血亲的生活金标准是受益人所在地平均工资的3倍或50万元(或等值其他货币)的最大者,年满18周岁之后的定期定额分配是每人每年200万元(或等值其他货币),年满30周岁之后的定期定额分配是每人每年1000万元(或等值其他货币)。

现金房产类家族信托的主要特点如下。第一,四代传承架构。委托人父母及其岳父母、委托人夫妇、委托人女儿以及委托人女儿的直系血亲均是受益人,即典型的李鸿章家族"五代传承架构"。第二,个性化配置策略。根据受益人的不同代际,在充分考虑各自风险承受能力的基础上,给出其名下信托财产的个性化配置策略。第三,功能丰富多样。主要有增值、养老、医疗、收藏、教育、传承、隔离、慈善等方面,其中隔离主要表现在四代受益人是委托人女儿的直系血亲,隔离了非血亲的婚姻风险。该信托架构设计详尽合理,然而深究发现其依然存在不足之处,如信托财产的所有权问题,架构设计中只提到委托人父母、岳父母和委托人夫妇身故后的信托财产收益分配问题,而关于该信托财产的受益权并未明确界定。

六 保险市场产品案例

（一）终身寿险产品案例

以香港友邦保险的"财富隽永"寿险计划为例，该产品专为超高净值人士设计，最低基本保额为1000万美元，提供终身保障，保险费率根据受保人的实际年龄、性别、惯常居住地、核保级别及吸烟状况厘定，随受保人的实际年龄递增。产品特点有四个：其一，财富传承，投保人自主决定财富分配方式，遗产由现金累积账户价值和身故赔偿金构成；其二，收益稳定，降低风险，所缴保费扣除费用后存入现金累积账户，保单期内利率不低于保证利率，通过现金累积账户确保遗产总价值的稳定增加；其三，身故赔偿，提供两种不同的身故赔偿方式，确保身故后家人的生活无后顾之忧；其四，流动性，可从保单中提取现金或申请保单贷款；其五，灵活性，投保人可自由选择缴付时间或金额，并在符合条款情况下，在保单有效期内对保费缴付时间或金额做出修改（见表3-7）。

表3-7 "财富隽永"寿险计划基本资料

投保年龄	18~75岁
货币	美元
保障期	终身
最低现时基本保额	10000000美元
身故赔偿	选项一：现时基本保额或户口价值中的较高者
	选项二：现时基本保额加户口价值
保费类别	灵活保费（受最低保费要求的限制）
锁息期	首三个保单年度内
保证给付利率	每年2.25%

续表

免退保费用的部分提款限额	就身故赔偿选项一而言,在第 10 个保单年度后提供豁免保费用的部分提款限额为户口价值的 4.5%,若部分提款不超过限额,不扣除任何现时基本保额或退保费用。 就身故赔偿选项二而言,部分提款的退保费用是全免的
其他利益	一旦确诊患上末期疾病,可从保单中预先支付身故赔偿金额,每位受保人的风险额上限为 2000000 美元
保费费用	每笔缴付保费的 6%
行政费用	首 15 个保单年度内按月扣除
保险费用	在受保人年满 120 岁之前按月扣除
退保费用	退保费用适用于首 15 个保单年度并因应下列情况:保单失效和退保;减少现时基本保额;身故赔偿选项一之部分提款

资料来源:香港友邦保险公司。

扩展阅读:保险产品的性质

鉴于人身保险或年金保险的退出成本较高,所以投保者有时不得不继续缴纳保费,结果是通过持续缴纳保费保障个人的晚年生活,规避了一般储蓄存款的随意性。

性质 1:节税性。《中华人民共和国个人所得税法》规定保险赔款免征个人所得税,此外,目前保险单的分红收益和投资收益也是免征个人所得税的。据《中华人民共和国保险法》(本部分以下简称《保险法》)第 24 条[①]可以看出,在被保险人死亡后,其人身保险合同

---

① 具体内容为:被保险人死亡后,有下列情形之一的,保险金作为被保险人的遗产,由保险人依照《中华人民共和国继承法》的规定履行给付保险金的义务。①没有指定受益人的,或者受益人指定无法确定的;②受益人先于被保险人死亡的,没有其他受益人的;③受益人依法丧失受益权或者放弃受益权,没有其他受益人的。受益人与被保险人在同一事件中死亡,且不能确定死亡先后顺序的,推定受益人死亡在先。显见,在签订保险合同时,为避免麻烦,一定要指定受益人,而不要写法定。

指定的受益人依然生存且没有丧失受益权，则受益人获得的保险金不作为被保险人的遗产，这意味着不存在对保险金收取遗产税的情形。

性质2：独立性。首先，《保险法》第22条规定，任何单位和个人不得非法干预保险人履行赔偿或给付保险金的义务，也不得限制被保险人或者受益人取得保险金的权利，这表明保险金具有特殊条件下的避债功能。其次，《中华人民共和国继承法》（本部分以下简称《继承法》）第33条规定，继承遗产应当清偿被继承人依法应当缴纳的税款和债务，缴纳税款和清偿债务以他的遗产实际价值为限。如性质2中有关《保险法》第24条的分析显见，在被保险人（继承人）死亡后，其人身保险合同指定的受益人（继承人）依然生存且没有依法丧失受益权，则受益人（继承人）获得的保险金不作为被保险人（被继承人）的遗产，即保险金不可以作为被继承人的遗产，所以不存在偿还债务的问题。最后，《中华人民共和国合同法》（本部分以下简称《合同法》）第73条规定，债务人怠于行使到期债权，对债权人造成损害的，债权人可以向人民法院请求以自己的名义代位行使债务人的债权，但该债权专属于债务人自身的除外。据《中华人民共和国合同法司法解释（一）》第11条的规定，债务人依照《合同法》第73条的规定提起代位权诉讼，应当符合下列条件：①债权人对债务人的债权合法；②债务人怠于行使到期债权，对债权人造成损害；③债务人的债权已到期；④债务人的债权不是专属于债务人自身的债权。接着，第12条又规定,《合同法》第73条第1款规定的专属于债务人自身的债权,是指基于扶养关系、抚养关系、赡养关系、继承关系的给付请求权和劳动报酬、退休金、养老金、抚恤金、安置费、人寿保险、人身伤害赔偿请求权等权利。综上所述,人寿保险不属于债权人追偿的范围,债权人不能要求人民法院强制债务人用人寿保险偿还债务,此处的人寿保险不包含意外伤害保险和健康保险。

进一步,保险财富管理同样还具有调节国民收入再分配的功能,因其运行机制是投保人共同缴纳保险费,组成保险基金,当某一个被保险人遭受损失时,他可以从保险基金中得到补偿,因此,从被保险人的角度看,保险在被保险人之间建立了一种特别的收入再分配机制。

(二)组合保障产品案例

在实践中,众多保险公司均已推出综合性保险规划,如光大永明的"人寿融入式财富保障项目"、中荷人寿的"家业长青终身寿险"、太平人寿的"'卓越人生'综合保障计划"、华泰人寿的"百万财富综合保障计划"等。这些规划均由保险公司为投保人量身定制,由多个险种集合而成,集养老、理财、医疗保障、人身保障、财富传承等功能于一体,向投保人及家庭成员提供全方位、一体化的高效服务。

中荷人寿的"家业长青终身寿险"投保金额在500万~3000万元,缴费方式有趸缴和期缴(5年、10年、15年及20年),具有四大特色:其一,身故全残保障附加意外保障,实现财富传承与家庭保障；其二，保单贷款功能；其三，5年加保，费率不限；其四，多款附约随意搭配，投保人可获得全面定制化的家庭与个人保障计划（见图3-17）。

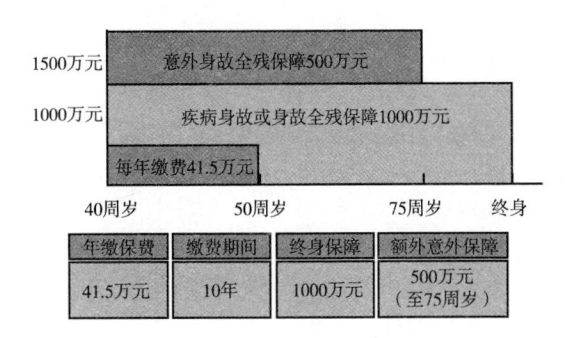

```
1500万元 ┌─────────────────────┐
         │ 意外身故全残保障500万元 │
1000万元 ├─────────────────────┴──────────┐
         │  疾病身故或身故全残保障1000万元   │
         ├────────────────────────────────┤
         │ 每年缴费41.5万元 │
         └────────────────┘
     40周岁    50周岁         75周岁      终身
```

年缴保费	缴费期间	终身保障	额外意外保障
41.5万元	10年	1000万元	500万元（至75周岁）

图3-17 中荷人寿"家业长青终身寿险"的投保案例

资料来源：中荷人寿保险公司。

光大永明的"人寿融入式财富保障项目"也为高净值人群提供了符合实际需求的量身定制的家庭全保计划。

扩展阅读：光大永明 "人寿融入式财富保障项目"

背景资料：李先生，35岁，是一家上市公司中层管理人员，太太30岁，为公司一般职员，两人有一个5岁的儿子。家庭目前年收入约50万元。

产品方案：理财顾问在与客户沟通并充分了解客户需求的基础上，为李先生制订了综合性保险理财计划，该计划涵盖了李先生家庭的补充医疗、重疾、豁免及收入替代性、定期寿险以及夫妻二人的养老年金。李先生及家人拥有的综合性保障利益概括为下表。

项目	内容	保障人	金额
意外保障	航空意外	李先生/李太太	570万元/太太60万元
	公共交通意外	李先生/李太太	360万元/太太40万元
	普通意外	李先生/李太太	210万元/太太20万元
重大疾病保障	36种常见重大疾病,确诊寄给付	李太太	30万元
	发生癌症复发、转移再支付	李太太	6万元
重大疾病保障	10种常见重大疾病,确诊即给付	儿子	30万元
医疗报销保障	住院医疗(含一般疾病和重大疾病等原因住院治疗报销)	李先生	30万元/年
豁免保障	缴费期间李先生约定重疾或高残	李先生	10万元×剩余缴费年限
养老金	李先生60岁一笔领取100万元,61~70岁每年领取10万元,71~80岁每年领取20万元,81岁一笔领取189万元,90岁可一笔领取348万元,100岁可一笔领取685万元		
缴费方案	每年10万元,连续10年,共计100万元		

资料来源:光大永明人寿保险公司。

(三)节税移民产品案例

马恩岛(Isle of Man)是一个位于英格兰和爱尔兰之间的小岛屿,是英国的三个皇家属地之一。马恩岛受到英国庇护,又享有独立的政治和立法权,在税收和立法方面拥有完全自主权。作为"避税天堂",马恩岛为投资者提供优越的税收优惠,个人所得税上限为18%,不征收资本增值、遗产税和财产税,个人缴税最高限额为10万英镑。

以离岸金融为主的金融服务业是马恩岛的支柱产业。马恩岛是全球最大的人寿保险中心，最主要的产品是年金和人寿保险。①马恩岛的保险业务由马恩岛政府保险及退休金管理委员会（Isle of Man Government Insurance & Pension Authority）密切监管，该协会负责制定相关法规并监督保险公司的业务运营。

马恩岛完善的保险制度为投资者提供了保障。一方面，马恩岛提供保单持有人法定赔偿安排。根据1991年颁布的《保单持有人赔偿条例》（*Isle of Man Life Assurance-Compensation of Policyholders-Regulations*, 1991），若保险公司无法支付保单持有人的账户资产，保单持有人可获取相当于保单账户价值90%的赔偿，赔偿金额不设上限。另一方面，马恩岛是首个被英国政府颁为特定区域地位（designed territory status）的离岸中心，因此马恩岛的投资人享有等同于英国国民的投资法律保障。此外，离岸保险公司还可为客户提供具有绝对安全性、私密性的保障，巧妙地将客户未申报的资产隐藏在人寿保险中，实现资产保护、资产转移和财富传承。

正如香港保险业一样，马恩岛的人寿保险服务也为高净值人士的全面保险规划提供了新的思路。然而，境外保单存在不确定性，一些隐匿性的操作游离在监管之外，存在较大的政策风险。因此，境内高净值人士不宜盲目购买，应切实了解离岸市场的政策法规，并聘请专业机构和专业顾问制定全面的保险规划。

投资相连寿险计划是实现香港资本投资移民的重要途径。2003年10月，香港政府推出《资本投资者入境计划》，即香港投资移民政策。根据规定，符合条件的境外人士在香港投资650万港元以上即可申请香港居留权，投资资产包括房地产、股票、

---

① 辛乔利、张潇匀：《避税天堂》，社会科学文献出版社，2012。

债券、存款证等。2010年10月，香港政府修订投资移民计划，将投资门槛由650万港元调升至1000万港元，同时在投资资产类别中删除了房地产项目，并新增保险公司为投资移民中介机构，将投资联结型保险产品纳入许可投资资产。截至2014年6月末，资本投资计划入境申请达39024宗，总投资额超过1927亿港元，其中，已取得外国永久性居民身份的中国籍人士[①]约占九成。自房地产被剔除出香港投资移民计划之后，投资相连寿险计划成为最受中国大陆人士欢迎的香港投资移民产品。以香港友邦保险发行的"卓耀明珠"投资相连寿险计划为例，账户管理费按保费金额不同而设定为2.5%~3.8%，如一张投保额1000万港元的保单，保险公司收取25万港元的管理费，投资相连寿险计划兼具投资功能和人寿保障功能，保单的实质为基金组合，保单价值会随市场变化而波动。

[①] 香港投资移民并不适用于中国公民，中国公民需要先获得第三国永久性居留身份才能提出申请。

附录3-1　李鸿章的分家合同

一、庄田十二块、坟田一块、堰堤一道，安徽桐城县城内产业四处，另加省城安庆房地产十四处，均留作李鸿章发妻周氏祠堂开销之用。由经方经管。

二、合肥县撮城庄田一处，留作祭祀葬于该处之李鸿章的两妾及经方发妻开销之用。由经方经管。

三、合肥县庄田两处，为经述之祭田（他葬在其中一处），由经述之子国杰经管。

四、合肥县田产两处、庄田三处、坟地一处，留与经迈为其殁后之祭田及墓地，由经迈本人经管。

五、李鸿章在合肥县、巢县、六安州、霍山县之其余田产及其在泸州府、巢县、拓皋村、六安州及霍山县之房产，均为李鸿章祭田及恒产。上述田产永不分割、抵押或出售，其岁入用于祭祀和维修泸州府祠堂之外，其余部分用于扩建房地产。由国杰经管。

六、合同签订之日起十年后，如李鸿章祭田及恒产岁入逾二万担，除上述开销外，所有盈余部分由三位继承人平分、本规定永不变更。

七、合肥县东乡李文安之墓地及祭田继续保留，不得分割、抵押或出售。

八、上海一价值四万五千两白银之中西合璧式房产出售，其中两万两用于上海李氏祠堂之开销，其余两万五千两用于在上海外国租界买地建屋，该房屋应为三位继承人之共有居处，归三人共同拥有、共同管理。

九、江苏扬州府一当铺之收入用于省城江宁李鸿章祠堂之开销。

十、分别位于江宁（南京）、扬州之两处房产出售，卖房所得用于扩建上海至公有居处。

十一、根据李鸿章生前指示，江宁学管分与国杰作宅邸，扬州一处房产分与经迈作宅邸。

附录3-2　李经方遗嘱全文

谕子：国焘、国然、五女国华、六女国芸、孙家骥、家骍等，我一生勤俭成家，所自置各处田产、房产及各项股票并各处存款，今以年老不变管理，因预为尔等分配至，所有分法条列于后。

（1）芜湖城内外之基地市房，每年所得租金以全数三成之二，为吾养善，又三分之一为国焘家用。予身后此全数三成之二养善费，归国焘承受，又全数三分之一，归孙家骥、家骍、各得其半，他人不得干涉。

（2）予所分授积善堂合肥东乡公租六千石左右，临河集裕丰仓一所，及集内并附件乡间房屋，分授予孙家骥执业，惟岐旺庄田租伍佰石左右，应当为岐旺坟地祭扫之用，不归家骥私有。所有契据即检交家骥保管之。

（3）上海英界孟德兰路基地市房，又闸北中兴路基地市房，均分授予五女国华执业，此两处道契均已过户交其收执。

（4）大连市越后町三十九番地住宅一所，又沙河口牛家屯永安街市房，均分授予六女国芸，当将各契据检出交其生母陈氏代为保存，俟其出嫁时一并由陈氏交其执管，为其私产，他人不得干涉。

（5）南京城内外基地市房，每年所得租金咱全数归吾养善。将来身后归五女国华即孙家骥二人各半执业，惟花园一所，专归五女国华私有，家骥不得干涉。所有南京契据，先检出交国华、孙家骥共同保管之。

（6）刘四姑太太例给终身月费每月洋三百元。兹以太平银行股票七万元交家骥保管，以每年所得之利洋，全数付给四姑太太私用，至其终天年之日为止。终天年后，比股票柒万元应归重孙即家骥所出之男女美生、沪生、浦生等，为学费，他人不得干涉。

（7）妾王氏给以华安水火保险公司股票二张，每张规元银一万两，又太平银行股票三张，每张洋一万元，又三张，每张洋一千元，为其终身养善。至其终天年之后，所给予以上至股票八张，应归五女国华所得之外孙寿曾、绍曾、福曾、宪曾、绳曾等五人收受，为学费，以作留念。

（8）妾陈氏，给予华安水火保险公司股票两张，每张规元银一万两，太仓利泰纺织公司股票六纸，每纸洋五千元，为其终身养善。其至其终天年之日，所给予以上之股票应归其所生六女国芸承受。

（9）六女国芸，除分授以大连市越后町住宅一所，又伏见台惠比须町、大黑町市房一处，又沙河口牛家屯永安街市房一处，又传家庄合股所购山地，以上各项契据均先交其生母陈氏，代为保管，俟其出嫁时由其生母交与之，以便执业外，又六女将来出嫁时置备妆奁之款，特预为筹拨，用春晖堂名义分存于上海盐业银行、天津泰丰恒银行两处，分立存折，贰扣交其生母陈氏代为保管。未出嫁之前，可按月动用两存折之利息，以为其母女二人过活用费。俟将来出嫁时，由其生母陈氏将存折扣交与国芸自行保管之。交出后，陈氏吾本已另给有养善，国芸不必再给予养善以为生活。陈氏亦不得向国芸有所索取。

（10）所存太平银行规元七万两，系新吾八太爷、丁老太太、周三姑太太等养老金之基本金，非至三位寿终天年时，不得收回。将来三位寿终日，此七万两收回时，以三万两归国焘，两万两归国焘,两万两归家骥,各自收管。此七万两存券,即检交国焘、家骥先共同保管之。

(11) 所有含山、和洲、芜湖县境内之田租,一万五千石左右,应以该田岁入之半,为予养善,余一半暂为国焘家用,予身后,国焘应承受该田产岁入全数十成之六,其余四成,国焘、家骥各得其半。但国焘素有心疾,不准将该田产变卖抵押,所有……芜湖江口华盛街住宅一所,应由国焘一人承受,他人不得干涉。

(12) 合肥城内四古巷住宅一所,归国焘、国焘、家骥三人各得五开间,楼房一进。家骅应得东宅三开间,楼房前后两进。至花厅、桥厅、门房、厨房、厕所及余屋,均由国焘等四人公用之。但此宅无论何人,不准变卖抵押。

(13) 芜湖马政滩沿江滩地,应归国焘及家骅承受。

(14) 芜湖四合山砖瓦厂基地、机器、房屋及其余山地,应归家骥承受。

(15) 利济轮船局资本洋叁拾万元,分作三十股,赠予周孟文十股,计洋十万元,自留二十股,洋贰拾万元,为生前养善费,身后授予国焘五股,计洋五万元。授予国焘五股,计洋五万元。授与家骥家骅各五股,各计洋五万元。国焘素有心疾,所分授各产或现款,今由予委托周孟文为监察人,督察其各产财政出入,国焘一切须听受周孟文支配,不得违抗。如不遵从孟文,可代表予随时以法律制裁。至利济轮船局统作资本叁拾万元,既已按股分配,每年所得余利结至年终,按股照分。平时皆不得支借,所有局中之人,行政一切事宜由孟文、国焘、家骥共同管理之。国焘素有心疾,一概不予干预。

(16) 高懿丞所押之上海荆州路道契之基地房屋,洋柒万元,期限五年,期满无利取赎,将来期满取赎时,此柒万元应给大女所出外男孙杨寅即大森宝二森宝各两万元,外孙女二宝、四宝、六宝各一万元,以为纪念。押据检交国焘、家骥公管之。

(17) 合肥城内所有市房基地,系予陆续购买置,为岐旺坟地祭产,应归国焘、家骥、家骍等共同管理之。每年以城内所收房租及岐旺本庄麦稻租款,专为祭扫之费。如有所余,共同存钱庄储积,不得擅自私用。至祭产田房之契据,应归国焘、家骥、家骍等共同保存,国焘素有心疾,不得干涉。

(18) 周太夫人祭产之桐城县内稻租,两千石左右,又安庆省城内市房十余所,皆系积善堂公产内分授予我者。以我为长房故也。以上田房之祭产,应归国焘、家骍承受管理,以后永归子孙之长房者继承管理,他房不得干涉、争论。所有以上之契据,即检交国焘保管之。

(19) 南京浦口滩地归家骥承受,契据即检交其保管。

(20) 上海西润圩滩地,应归国焘、家骥、家骍共同承受。契据由以上三人共同保管,如将来出售所得价洋,三人共分之。

(21) 运漕镇所有市房基地,全数给五女国华,契据各件即检交其收执。

(22) 芜湖广业公司房产之股票,系妾何氏私产。又予名下之华安水火保险公司股票一张,计规元一万两。系妾陈氏私款所购,不过票面由予出名。孙家骥系何氏之承继孙,又为陈氏之兼孙,广业公司即华安公司股票,应归家骥承受,所有以上股票当检交家骥收执,他人不得干涉。

(23) 予自留正钞现款分布于天津泰丰恒银号,及福康银号,及借与鲍廷九等,专为吾养善,身后应在此现款内提出五万元,由国焘、家骥、家骍三人经理吾丧葬,一切用费由其现款,收回时无论多少，应由国焘、国然、家骥、家骈四人共同按股摊分之，不得争执。

（24）芜湖裕中纱厂所欠济远公司之款，系吾经手所代借，并为负责保还人。裕中所欠之本利久不归还，济远公司责成负责保还人代为归还。该公司将来裕中还款时，应由我收受。将来无论收到所烧，应由国焘、国然、家骥、家骈四人共分之。

（25）安徽水东官矿局所欠宏远公司之款，亦吾经手所代借，并为负责保还人。该矿局所欠之本利久不归还，宏远公司责成负责保还人代为归还。该公司将来管矿局还款时，应由我收受。将来无论收到多少，应由国焘、国然、家骥、家骈四人共分之。

（26）宝兴铁矿公司押款即新旧借款归还时，无论多少，吾在日自用之，身后由国焘、国然、家骥、家骈四人共分之。

（27）周建吾所押宣城田八百余亩、洋三万元，此款系国然之生母私款，由吾出名。押借与周建吾者，不意本利久不归还。吾已将三万元私款①垫还与国然之生母。将来周建吾来归款时，此三万元可给予国然。周建吾押据即宣城田契，即检交周孟文与国然之生母共同保管之。

（28）吾在少至老陆续秘密存入一大（行名）银行之款，不计其数，皆无存券。数十年来本利未尝计算，亦不知有若干万。但此银行永远存在，不致倒闭停歇，亦无人可以冒领、盗取。凡吾名下之款，吾子孙将来有德者，该银行当然付给；无德者亦无从妄取分文。吾后人其各好自为之，此时吾固不能亦无从预为之支配耳。

---

① 原词为"私行"，作者认为应为"私款"，不当之处，请批评指正。

（29）国焌之生母给予洋五万元，以为养善。国焌已经分授财产，仍应自尽其孝养之职。

（30）姜吴氏给予洋两万三千元，为养老基本金，交其自行经理。因其子女无出，身后即以此款基本金为其丧葬之用。

（31）此谕单正本应由芜湖律师催祥鸠保管，另照善副本六份，国焘等六人各持一份，以资遵守。

民国二十二年十二月二十四日
李伯行
子：国焘、国焌
女：国华、国芸
孙：家骥、家骅
律师：催祥鸠证明
见证人：周孟文

附录3-3　受益五代传承架构

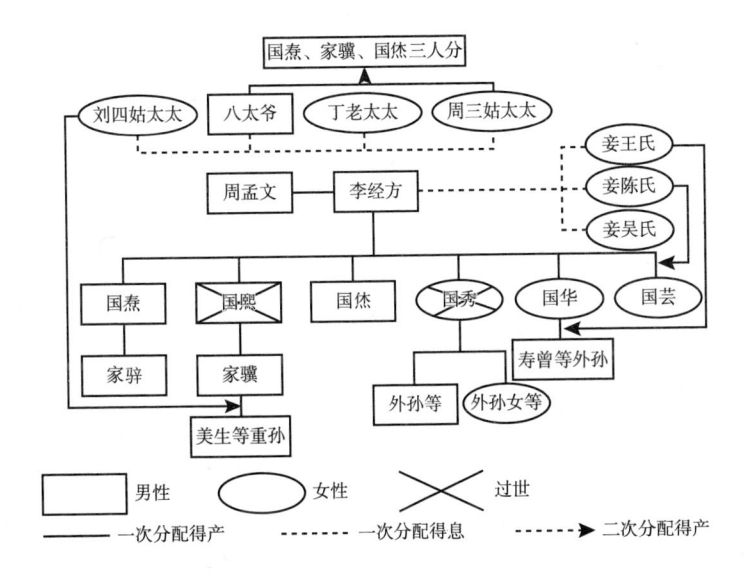

```
                    ┌─────────────────────┐
                    │ 国㷀、家骥、国烋三人分 │
                    └──────────▲──────────┘
                               │
  ┌───────┐  ┌──────┐  ┌──────┐  ┌────────┐       ┌──────┐
  │刘四姑太太│--│八太爷│--│丁老太太│--│周三姑太太│       │ 姜王氏│
  └───┬───┘  └──────┘  └──┬───┘  └────────┘   ┌---│ 姜陈氏│
      │                   │                    │   │ 姜吴氏│
      │         ┌──────┐  ┌──────┐             │   └──────┘
      │         │周孟文│--│李经方│-------------┤
      │         └──────┘  └──┬───┘             │
      │                      │                 │
      │   ┌────┐  ┌────┐  ┌────┐ ┌────┐ ┌────┐ ┌────┐
      └──▶│国㷀│  │国煦│  │国烋│ │国秀│ │国华│ │国芸│
          └─┬──┘  └─╳──┘  └────┘ └─┬──┘ └─┬──┘ └────┘
            │       │               │      │
          ┌───┐   ┌───┐            ┌────┐  │
          │家骅│   │家骥│            │    │  │寿曾等外孙
          └───┘   └─┬─┘             │    │
                   │               ┌────┐ ┌──────┐
                 ┌──────┐          │外孙等│ │外孙女等│
                 │美生等重孙│       └────┘ └──────┘
                 └──────┘
```

□ 男性　　○ 女性　　╳ 过世

——— 一次分配得产　　------ 一次分配得息　　- - -▶ 二次分配得产

第四章
家业治理策略

本章以家族企业中的传贤传亲话题导入,利用 Sharpley 公理研究家族企业治理中的效益分配问题,构建以家族企业私利最大化为目标函数的优化理论,在此基础上研究家族企业治理中的权利控制问题,为方便应用,对上述两类问题我们均给出显式解,同时对双重股权架构、金字塔型股权架构和交叉持股型股权架构的最优控制问题做了相关实证研究。国际国内经验方面,我们给出了日本市场通过股权重构进行家业传承的经验借鉴,刘备托孤、票号选贤、李鸿章治家等历史镜鉴以及国内实践中家族信托市场的家族基金、海外上市和慈善基金等。

一 传贤传亲话题讨论

目前,改革开放后形成的家族企业已进入或正在进入传承阶段,在分析研究家族企业的传承之路时,不外乎如图 4-1 中的两种方式三条路径,即"传亲"的实际管理和虚拟管理以及"传贤"的职业经理人方式等。事实上,任何一种家族传承方式的劣势与优势都同样明显,如实际管理的海翔药业案例,名为实际管理实为虚拟管理的海鑫集团案例,以及电视剧《芈月传》中义渠君的心理所有权越位现象等。

第四章 家业治理策略

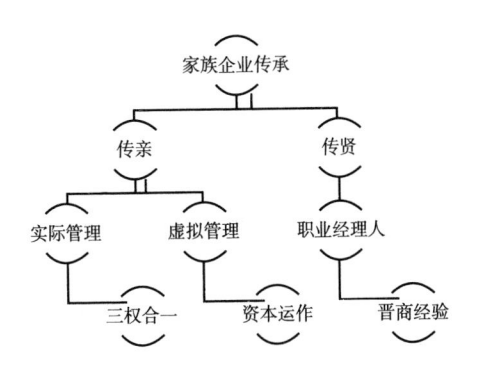

图 4-1 家族企业传承方式示意

另外根据中国民营经济研究会家族企业委员会编著的《中国家族企业传承报告 2015》（中信出版社，2015），在被调查企业中，有 73.6% 的企业主不愿意交班，同样也有 50.5% 的子女不愿意接班，企业主不愿意交班且子女不愿意接班的比例为 46.8%（见表 4-1）。进一步，如果我们假定 73.6% 的不愿意交班的企业主中有一半认为子女的能力不够，即这一部分人的比例为 36.8%，再加上企业主愿意交班而子女不愿意接班的比例 3.7%，这表明有 40.5% 的企业主愿意交班而没有合适的接班人选，"传贤"即职业经理人的选择将是这部分企业主的首选策略。在现实中，部分家族企业主认为"传贤"可能优于"传亲"，如胡润"百富榜"首富在采访中明确表示，如果儿子未来可以胜任家族企业的管理，则选择"传亲"，否则将选择"传贤"作为经营百年老店的制度保障。

在家族企业"传贤"的过程中，创始人与职业经理人对家族企业的效益分配和权利控制是家业治理的两个核心问题，所以在接下来的两节中分别以 Sharpley 公理为基础研究家族企业的效益分配问题，并构建以家族企业私利最大化为优化目标的优化理论，以此为基础研究家族企业的权利控制问题。

表4-1 家族企业两代人交接班意愿契合情况

单位:%

子女 \ 企业主		企业主意愿		合计
		交班	不交班	
子女意愿	接班	22.7	26.8	49.5
	不接班	3.7	46.8	50.5
合计		26.4	73.6	100.0

资料来源:《中国家族企业传承报告2015》。

二 最佳效益分配策略

本节我们以Sharpley公理为基础,推导家族企业创始人、管理人和其他人员三类人员效益分配和权利控制的基本结论。作为例证,我们还给出晋商"东掌制"中以身股作为效益分配基准的案例分析以及徽商"分产不分业"下官利红利的效益分配案例分析等。

(一)结论推演及例证

不失一般性,[①] 我们将家族企业的参与者分为三类,分别是创始人(Founder)、职业经理人(Manager)和其他人员(Others),三类参与者构成的集合为:

$$I = \{f, m, o\} \qquad (4-1)$$

---

① 在家族企业治理中,一方面,家族企业创始人在聘用职业经理人时要充分考虑职业经理人的利益;另一方面,家族企业引入职业经理人后,家族企业创始人也要防范职业经理人的篡位夺权。这形成了创始人对职业经理人的激励约束问题,所以家族企业创始人和职业经理人是家族企业治理中的两类重要参与者,其他人员则基本为前述两类人员的一致行动人。

记任何一类参与者单独经营时的效益分别为 y_f、y_m 和 y_o，三类参与者中两两合作时的效益分别为 y_{fm}、y_{fo} 和 y_{mo}，其中下标无先后顺序区分，三类参与者同时合作的效益为 y_{fmo}，基于 Sharpley 公理，定义 I 上的特征函数为：

$$v(\phi) = 0, v(\{f\}) = y_f, v(\{m\}) = y_m, v(\{o\}) = y_o$$
$$v(\{f,m\}) = y_{fm}, v(\{f,o\}) = y_{fo}, v(\{m,o\}) = y_{mo}, v(\{f,m,o\}) = y_{fmo}$$
$$(4-2)$$

进一步，假定以上所有取值满足特征函数的基本条件。为计算创始人在三类参与者同时合作中应获得的效益，第一步找出 I 中含有 $\{f\}$ 的所有子集，即：

$$S_f = \{\{f\}, \{f,m\}, \{f,o\}, \{f,m,o\}\} \quad (4-3)$$

第二步计算 Sharpley 中的各项（见表 4-1），第三步把表 4-2 中的最后一行相加，得：

$$\varphi_f(v) = \frac{1}{3}(y_f + y_{fmo}) + \frac{1}{6}(y_{fm} + y_{fo}) - \frac{1}{3}y_{mo} - \frac{1}{6}(y_m + y_o)$$
$$(4-4)$$

同理，可得：

$$\varphi_m(v) = \frac{1}{3}(y_m + y_{fmo}) + \frac{1}{6}(y_{fm} + y_{mo}) - \frac{1}{3}y_{fo} - \frac{1}{6}(y_f + y_o)$$
$$\varphi_o(v) = \frac{1}{3}(y_o + y_{fmo}) + \frac{1}{6}(y_{fo} + y_{mo}) - \frac{1}{3}y_{fm} - \frac{1}{6}(y_f + y_m)$$
$$(4-5)$$

表 4-2　创始人的效益或权利 $\varphi_f(v)$ 的计算

S	$\{f\}$	$\{f,m\}$	$\{f,o\}$	$\{f,m,o\}$
$|S|$	1	2	2	3
$v(S)$	y_f	y_{fm}	y_{fo}	y_{fmo}
$v(S/\{f\})$	0	y_m	y_o	y_{mo}

续表

S	$\{f\}$	$\{f,m\}$	$\{f,o\}$	$\{f,m,o\}$
$g_f(S)$	y_f	$y_{fm}-y_m$	$y_{fo}-y_o$	$y_{fmo}-y_{mo}$
$w(\|S\|)$	1/3	1/6	1/6	1/3
$\varphi_f(v)$	$\frac{1}{3}y_f$	$\frac{1}{6}(y_{fm}-y_m)$	$\frac{1}{6}(y_{fo}-y_o)$	$\frac{1}{3}(y_{fmo}-y_{mo})$

综上所述，如果我们假定家族企业三类参与者即创始人、经理人与其他人员独自创业，两两合作和三人合作的效益和权利分别为 y_f、y_m、y_o，y_{fm}、y_{fm}、y_{mo} 和 y_{fmo}，且满足 Sharpley 公理的基本条件，则如下结论 1 成立。

结论 1：在 Sharpley 公理下，三类参与者同时合作时各自应获得的效益分别为

$$\varphi_f(v) = \frac{1}{3}(y_f + y_{fmo}) + \frac{1}{6}(y_{fm} + y_{fo}) - \frac{1}{3}y_{mo} - \frac{1}{6}(y_m + y_o)$$

$$\varphi_m(v) = \frac{1}{3}(y_m + y_{fmo}) + \frac{1}{6}(y_{fm} + y_{mo}) - \frac{1}{3}y_{fo} - \frac{1}{6}(y_f + y_o)$$

和

$$\varphi_o(v) = \frac{1}{3}(y_o + y_{fmo}) + \frac{1}{6}(y_{fo} + y_{mo}) - \frac{1}{3}y_{fm} - \frac{1}{6}(y_f + y_m)$$

(4-6)

进一步，上述思路同样可应用于家族企业的权利控制问题。为方便起见，我们假定三类参与者为一致行动人，即在投票决策过程中均投"同意"或"反对"票。接下来，我们分两种情况讨论。一种情况是存在一类参与者绝对控股的情况，如创始人绝对控股，则

$$v(\phi) = 0, v(\{f\}) = 1, v(\{m\}) = 0, v(\{o\}) = o$$
$$v(\{f,m\}) = 1, v(\{f,o\}) = 1, v(\{m,o\}) = 0, v(\{f,m,o\}) = 1$$

(4-7)

第四章 家业治理策略

代入结论1中的公式4-6，得：

$$\varphi_f(\nu) = 1, \varphi_m(\nu) = 0, \varphi_o(\nu) = 0 \qquad (4-8)$$

这表明创始人具有绝对的权利，即创始人的权利指数为1，换言之，家族企业是家族企业创始人的"一言堂"。同理，如果经理人或其他人员绝对控股，基于同样的计算，我们可得到类似的结论。另一种情况，不存在任何一方控股的情况，即：

$$\{f\} < 50\%, \{m\} < 50\%, \{o\} < 50\%$$

同时成立，则由

$$\{f, m, o\} = 100\%$$

知

$$\{m, o\} = \{f, m, o\} - \{f\} > 50\%$$
$$\{f, o\} = \{f, m, o\} - \{m\} > 50\%$$
$$\{f, m\} = \{f, m, o\} - \{o\} > 50\%$$

这表明当家族企业中不存在任何一类参与者绝对控股时，则任何两类参与者联合均可形成最终决策意见，无论第三类参与者同意与否（见表4-3）。

表4-3 家族企业不同股权结构下的权利指数

情形		y_f	y_m	y_o	y_{fm}	y_{fo}	y_{mo}	y_{fmo}	φ_f	φ_m	φ_o
一方控股		1	0	0	1	1	0	1	1	0	0
		0	1	0	1	0	1	1	0	1	0
		0	0	1	0	1	1	1	0	0	1
无控股方		0	0	0	1	1	1	1	1/3	1/3	1/3

综上所述，在Sharpley公理下，我们可以得到家族企业不同股权结构下的权利指数结论。

结论 2：在家族企业治理中，如果一类参与者绝对控股，则控股方的权利为 1，其他任何两方的权利均为 0；如果不存在绝对控股的参与者，则任何一类参与者的权利均为 1/3，任何两类参与者联合均可形成家族企业的最终决策意见。

最后，我们以两个具体的例子对上述结论做简单的注解。

例 1：假定某家族企业创始人单独经营时每年可获利 1 亿元，只雇经理人每年可获利 2 亿元，只雇其他人员每年可获利 3 亿元，经理人和其他人员都雇用每年可获利 4 亿元，在 Sharpley 公理下，应如何分配这 4 亿元的经营收入？

同样，记

$$I = \{f, m, o\} \tag{4-9}$$

则

$$v(\phi) = 0, v(\{f\}) = 1, v(\{m\}) = v(\{o\}) = 0$$
$$v(\{f,m\}) = 2, v(\{f,o\}) = 3, v(\{m,o\}) = 0, v(\{f,m,o\}) = 4 \tag{4-10}$$

代入结论 1 中的公式 (4-6) 得

$$\varphi_f(v) = \frac{1}{3}(1+4) + \frac{1}{6}(2+3) - \frac{1}{3} \times 0 - \frac{1}{6}(0+0) = \frac{15}{6} = 2.5$$

同理，可得

$$\varphi_f(v) = 0.5, \varphi_o(v) = 1$$

这表明在 Sharpley 公理下，创始人、经理人和其他人员分别应获得 4 亿元营业收入中的 2.5 亿元、0.5 亿元和 1 亿元。

例 2：假定某家族企业中创始人、经理人和其他人所拥有的股权分别为 49%、30% 和 21%，则由表 4-2 可知，该家族企业的股权结构属于无控股方的股权结构情形，三类参与者中任何一类参与者的权利均为1/3，任何两类参与者联合将可以对抗第三类参与者，家族企业创始人面临被职业经理人篡权的隐患。

（二）晋商东掌身股制

晋商票号对不同阶层人员的激励方式不同，如对学徒和伙友以薪金即工资为主，而对分号经理和总号掌柜在给予薪金保障的条件下重在予以身股作为激励手段，辅以买卖官爵的社会资本激励以及心理所有权等其他无形资本激励手段。下面我们以物质激励中的薪金和身股为例来说明。在前述分析框架中，我们考察了创始人、经理人和其他人三类参与者，在以东掌制为核心的晋商票号三层委托代理关系中，掌柜起到了承上启下的中枢作用，所以在分析票号中不同阶层人员的效益分配和权利指数时，东掌制中的三类参与者分别为东家、掌柜和其他人员。

我们知道，在以东掌制为核心的治理架构中，总号的核心管理层一般有掌柜、二掌柜和三掌柜，如前所述，掌柜的身股一般为10厘，最多为1分2厘，在此我们取10厘即1股为基准，即核心管理层3个掌柜的身股总数为3股，基本保持不变。再者，掌柜的基本工资水平即薪金最高为100两，而身股的分红比例则远大于薪金额度。譬如，大德通票号在1889年、1908年和1925年的3次账期每股分红分别为850两、17000两和8000两，除第一次分红外，后两次分红的额度远大于掌柜的薪金水平，进一步，如以4年为一个账期，则4年的薪金不足后两次分红的0.24%和5%。所以，在计算权益分配时我们以三类人员的身股作为计算基准，同样也以其作为权利指数模拟计算的基准。

接下来，我们以大德通票号在1889年、1908年和1925年三个账期的数据为例来说明（见表4-4）。"东掌制"在经营权和所有权分离、身股制度的物质与精神奖励、短期与长期结合、正式制度与非正式制度混搭、激励和约束等方面优势明显,但从表4-4中我们同样可以看出,其缺陷与优点一样明显。

表4-4 大德通票号在不同账期的相关数据

年份	东家			掌柜			其他人员			身股合计(股)	每股收益(两)	总收益(两)
	身股(股)	占比(%)	收益(两)	身股(股)	占比(%)	收益(两)	身股(股)	占比(%)	收益(两)			
1889	20	67.34	17000	3	10.10	2550	6.7	22.56	5695	29.7	850	25245
1908	20	45.51	340000	3	6.83	51000	20.95	47.67	356150	43.95	17000	747150
1925	17	52.63	136000	3	9.29	24000	12.3	38.08	98400	32.3	8000	258400

资料来源:整理自《山西票号史料(增订本)》(中国人民银行山西省分行、山西财经学院《山西票号史料》编写组,山西经济出版社,2002)中的《大德通票号分红帐》。

第一,东家的银股和掌柜的身股基本保持不变,而其他人员身股的波动性较大,鉴于掌柜对分号经理以及分号经理对其他人员的绝对控制权,以1908年的股权结构为例,如果身股也具有决策权的话,则掌柜完全可以携分号以令东家,因为东家的股权占比不足51%,丧失了绝对控股的权利,原理同例2,此时,东家、掌柜和其他人员的权利指数相同,掌柜只要联合其他人员,就可以控制商号的所有权。

第二,鉴于掌柜的身股基本保持不变,所以其他人员身股比例增加,一方面稀释了东家的股权,另一方面也稀释了掌柜的股权,因为掌柜的身股是有上限的。从1889年和1908年两个账期的分红比例来看,掌柜1908年的分红比例比1889年低3.27个百分点,实际收益减少了24462两,平均每名掌柜的收入则少了8144两。如前所述,东家通常会以加官晋爵等社会资本或心理所有权等无形资本激励等方式弥补掌柜有形资产的损失,如果一旦这种弥补满足不了掌柜的欲望或诉求，东家同样可能丧失票号的控制权。

一般而言，东家与掌柜以及其他人员之间的股权结构在第一次账期分配中的比例是多方谈判的均衡结果，比较具有代表性，所以我们以部分数据可得的票号在初次账期时的股权结构作为现代家族企业股权激励的基准（见表4－5）。

表4－5　部分票号的激励机制数据表现

票号	东家		掌柜		其他人员	
	身股（股）	占比（％）	身股（股）	占比（％）	身股（股）	占比（％）
协成乾票号	13.5	77.59	3	17.24	0.9	5.17
大德通票号	20	67.34	3	10.10	6.7	22.56
泰丰源票号	33.5	60.04	3	5.38	19.3	34.59
合盛恒票号	5	50.00	3	30.00	2	20.00
百川通票号	10	33.33	3	10.00	17	56.67
最大值	33.5	77.59	3	30.00	19.3	56.67
平均值	16.4	57.66	3	14.54	9.18	27.80
最小值	5	33.33	3	5.38	0.9	5.17

资料来源：整理自《山西票号史料》中的《大德通票号分红帐》。

（三）徽商官利红利制

徽商通常采用两种方式进行家族企业的分家析产，一种是诸子均分的"分产分业"方式，即父辈将家族企业的商业资本均分给子辈，并由子辈独立经营，原有的家族企业组织随之解体；另一种是官利红利的"分产不分业"方式，也就是说，父辈将家族企业的商业资本均分给子辈，原有的家族企业旗号不变，由子辈共同经营、轮流经营或委托经营。鉴于第二种分家析产方式具有规避资本分散和提高经营效益的双重功效，实践中采用该方式的家族企业较多。继承商业资本而不参与商业经营的子辈享有官利，即按约定企业每年必须向其定期支付固定比例的收益，无论企业经营好坏，而参与经营的子辈或其他受托方则享有官利之外利润的分配权利，这表明在"分产不分业"的官利红利制度下，企业的利润被分成两部分：一部分是必须向商业资本支付的资本红利，另一部分则是利润中资本红利之外的经营红利，经营者只具有经营红利的分配权，此外，经营红利中还有很大一部分要用于所有股份红利的分配。简言之，商业资本享有官利和红利的分配权，而经营者则只享有红利的分配权，包括股权红利和经营奖励两部分。

如前所述，"分产不分业"分家析产后的家族企业经营机制有共同经营、轮流经营或委托经营，其中委托经营等同于当下家族企业引入职业经理的经营方式。此外，为更好激励企业经营管理者，徽商的合伙制企业也多采用官利红利的激励机制，以万历年间的程氏染店为例，该店由程氏的程本修、吴氏的吴元吉及两姓的族兄合伙经营，在利润分配环节，程氏染店采取官利红利的常见方式，其中官利率为16%，在红利分配环节，又分统一红利和超额红利，统一红利率为14.56%，而超额红利率则相当于经营管理层的奖励，从中我们可以反向推出程氏染店的经营方是吴元吉和程邦显，而吴元吉负有主要的经营责任（见表4-6）。

表4-6 万历年间程氏染店合伙人官利红利分配

姓名	股本		官利		统一红利		超额红利		利润总额（两）
	数量（股）	占比（%）	额度（两）	利率（%）	额度（两）	利率（%）	额度（两）	利率（%）	
程本修	1900.88	52.81	304.14	16	276.77	14.56	0	0.00	580.91
程观如	422.06	11.73	67.53	16	61.45	14.56	0	0.00	128.98
程遵与	190.33	5.29	30.45	16	27.71	14.56	0	0.00	58.16
吴彦升	61.29	1.70	9.81	16	8.92	14.56	0	0.00	18.73

续表

姓 名	股本		官利		统一红利		超额红利		利润总额（两）
	数量（股）	占比（%）	额度（两）	利率（%）	额度（两）	利率（%）	额度（两）	利率（%）	
吴元吉	378.16	10.51	60.51	16	55.06	14.56	194.94	51.55	310.51
程邦显	646.67	17.97	103.47	16	94.16	14.56	30.85	4.77	228.47
汇 总	3599.38	100.00	575.90	—	524.07	—	225.79	—	1325.76

资料来源：作者整理自王裕明（2010）。

下面，我们重点分析程氏染店的效益分配和权利指数问题。显而易见，在程氏染店的股权结构中，程本修处于绝对控股的地位，股权占比为52.81%，经营管理层吴元吉和程邦显的股权占比合计为28.48%，其他人员的股权占比总和为18.71%。程氏染店中管理层的股权激励近30%，这值得当下家族企业掌管者思考。进一步，由表4-6可见，程氏染店当年的利润总额为1325.76两，其中官利总额和红利总额分别为575.9两和749.86两，占利润总额的比例分别为43%和57%，即官利和红利的比例约在4∶6，换言之，官利和红利的比例为"四六开"。我们再分析红利的构成，红利中管理层奖励（225.79两）和所有红利之和（524.07两+225.79两）的比例为3∶7，即红利中30%归管理层，70%为所有股东的红利，换言之，管理层奖励和所有股东红利的比例为"三七开"。另外，如果我们分析管理层和其他人员的红利分配，可以看到管理层所得到的奖励（225.79两）和红利（55.06两+94.16两）之和占红利总额（524.07两+225.79两）的约50%，即红利中管理层激励和所有股东激励是"五五开"。换言之，在徽商的"分产不分业"家族企业治理中，创始人、经理人和其他人员的股权结构为5∶3∶2，官利和红利的比例是"四六开",红利中奖励和股利的比例是"三七开",红利中管理层激励和其他股东激励的比例是"五五开"。

官利红利制度起于明清时期,止于1946年修订的《公司法》,其中删掉了对官利年利率的具体规定,在此之前的历次《公司法》修订中都明确了官利利率,如1914年的修订版中明确了官利率不得高于6厘,1925年的修订版将其降到5厘。鉴于此,各时期开业的公司章程中都明确了官利利率及红利分配方案,部分信息统计详见表4-7。

表4-7 部分企业章程中的官利红利分配情况

单位:%

公司名	官利利率	红利分配		
		管理层激励	股东权益	特别公积金
开平矿务局	10	20	80	0
徐州利国矿务局	10	20	80	0
交通银行	6	30	60	10
轮船招商局*	6	20	80	0
最大值	10	30	80	10
平均值	8	23	75	3
最小值	6	20	60	0

* "招商局内每百两提五两经费,官利10两,1884年调整为6厘。如有盈余,八成作为股东溢利,二成分与商总、董事等人。"(温宏建:《沉重的起航——晚清企业精神的兴起》,首都经济贸易大学出版社,2014)

资料来源:作者整理自朱荫贵,2001。

三 最优权利控制策略

Sharpley公理在研究单一公司单层股权架构家族企业的控制权问题时得心应手,然而,处理现实中较为常见的双重股权架构、金字塔型股权架构以及交叉持股型股权架构等多层股权架构下的家族企业控制权问题则略显不足。鉴于此，我们借鉴刘星等①的相关研究，设置以创始人私利最大化为目标函数的优化问题，研究分析在双重股权架构、金字塔型股权架构以及交叉持股型股权架构中创始人的最优控制策略。

（一）一般分析框架结论

在正式分析之前，我们先介绍一些符号或记号。

- I，家族企业拥有的可投资资金，创始人有权决定是否用于投资，投资成本的费用为零。
- R，家族企业投资收益率，由此计算可得家族企业的投资收益为 RI。
- α，家族企业创始人持有目标公司的现金流权。
- β，家族企业创始人拥有目标公司的控制权。
- s，家族企业创始人通过偷盗、欺诈、侵占公司投资机会、关联交易而非公允定价等方式转移（掏空）家族企业或家族企业下辖公司的投资收益，以谋取控制权私利。
- $c(k,s) = \frac{1}{2}ks^2$，家族企业谋取控制权私利的成本。其中 k 为政府对中小股东的保护程度，一般的，控制权私利成本函数与各变量之间的关系有以下几种情形：$c'_k > 0$ 表示政府对中小股东的保护程度越强，控制权私利的成本越高；$c'_{ks} > 0$ 表明政府对中小股东的保护程度较好时，控制权私利的边际成本不断提高；而

---
① 刘星、付强和郝颖：《终极控制人代理、两权分离模式与控制权私利》，《系统工程理论与实践》2015 年第 1 期。

$c'_s > 0$ 和 $c'_{ss} > 0$ 则表明控制权私利规模越大，家族企业创始人需要支付的成本越高，且控制权私利的边际成本也相应提高。

给定以上符号或记号以及相关的假设条件，我们知道，当家族企业创始人完全控制家族企业时，创始人可通过掏空等违法手段侵占中小股东的利益，进而实现个人的私利最大化。此时，创始人的控制权私利水平为：

$$s\beta RI - c(k,s)\beta RI$$

现金流权收益为：

$$\alpha(1-s)RI$$

二者之和即为创始人对家族企业或目标公司的私利水平，所以我们有：

$$\alpha(1-s)RI + s\beta RI - c(k,s)\beta RI$$

鉴于投资收益水平 RI 为常数，可将创始人私利最大化的目标函数设定为：

$$\max_s \alpha(1-s) + s\beta - c(k,s)\beta$$

一阶条件为：

$$-\alpha + \beta - \beta c'_s = 0$$

代入 $c(k,s)$ 的表达式，解之得：

$$s^* = \frac{\beta - \alpha}{k\beta} \qquad (4-11)$$

显见，当 $\alpha = \beta$ 时，即现金流权与控制权相等时，前述的单一公司情形中 $s^* = 0$，家族企业不存在私利行为，此时，家族企业倾向于分配股利，而不侵占中小股东利益。进一步，由 s^* 的表达式知：

第四章　家业治理策略

$$s_\alpha^* = -\frac{1}{k\beta} < 0$$

$$s_\beta^* = -\frac{\beta-\beta+\alpha}{k\beta^2} = \frac{\alpha}{k\beta^2} > 0, s_{\beta\beta}^* = -2\frac{\alpha}{k\beta^3} < 0$$

这表明现金流权越高，创始人私利水平越低。创始人私利水平是控制权的凹函数，即控制权越大，私利水平越高，但存在上限。特别的，如果我们记：

$$g \triangleq \beta - \alpha \qquad (4-12)$$

g 为创始人拥有家族企业或目标公司的现金流权与控制权的分离度，则由前述对 α、β 的比较静态分析知，分离度越大，创始人的私利水平越高，也就是说，创始人侵占中小股东利益的可能性越大。

$$s_k^* = -\frac{\beta-\alpha}{k^2\beta} < 0, s_{kk}^* = -\frac{2(\beta-\alpha)}{k^3\beta} > 0 \qquad (4-13)$$

这表明创始人最优私利水平是政府对中小股东保护水平的凸函数，即政府对中小股东的保护程度越强，创始人的私利水平越低，极端情况下将趋近零。

综上所述，我们可以得到下述有关私利最大化目标下的最优控制结论。

结论3：给定 α、β、s、k，创始人以私利最大化为目标的最大私利水平为：

$$s^* = \frac{\beta-\alpha}{k\beta} \qquad (4-14)$$

现金流权越高、控制权越低以及政府对中小股权的保护程度越高，则创始人的私利水平越低，反之亦然。特别的，创始人对家族企业或目标公司的现金流权与控制权之间的分离度越大，创始人的私利水平越高。

（二）双重股权架构情形

双重股权架构中，优先股（B股）每股拥有的表决权大于普通股（A股），如京东的双重股权架构等。假定创始人持有家族企业或目标公司的优先股比例为 α，其他股东持有 $(1-\alpha)$ 比例的普通股。进一步，假定优先股每股拥有 $M(M>1)$ 的投票权，普通股则实行一股一票制，则创始人拥有 α 份优先股可获得的控制权为：

$$\beta = \frac{M\alpha}{M\alpha + (1-\alpha)} \qquad (4-15)$$

代入式（4-14），得：

$$s^* = \frac{(M-1)(1-\alpha)}{kM} \qquad (4-16)$$

关于 α 求导，得：

$$s_\alpha^* = \frac{1-M}{kM} < 0$$

关于 M 求导，得：

$$s_M^* = \frac{1-\alpha}{kM^2} > 0, s_M^* = -\frac{2(1-\alpha)}{kM^3} < 0$$

这表明在双重股权架构下，创始人的优先股比例即现金流权越大，创始人的私利水平越低；创始人私利水平是优先股投票权倍数的凹函数，也就是说，创始人持有优先股的投票权越大，其私利水平越高，当然也存在一个上限。Gompers（2010）的实证研究表明，创始人持有优先股比例的均值为 $\alpha = 24\%$，而刘星等（2015）在实证研究中将政府对中小股东的保护程度设为 $k = 20$，由此及式（4-14）我们可给出控制权及最大私利水平与优先股投票权倍数之间的关系（见图4-2），简单计算得，10倍优先股投票权下的最大私利水平3.42%占20倍优先股投票权下最大私利水平3.61%的94.74%，而此时的控制权则由原来的75.95%上升到了87.97%，即优选股投票权倍数增长一倍，最大私利水平仅提高了19个基点，控制权提高了12.02个百分点。鉴于此，通常认为10倍优先股投票权当属最佳选择。

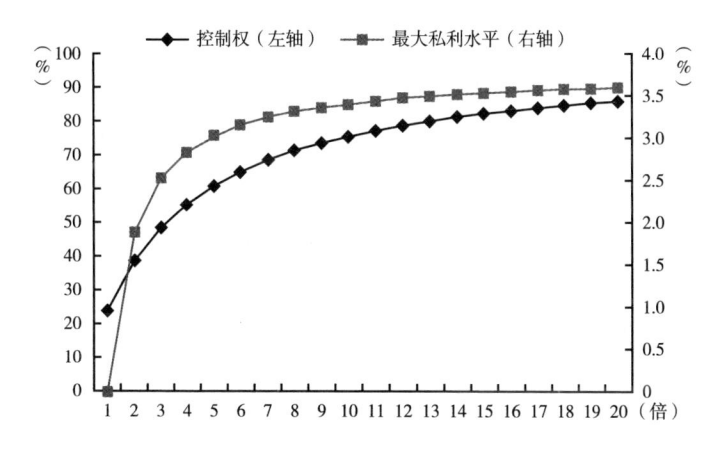

图4-2 控制权、最大私利水平与优先股投票权倍数之间的关系

综上所述，我们可得到下述关于双重股权架构的最优控制结论。

结论4：创始人利用双重股权架构可以获得的最大私利水平为：

$$s^* = \frac{(M-1)(1-\alpha)}{kM} \qquad (4-17)$$

其中 M 为优先股投票权的倍数，创始人私利水平是优先股投票权倍数的凹函数。特别的，取 $\alpha = 24\%$ 和 $k = 20$，实证结果表明创始人设置优先股投票权倍数的最佳选择为10倍。

161

(三)金字塔型股权架构

金字塔型股权架构的要义在于创始人通过多链条、多层次股权架构控制目标公司(见图 4-3)。我们采用如下记号。

- $i = 1, 2, \cdots, m$,创始人控制目标公司的链条数。
- $j = 1, 2, \cdots, n_i$,创始人通过链条 i 控制目标公司的层级数。
- s_{ij},创始人通过链条 i 控制层级 j 对下一层级公司的持股数。

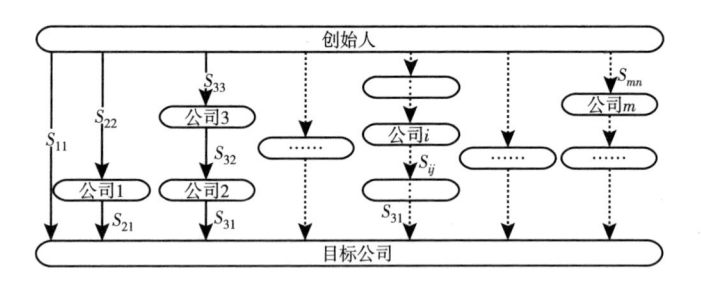

图 4-3 金字塔型股权架构示意

基于此,显见创始人对目标公司的现金流权为:

$$\alpha = \sum_{i=1}^{m} \left(\prod_{j=1}^{n_i} s_{ij} \right) \tag{4-18}$$

控制权为:

$$\beta = \sum_{i=1}^{m} [\min_j(s_{ij})] \tag{4-19}$$

代入式(4-14),得:

$$s^* = \frac{\sum_{i=1}^{m} [\min_j(s_{ij}) - \prod_{j=1}^{n_i} s_{ij}]}{k \sum_{i=1}^{m} [\min_j(s_{ij})]} \tag{4-20}$$

特别的,取:

$$m = 1, n_i = n$$

为保证每一层级对下一层级的绝对控制,不妨令:

$$s_{i1} = 50\%, i = 1, 2, \cdots, n$$

则单链条 n 层金字塔型股权架构的现金流权为:

$$\alpha = (s_{i1})^n = (0.5)^n$$

控制权为:

$$\beta = 50\%,$$

代入式 (4-14),得:

$$s^* = \frac{1 - \left(\frac{1}{2}\right)^{n-1}}{k}$$

关于 n 求导,得:

$$s_n^* = -\frac{1}{k}\left(\frac{1}{2}\right)^{n-1} ln\frac{1}{2} > 0, s_n^* = -\frac{1}{k}\left(\frac{1}{2}\right)^{n-1}\left(ln\frac{1}{2}\right)^2 < 0$$

这表明在单链条金字塔型股权架构下,创始人私利水平是层级数的凹函数,即层级数越高,创始人的私利水平越高。同样,如果我们取 $k=20$,则此时现金流权、创始人私利水平与层级数的关系如图 4-4 所示,显见,4 层单链条金字塔型股权架构的现金流权和私利水平分别为 6.25% 和 4.38%,此时,现金流权和控制权的分离度为 43.75%,其私利水平是 10 层单链条金字塔型股权架构对应私利水平 4.99% 的 87.78%,4 层金字塔结构之后每增加一层,其现金流权下降的幅度和私利水平增长的幅度都已不是非常明显,所以在实践中,如果采用单链条金字塔型股权架构,通常将 4 层架构作为最佳值。

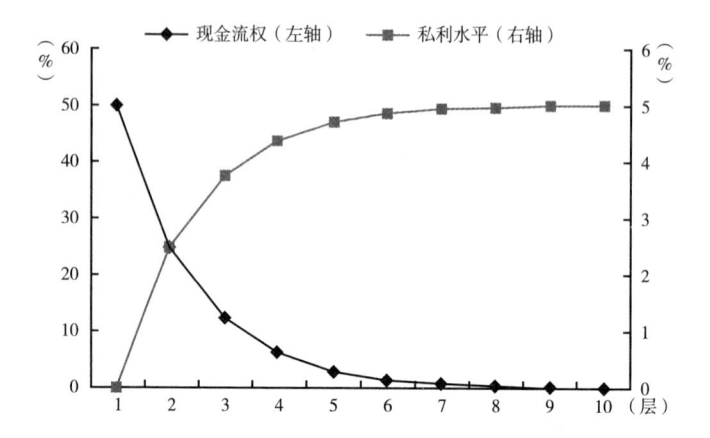

图 4-4　现金流权、创始人私利水平与单链条金字塔型
股权架构层级数的关系

综上所述，我们可得到金字塔型股权架构下的最优控制结论。

结论 5：创始人利用金字塔型股权架构可获得的最大私利水平如下。

$$s^* = \frac{\sum_{i=1}^{m}[\min_j(s_{ij}) - \prod_{j=1}^{n_i} s_{ij}]}{k\sum_{i=1}^{m}[\min_j(s_{ij})]} \quad (4-21)$$

其中 m 为链条数，n_i 为第 i 链条对应的层级数，s_{ij} 为链条 i 上 j 层对 $j+1$ 层的持股比例。特别的，在单链条 n 层股权架构假设下，如果我们取：

$$s_{i1} = 50\%, i = 1,2,\cdots,n$$

则最优私利水平为：

$$s^* = \frac{1-\left(\frac{1}{2}\right)^{n-1}}{k},$$

实证结果表明创始人构建金字塔型股权架构的最佳层级为4层。

（四）交叉持股型股权架构

与金字塔型股权架构不同，交叉持股型股权架构是由创始人通过家族企业控制多家公司组成的一个企业集团，集团内公司之间相互持股，以加强创始人对集团内每家公司的控制见图4-5。我们采用如下记号。

- n，创始人家族企业旗下企业集团的公司数。
- s_i，创始人通过家族企业持有公司i的股份。
- s_{ji}，创始人通过公司j持有公司i的股份。

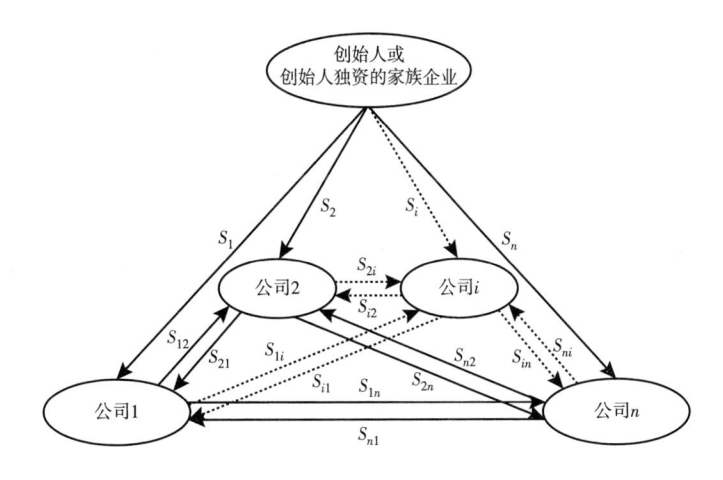

图4-5 交叉持股型股权架构的示意

另外，我们再给出如下两个假设条件。

假设1：创始人通过家族企业控制旗下公司，反过来则不成立，即旗下公司不再持有家族企业的股份。

假设2：创始人只通过一个中间公司对目标公司形成现金流权和控制权，不考虑通过多家中间公司的间接控制部分。

为此，我们可得到创始人对公司 i 的现金流权为：

$$\alpha = s_i + \sum_{j=1}^{n} s_j \times s_{ji}, j \neq i \quad (4-22)$$

控制权为：

$$\beta = s_i + \sum_{j=1}^{n} \min(s_j, s_{ji}), j \neq 1 \quad (4-23)$$

代入式（4-14）得：

$$s^* = \frac{\sum_{j=1}^{n} [\min(s_j, s_{ji}) - s_j \times s_{ji}]}{k[s_i + \sum_{j=1}^{n} \min(s_j, s_{ji})]}, j \neq 1 \quad (4-24)$$

特别的，为给出上述最大私利水平的显式表达，我们举两家公司和多家公司两个例子。

1. 两家公司情形

不失一般性，我们假定创始人通过家族企业持有两家公司的股份相等，均为 d，两家公司之间交叉持股比例均为 c，则当 $d > c$ 时，创始人对目标公司的控制权为：

$$\beta = d + c$$

进一步，为保证创始人实现绝对控制，则要求 $\beta = d + c \geq 0.5$。另外，创始人对目标公司的现金流权为：

$$\alpha = d + d \times c = d(1+c) \quad (4-25)$$

代入式（4-14）得：

$$s^* = \frac{c(1-d)}{k(d+c)}$$

关于 d 求导，得：

$$s_d^* = -\frac{c(1+c)}{k(d+c)^2} < 0, s_d^* = \frac{2c(1+c)}{k(d+c)^3} > 0 \qquad (4-26)$$

这表明在两家公司情形下，最大私利水平是创始人持有两家公司股份的单减凹函数，即创始人持有两家公司的股份比例越大，则创始人的最大私利水平越低。

2.n 家公司情形

为简单起见，不妨假定创始人通过家族企业持有旗下公司的股份（d）以及旗下公司之间相互持股的比例（c）相等，即：

$$d = c$$

如同前述的两家公司情形，为保证创始人的绝对控制，要求创始人的控制权为：

$$\beta = d + (n-1)d = nd \geqslant 0.5$$

为方便起见，我们取上述不等式的下限：

$$d = \frac{0.5}{n}$$

此时，创始人对目标公司的控制权和现金流权分别为：

$$\beta = nd = 0.5$$

$$\alpha = d + (n-1)d \times c = \frac{0.5}{n} + (n-1)\left(\frac{0.5}{n}\right)^2 = \frac{3n-1}{4n^2}$$

代入式（4-14）得：

$$s^* = \frac{2n^2 - 3n + 1}{2kn^2} \qquad (4-27)$$

关于 n 求导得：

$$s_n^* = \frac{3n-2}{2kn^3} > 0, s_d^* = \frac{3(1-n)}{kn^4} < 0$$

这表明如果家族企业创始人旗下有 n 家公司，创始人对旗下每家公司的持股以及每家公司之间的相互持股相等且均为 $\frac{0.5}{n}$，则创始人私利水平是旗下公司数 n 的单增凹函数。同样，为实证需要，如果我们取 $k=20$，则现金流权、最大私利水平与创始人旗下公司数 n 之间的关系如图 4-6 所示，显见，当 $n=7$ 时，创始人现金流权为 10.2%，与控制权 50% 之间的偏离度为 39.8 个百分点，重要的是，此时的私利水平 3.98% 为最好情形（$n=20$）下私利水平的 85.93%。而当 $n>7$ 时，现金流权的边际下降速度减小，私利水平的边际增长速度也较小，即创始人每增加一个公司的成本提高，所以实践中通常以 7 家公司作为临界点。

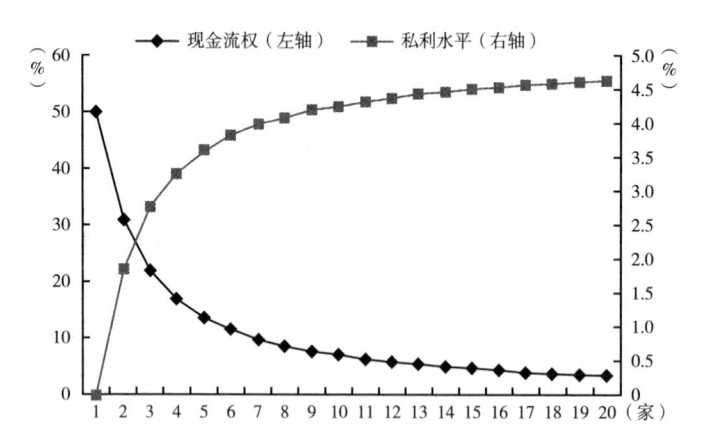

图 4-6 现金流权、私利水平与创始人旗下公司数的关系

综上所述，我们可得到交叉持股型股权架构的最优控制结论如下。

结论6：给定假设1和假设2，创始人通过交叉持股型股权架构控制家族企业的最大私利水平如下。

$$s^* = \frac{\sum_{j=1}^{n}[\min(s_j, s_{ji}) - s_j \times s_{ji}]}{k[s_i + \sum_{j=1}^{n}\min(s_j, s_{ji})]}, j \neq i \qquad (4-28)$$

其中n为家族企业旗下的公司数，s_i为创始人持有公司i的股份，s_{ji}为创始人通过公司j持有公司i的股份。我们主要考虑如下两种情况。

（1）如果家族企业旗下有两家公司，创始人持有两家公司的股份均为d，两家公司之间的交叉持股均为c，则创始人的最大私利水平为：

$$s^* = \frac{c(1-d)}{k(d+c)} \qquad (4-29)$$

（2）如果家族企业旗下有n家公司，创始人持有每家公司的股份以及公司间相互持有的股份均相等且为$\frac{0.5}{n}$，则创始人的最大私利水平为：

$$s^* = \frac{2n^2 - 3n + 1}{2kn^2} \qquad (4-30)$$

进一步，当$k=20$时，实证结果表明创始人通过交叉持股控制家族企业的最佳公司数为7家。

四 国际国内经验镜鉴

下面，我们先介绍通过股权重构进行家业传承的日本经验，接着重点介绍刘备白帝城托付江山社稷的家业传承（家族信托）案例，晋商票号选择总经理的主要经验和存在问题，以及以李鸿章为中心介绍李氏家族的家业治理经验，包括子女培养教育至上的正面经验和李国燊染上黄赌毒后坑爹毁业的负面教训等。

（一）日本股权重构案例

日本财富业的真正发展始于遗产税①的推出。事实上，日本财富管理业以增值和节税作为业务支撑点，以保障和避险等作为财富管理服务的外延。近年来，随着个税和企业所得税的不断调整以及遗产税的开征，日本财富管理客户的需求呈现法人化和国际化的两个主要趋势。由图4－7可以看出，1983年以来，日本个税的最高税率征税门槛（高税门槛）在1993年达到峰值20亿日元，对应的税率为70%，为促进经济发展，2002年两者一步下调到3亿日元和50%，但在2011年又分别小幅上调到6亿日元和55%。总体而言，日本个人所得税的高税门槛和最高税率在1993年以后呈"V"型走势，且未来的上升趋势明显。另外，日本企业所得税则自1983年以来呈逐年下降趋势，目前企业的基本税率和中小企业税率分别为26%和19%。另据报道，② 为推动日本经济增长，日本拟在2016年再次下调企业所得税税率。

日本财富管理行业从个人所得税和企业所得税税率的"剪刀差"走势中看到了机会，将其财富管理服务范围由个人领域拓展

---

① 调研过程中了解到，如某家庭不采用任何财富管理手段，其财产在三代传承之后将几乎归零。
② 《日本明年或下调企业税税率》，《中国证券报》2014年12月31日。

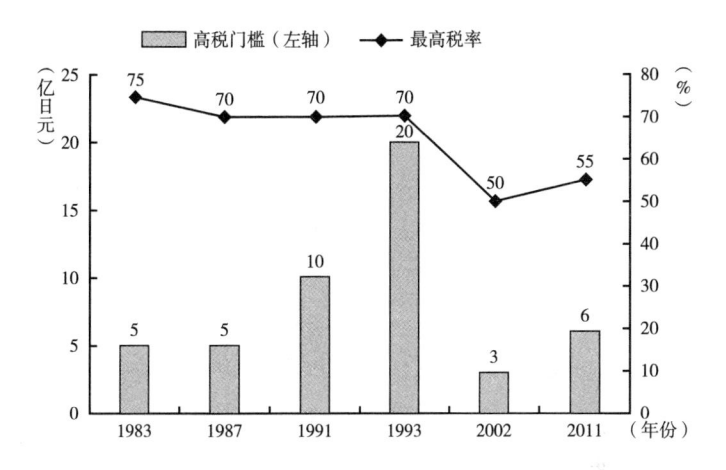

(a) 日本个人所得税高税门槛和高税税率

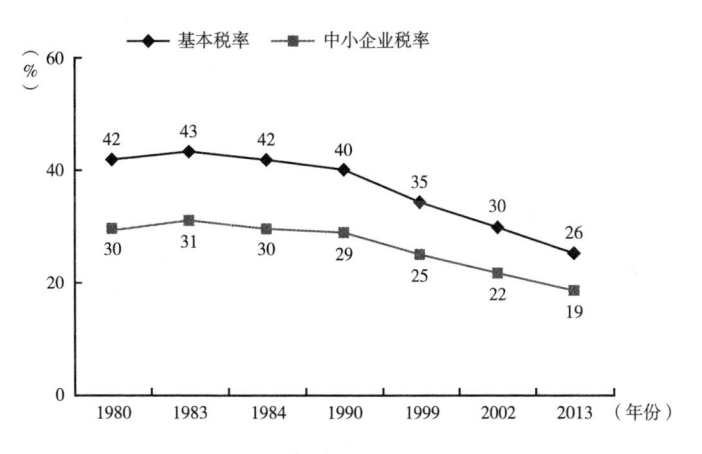

(b) 日本企业基本税率和中小企业税率

图 4-7　日本个税和企业所得税情况

资料来源：野村综合研究所。

到法人领域，除传统个人领域中的金融服务和非金融服务外，向法人领域提供的金融服务主要体现在两个方面：一是工作领域，含资金筹措和信息提供两个方面,前者主要提供合作方的介绍及各种资金筹措的支持等,后者主要介绍专家等人脉和提供与事业相关的信息等;二是继承领域的事业继承对策服务,如制订事业继承计划、培养继承人的建议、本公司股份继承和财产分配的建议、债务保证和担保的处理以及死亡时退休金准备的提案等。

在个税、企业税和遗产税三税叠加的作用下,为做好企业主事业传承的节税安排,金融机构为客户提供的主要服务是个人资产的法人化,路径是对客户个人拥有的股票进行权益重构或引入独立法人的资产管理公司等。以图4-8所示的股权重构为例:第一步,持有人将持有的自营公司股票转让给资产管理公司;第二步,资产管理公司发行普通股票和无表决权股票;第三步,持有人将无表决权股票分年赠予子女;第四步,持有人计划在子女成人后,将普通股票转让给将要继承公司的子女。其他情形参见附录4-1。

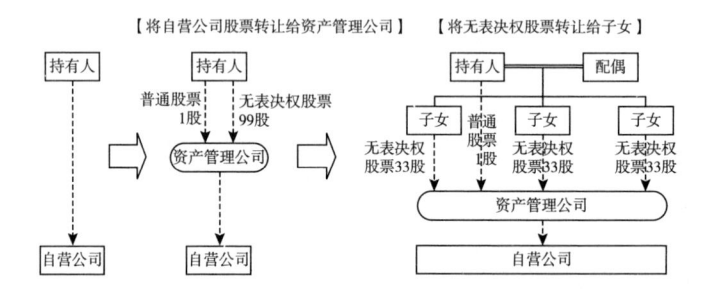

图4-8 通过股权重构进行企业传承的结构示意

资料来源:野村证券。

(二)刘备托孤信托案例

"遗嘱托孤"的案例最早可追溯到三国时期(220~280年)刘备"白帝城托孤"。古代历史长河中,不乏君王临终托孤的案例,君王选择德才双馨的大臣辅政,称为顾命大臣,以顺利完成幼主亲政前的过渡。这些顾命大臣有的成功辅政,有的监守自盗,有的费尽心力最终亡国,如制礼作乐的周公姬旦、指鹿为马的赵高、鞠躬尽瘁死而后已的诸葛亮、留取丹心照汗青的文天祥……白帝城托孤是一个成功的家族企业传承案例。

刘备成就蜀国霸业后,为报孙吴夺荆州、杀关羽之仇,发动对孙吴的进攻,在夷陵之战中为吴将陆逊所败,狼狈逃回白帝城。公元223年,刘备病重,将其子刘禅和蜀国政权托付于诸葛亮。据《三国志·蜀书·诸葛亮传》记载:"章武三年春,先主于永安病笃,召亮于成都,属以后事,谓亮曰:'君才十倍曹丕,必能安国,终定大事。若嗣子可辅,辅之;如其不才,君可自取。'亮涕泣曰:'臣敢竭股肱之力,效忠贞之节,继之以死!'先主又为诏敕(告诫)后主曰:'汝与丞相从事,事之如父。'"

刘备的托孤行为俨然具备了家族信托结构的雏形。在该家族信托结构中,委托人是刘备,受托人是诸葛亮,受益人是刘禅,信托资产为家族产业——蜀国政权。此外,刘备委任另外一位托孤大臣尚书令李严充当信托保护人的角色。信托结构参见图4-9。刘备通过完美的家族信托结构设计实现了蜀国政权的平稳交接,避免了兄弟相争、佞臣夺权的悲剧,即便在受托人诸葛亮去世后,刘氏集团在国力羸弱、魏吴夹击的环境中被曹氏集团强势收购,但刘禅依然被封安乐公,寿终正寝,在其死后安乐公国得以延祀,实属奇迹。

看似简单的家族信托背后隐藏了精心的设计。首先,以历史形成的深厚信任为基础,刘备与诸葛亮两人长期合作,深知诸葛亮德才兼备,专业、忠诚、可靠且道德高尚。其次,刘备赋予受

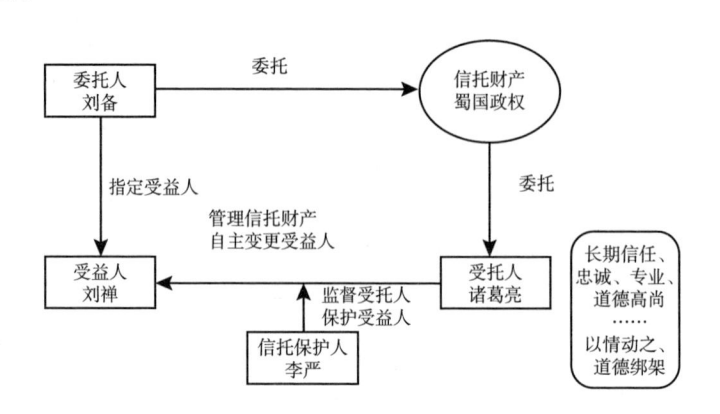

```
委托人              委托          信托财产
刘备         ──────────→    蜀国政权

  │                              │
  │指定受益人                    │委托
  │                              ↓
  ↓        管理信托财产       受托人      长期信任、
受益人  ←──自主变更受益人──   诸葛亮      忠诚、专业、
刘禅         ↑                              道德高尚
             │监督受托人                   ……
             │保护受益人                   以情动之、
          信托保护人                        道德绑架
          李严
```

图 4-9 刘备的家族信托架构

托人诸葛亮超乎寻常的权力——"若嗣子可辅，辅之；如其不才，君可自取"，并令其子"视之如父"，诸葛亮深受感动。彻底的信任背后是具有一定牵制性兼具道德绑架性质的信托结构，在客观约束缺失的现实环境下，道德绑架是最好的选择。最后，李严作为信托保护人一定程度上可以起到监督、制衡诸葛亮的作用，避免其滥用职权，损害受益人利益。刘备选择李严作为信托保护人有几点考虑：其一，两人属于不同阵营，可以互相牵制；其二，托孤大臣一文一武，有利于政权稳定；其三，李严颇具政治才能。同时设置多位顾命大臣是古代君王托孤的常用做法，如顺治皇帝的"六大臣"体制。

（三）东掌制的传贤案例

非家族成员进入家族企业存在信息不对称和道德风险两大主要隐患，所以晋商票号在选择职业经理人掌柜时有严格的筛选程序，主要特点有三个。第一，本地人策略的集体惩戒功能。晋商的票号从学徒开始就只用本地人，一方面便于了解情况，另一方面提高学徒的声誉风险。如果学徒在这家票号因为某种问题而被开除，其在其他票号再就业的可能性极低，因为不同票号之间的信息都是相互沟通的，这就是"集体惩戒"功能。其实，集体惩戒功能的另外一层含义是如果某一地区问题学徒或问题员工较多，则这一地区人的整体声誉将受影响，如当下我们经常戏称"谁谁是某地人"等。

第二，重托制的规避道德风险功能。学徒在进入票号之初都要有个有名望或有财力的担保人，担保人具有终身连带责任，如果担保人中途离职或出现意外等，被担保人就得离职或重新再找担保人。此外，担保人还要对被担保人承担无限连带责任，也就是说，如果担保人出现任何问题，如做假账造成亏损等，在被担保人无力偿还的情况下，担保人要负责替其偿还所有债务。一般而言，找到满足上述条件且又愿意担保的人很难，主要有两个渠道：一是通过亲友推荐，该亲友和票号要有利益关系，此时整个家族及家产自然成为担保条件，但"各连号不准东家举荐人位，如实在有情面难推者，准其往别号转推"；二是由在票号中顶有较多身股的同乡推荐。

第三，长时间的严格筛选机制策略。由图4-10可以看出，在成为总号经理之前，至少要经历学徒、伙友和分号经理三个阶段，在第一阶段的学徒时期，总号要选派资历较深且有较多身股的业务骨干，采用"传帮带"的辅佑制方式培养学徒，主要内容有业务技能学习以及职业道德训练等，时间约为三年，类似当下金融机构招聘的管培生。经过严格考察后的学徒成为票号的伙友，进入第二阶段，至少要经历7年左右的班期考核，伙友才能进入晋升通道，对于业绩突出的职员，票号不但给予辛金和身股，而且会将其晋升为分号经理。由分号经理晋升为总号经理，则是万里挑一的事情，据统计，总号经理年龄为40~60岁的人数占总号经理人数的75%以上。此外，从外部招聘掌柜，同样必须满足本地人策略和第三方担保条件。

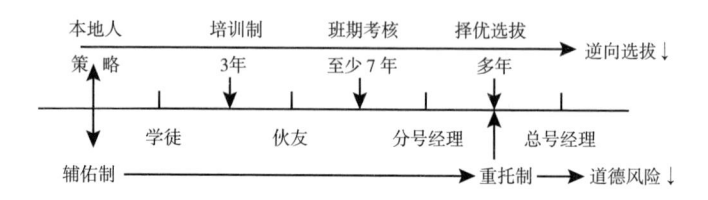

```
本地人          培训制      班期考核      择优选拔
策 略           3年         至少7年        多年         → 逆向选拔↓
  ↓             ↓            ↓             ↑
  ——————————————————————————————————————————
       学徒        伙友       分号经理      总号经理
辅佑制 ———————————————————————→ 重托制 → 道德风险↓
```

图4-10　晋商票号掌柜晋升流程

资料来源：陈凌等《非家族经理进入家族企业研究：以山西票号为例》，《管理世界》2010年第12期。

事实上，在票号选择掌柜的不同阶段，票号给予员工的激励方式也不同，如在第一阶段以吃穿用的辛金即工资为主，第二阶段则除基本工资外，还有股权或其他社会资本激励，票号一般都会给在外地经营的分号经理在当地买一个官职，以便他们建立和优化自己的社交网络，如日升昌票号的雷履泰在北京任分号经理时，"擅长交际，恒出入于王公大臣之门，深得各显贵之信任"。在成为总号经理的第三阶段，物质激励、股权资本和社会资本等均已达到顶峰，如总号经理的身股基本不超过1股，此时，票号则通过情感激励即所谓的心理所有权激励总号经理，在一定程度上让总号经理认为票号是自己的，而这也是票号优选掌柜两个潜在问题形成的原因所在。

第一，分号运营私有化。以日升昌票号总掌柜雷履泰和二掌柜毛鸿翙之间的矛盾为例，有次雷氏生病将日常生意交给二掌柜毛氏打理，然而雷氏并不离开票号且事事均需由他拍板决定，致使二掌柜备感不爽，便建议东家请雷氏回家休息。东家考虑到雷氏的健康因素就按二掌柜的建议做了，其间东家去探望雷氏，发现雷氏向全国各地的分号发信，信的内容大意是要求全国各地分号暂停营业并准备撤回，当东家问他为何要这么做的时候，他的回答是票号是您东家的，但分号是我建立的，如果您用新人，则应由新人去重新安排分号，显见雷履泰在心理上认为由自己亲手建立的分号是属于自己的，结果是东家的下跪、二掌柜的离任以及雷履泰的官复原职。

第二，掌柜世袭家族化。事实上，本地人策略和重托制本身就为掌柜的家族化或世袭化埋下了伏笔，因为只有与票号有利益关系的人才能为学徒或经理提供担保，且为了避嫌，东家不能推荐人到自己的票号。如日升昌票号的第五任掌柜张兴邦因经营有方、功绩卓著，在票号中有特殊地位，他的六子张宾在日升昌票号担任伙友期间，不用履行伙友职责义务，住日升昌票号好像住在自己家一样。另有数据显示，掌柜家族成员成为票号掌柜的比例约为40%，如侯王宾及其儿子侯定元先后担任过天成亨票号的总经理，再如程大培和程清泮先后担任过日升昌票号副总经理和总经理。

（四）李鸿章治家正反例

1. 子女培养教育至上

谈到子女教育培养，我们首先从李鸿章的祖父李殿华（1764～1845年）说起，李殿华两应乡试不第，遂绝意仕进，居家课子督孙，足不入城50余年。父亲李文安（1801～1855年）在不惑之年考取进士，并与曾国藩同年，进而成就了李氏家族的显赫地位。事实上，从中我们可以看出，"教育"或者说通过教育资本改变家族命运是李氏家族的起点，如果我们进一步梳理李氏家族后人的相关资料，同样可以印证上述观点。目前，有关李氏家族教育的系统性资料尚未查到，在此，我们仅以具体的案例和事实陈述李氏家族的子女教育问题。

扩展阅读：李氏先世概况

据《合肥许氏宗谱》记载，李氏先世本姓许，祖籍江西吉水，元末明初避战乱迁江西湖口，再迁安徽龙骨嘴，几经周折，最后在合肥下赵园（今肥东县永安乡许槽坊村）定居下来，及至许光照，与邻村李家冈（今永安乡李岗村）李心庄交友，光照怜心庄膝下无子女，常喝闷酒，遂将次子过继给心庄，是为许姓改李姓之始。慎所之后，经君辅、汉申、士俊、凤益、殿华、文安，到鸿章辈已是第八代了。（摘自胡晓：《李鸿章家族文化述论》，《合肥教育学院学报》2000年第1期）

第一，李文安家训。进士李文华手定的族规如下："一、祠长先德后才，务取齿德并尊、公正有声、素餍人望者；二、伦理宜笃也；三、礼节宜循也；四、术业宜勤也；五、食用宜俭也。"其中的"术业宜勤也"及李鸿章经常告诫子孙的"耐"字诀、"挺"字经、"恒"、"专"、"实"、"慎"等"看似平常却奇崛"的门风家规，即便对当下的子女教育也有重要的启示作用。

第二，李经方遗产。如前所述，李经方在制定遗嘱时兼顾前后五代几乎所有人的受益权问题，其中第6条和第7条讲到重孙和外孙时均考虑了他们的学费问题，第28条"私人银行"中明确界定"有德者"方可享有受益权,要义同样在于重视子女的教育问题。特别的,管家周孟文的教育基金理念在留住家产的同时推动了公共教育的发展。

第三,"后娘"陈琪玉。如图4-11所示,作为李国源的第二任妻子,陈琪玉力争把"后娘"做成亲娘,将段式萱留下的两个孩子视如己出,关怀备至,最重要的是抓住教育,把他们培养成人,其中李家耀毕业于复旦大学法律系,曾任职于中央信托局芜湖分局,李家明毕业于复旦大学英文系。陈琪玉"来归"后,又为李家生了五男三女,在时局动乱时代,于1924年回到了安徽芜湖。夫妻二人无论遇到多大的难处,一刻也不放松孩子的学业,让孩子全部接受了高等教育,所以他们家的教授、专家、学者、经理等为数众多。

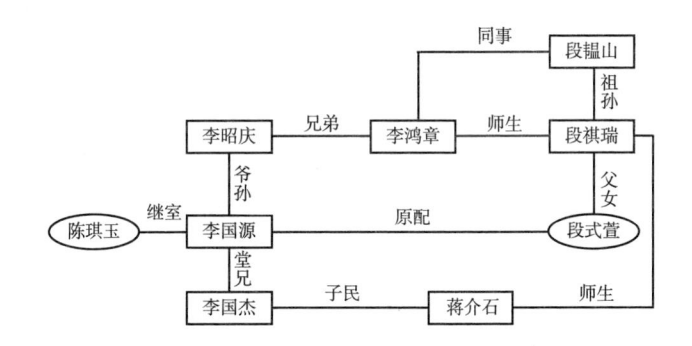

图4-11　李国源与段式萱的婚姻关系

第四,尊师重教的家风。据曾经担任过李府家庭教师①的卫仲藩教授回忆,李府在尊师重教方面做得很好。首先,待遇丰

---

① 1925年前后,先在合肥李府李国芬家任家庭教师6年,后在上海李府李国松家任教2年,共8年之久。

厚,在合肥一年束脩200块银圆,在上海每年束脩800块银圆,每月另有理发、洗澡、医药等费用5块银圆,每年三节均有节礼。其次,管吃管住,宿食都在李家,日供三餐,教师独开一席,一般是四菜一汤,很讲究。开饭时,有一位老家人伺候,端菜添饭。特别的,国芬夫人每隔个把月,都要特制一份菜肴敬师。再次,课堂班规严格,讲课在书房,书房没有闲杂人打扰,专有一个书童听候使唤。学生重礼貌,进入书房先称呼先生并行礼,然后就座。退出书房,也要尊称先生,得到允许才恭谨退走,从不失礼。最后,隆重的开学典礼,每年开学举行的仪式尤为隆重,堂上设大成至圣先师孔子牌位,红烛高烧,香烟缭绕,铺设红地毯,家长肃立在前,教师肃立在中间,学生肃立在教师后面两边,爆竹鸣放,便一齐向先师孔子牌位行三跪九叩首大礼,然后学生向教师行跪拜礼,最后家长向教师拱手恳托教督从严。

第五,屡败屡战精神。"道"字辈目前是李氏家族的主力军,属于承上启下、继往开来的一代,无论在国内还是国外,都处于朝气蓬勃的上升时期。正如他们自己所言,到了他们这一代,物质财富绝无"老本"可言,精神财富上的"老本"也只有一条——艰苦奋斗、"屡败屡战"。[①] 李道稔在谈到家族教育问题时讲的一个小故事很具有代表意义,小时候上学成绩不好,经常考试不及格,一个叔叔看到其经常挨打、被罚跪心疼,就告诉他下次再遇到类似情况时,就说"我虽然是屡战屡败,但我还

---

① 当年,李鸿章打太平天国,屡战屡败,在向朝廷汇报军情时,他巧妙地颠倒了一个词语,把"屡战屡败"改为"屡败屡战",这样既不改原意,又把淮军在困难面前的精神气概给凸显出来了。后来家族中取其意而用之,常以"屡败屡战"相勉,几成传统。

在屡败屡战呀",此招果然灵验。

2. 黄赌毒害人又毁业

1927年,北伐军到上海后,国民政府声称要对清末遗老的财产实行"共产",不知李国焘出于何故,竟然里应外合,逼迫其父亲交出财产。吓得李经方赶紧卖掉上海的房子逃往大连。从上海出走时,还是其英国太太找了工部局巡捕房,由英国巡捕房保驾才上了船。鉴于李国焘的"坑爹"表现和"素有心疾",所以李经方1933年在制定遗嘱时,明确规定国焘名下的财产不得抵押变卖或一切应听从监察人周孟文支配。进一步考察李国焘后来的生活情况,我们发现所谓的"心疾"可能就是"黄赌毒",这也是国焘挥霍所得遗产的主要原因。

结合遗嘱内容,据考证,经方分给国焘含山县的租田1.3万亩、山场1片、芜湖河南岸恒丰仓楼房1座、上海定盘路定仪村42号三层楼房1座及利济轮船局股份5万元等。此外,国焘母亲还规定每月一号由国焘签名向指定的银行取现金500元作为零花。接下来,我们看看国焘在芜湖的基本生活情况。因从小娇生惯养,国焘自十几岁起就食用鸦片、狂嫖滥赌、挥霍无度。为避开母亲管束,他在17岁左右来到芜湖独自生活,整天"泡吧",长期生活在三街、集益里一带的妓院集中区,不久就染上了梅毒,并娶一位姓沈的妓女为妻。家中至少雇了9个佣人,包括1个娘姨伺候太太、3个厨师(1个烧饭、1个做酒菜、1个负责买菜),其余5人为跟班。后期他梅毒严重,下身腐烂,出门就由2个跟班架着或4个跟班抬着。经常通宵赌博,每赌皆输,没有现金,就给几张田契。最后他把父亲分的所有家业变卖后,找国焘重新分家,认为当初的遗产分配不公,国焘又给了他芜湖的2幢楼房。简言之,古往今来,"黄赌毒"真是"坑爹又毁业"。

五 家族信托产品案例

作为家业治理和传承的国内实践代表，家族信托业务或其变形如家族基金会、海外信托上市架构以及慈善基金会等优势明显。

（一）家族基金应用案例

民生银行的超高净值客户主要是民营企业家，因此家族企业的财富管理是民生银行私人银行部家族财富管理服务的重要内容。民生私人银行部为庞大的家族财富设立家族基金。目前，民生私人银行部家族基金的服务门槛是，客户可投资金融资产在3000万元以上，或家族成员净资产在2亿元以上。境外家族基金主要为家族主权基金，考虑企业的发展安排和家族财富分布；境内家族基金主要考虑家庭财产管理及企业发展。家族基金的参与方涉及企业发展的项目方、家族继承人、企业管理层及民生银行等。民生银行为客户提供一体化的服务，既可以解决家族融资问题，也可解决家族企业的传承问题。根据家族企业客户不同的发展阶段以及对应需求，民生私人银行部设计了四种类型的家族基金：产业扩张型、市值管理型、撮合并购型以及财富传承型。现在主要运行的家族基金是产业扩张型和市值管理型，撮合并购型与财富传承型业务较为复杂，处于筹备阶段。本节扩展阅读以一款"并购基金+市值管理"型家族基金案例分析家族基金的操作流程。与传统项目融资类业务不同，家族基金希望以项目为基础与家族企业客户形成长期的战略合作关系。

第四章 家业治理策略

扩展阅读：矿业企业的家族并购基金

艾先生（化名）家族创造了以医药制造与矿产资源为核心的 T 集团。作为控股股东和实际控制人，艾先生持股30%的 N 公司已成功上市。但近几年，N 公司股价始终在低位徘徊。艾先生希望从 T 集团选择优质资产注入上市公司，进而提升 N 公司市值。但 T 集团内部各产业板块之间关联担保等障碍未解，资产重组始终无法实现。

方案形成前，民生银行需要详尽了解客户，包括客户资产情况、发展优势、企业信息、未来战略、公司治理、投资规划、股权结构安排等，进而开展尽职调查、项目分析、方案洽谈。

家族基金的运用，主要包括资产隔离和定向注入两大环节。

（1）资产隔离：对 T 集团进行不同产业的股权分离，把矿产业务从上市公司隔离出来，迅速厘清关联担保关系。

（2）定向注入：选取核心资产注入上市公司，为 N 公司股价提升以及 T 集团开发优质资产提供有效支持。

家族基金在其中扮演资源整合的平台角色。通过家族基金的安排，N 公司避开了一系列上市公司直接并购的繁杂程序和限制。T 集团拟注入上市公司的标的资产可放在家族基金控制下运营一段时间，避免资产注入后发生重大不确定性事件给 N 公司业绩带来负面影响。

此外，项目培育过程中，融资需求亦可在民生银行私人银行部一站式完成；对于某些项目，私人银行可以帮客户引入政策性银行资金或海外资金，节省资金成本。

上述家族基金的股权架构中，实际控制人是艾先生及其家人，并加入高管团队提升公司治理水平。民生银行私人银行部相当于金融规划师。

资料来源：《家族企业"撮合并购+市值管理" 民生私人银行试水家族基金》，《21世纪经济报道》，2014年9月8日。

（二）海外上市信托案例

根据国内监管部门相关规定，境内企业在IPO发审前由信托持有的股权可能遭遇清理，无法达到信托架构对创业者"防分家、防篡位"的原有目的。因此，境内企业家通常利用海外信托架构实现家族企业控制或红筹上市，并通过私人信托公司等架构设计实现保留控制权的家族企业传承，达到长期紧锁股权的目的。离岸信托还可以帮助高净值人士实现海外资产保护、规避第三方追债人以及离婚财产分割等。通常情况下，境内信托和离岸信托分别被用于处理高净值客户在不同地域、不同法律属性下的事务，满足客户不同方面的目标诉求。

采用离岸家族信托架构的高净值人士通常拥有家族企业，不仅考虑资产隔离、财富传承，更关注家族企业治理和企业传承。离岸家族信托的重要功能之一是搭建红筹架构，通过离岸家族信托控制境内企业，帮助中国境内企业在境外上市。离岸架构实现了业务经营地、上市主体设立地和上市地的"三分离"，形成了境外募集资金、境外上市的"两头在外"模式。

以中国白银集团案例分析红筹信托架构，上市前的重组架构共分为7层，多层复杂架构设计的核心在于以最低税收成本实现红筹上市。

第一层是家族信托。分别设立5个独立的家族信托，股权结构清晰，5个家庭可以独立掌握其所持股份，设立地点则选择在根西岛，实现零税收。

第二层和第三层是离岸控股公司。家族信托下至少设有一家离岸控股公司帮助客户持有资产，离岸公司具备两大优势：一是零税收，二是股权变更灵活迅速。

第四层是上市主体——中国白银集团有限公司。上市主体应设立在香港联交所认可的上市主体属地，不产生税收成本。

第五层为离岸控股公司——中国白银BVI，当发生企业并购，要转让第六层中国白银香港的股权时，若直接在香港转让股权需要缴纳印花税。以中国白银BVI控制中国白银香港，在BVI进行股权转让可免缴印花税。

第六层为中国白银香港，引入中国白银香港直接控制境内企业是考虑到以香港公司控制境内企业可以享受分红税优惠，根据国家税务总局相关规定，以香港公司持有大陆资产可以享受分红税优惠，税率最多可从20%降低到5%。

第七层是境内外商独资企业——浙江富银白银有限公司。

扩展阅读：中国白银集团红筹上市案例

中国白银集团有限公司于2012年12月28日在香港联交所主板上市。

保荐人：建银国际。

公司香港律师：罗夏信律师事务所。

控股股东：家族信托上市后持有45.0%股份。

信托的财产授予人：创业人的配偶（圣基茨和尼维斯国民）。

信托受益人：创业人，其配偶及他们的孩子。

受托人：瑞士信贷信托有限公司（Credit Suisse）。

1. 原始架构

江西龙天勇有色金属有限公司是一家由陈万天（陈总）总控股的境内企业。陈总的配偶（陈太）在上市前获得了海外身份，设立了一系列海外公司与一家外商独资企业——浙江富银白银有限公司。上市前架构如图1所示。

```
陈太
 │
Rich Union
（英属维尔京群岛）
 │ 100%
中国白银集团有限公司
（开曼群岛）
 │ 100%
中国白银英属维尔京群岛
（英属维尔京群岛）
 │ 100%
中国白银香港
（香港）
 │ 100%
─────────────────── 中国境外
                    中国境内
浙江富银白银有限公司      陈总      其他国内股东
（中国）                 60%      40%
                    └──┬──┘
                江西龙天勇有色金属有限公司
```

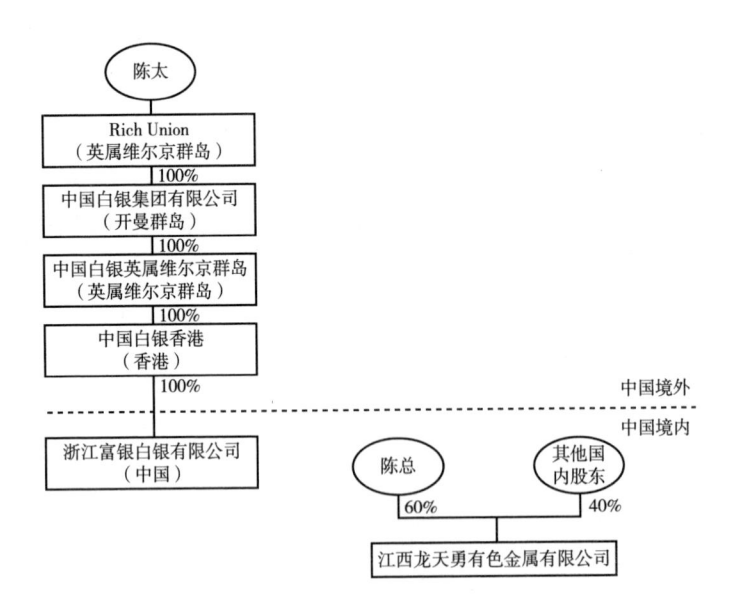

图1　中国白银集团上市前架构

2. 上市前重组架构

陈太控股的浙江富银白银有限公司收购江西龙天勇有色金属有限公司100%的股权。收购完成后，陈太为陈总与其家属设立了家族信托（陈氏家族信托），并为其他国内股东设立4个个别信托。家族信托设立在根西岛。最终境内股东（包括家族信托的受益人）办理相关登记。①

《关于外国投资者并购境内企业的规定》（商务部令2006年第10号，以下简称"10号文"）规定：中国境内公司或者自然人在境外设立的特殊目的公司，为购买国内资产而进行海外上市，需要向商务部申请办理核准手续。一般公司很难通过审核。中国白银集团创业人的配偶为圣基茨和尼维斯国民，其所设立的海外公司不被视为"10号文"所称的"特殊目的公司"，不用通过商务部审批。

3. 陈氏信托架构

信托架构设计中做了相应安排控制受托人权利，以保证家族企业控制权。陈总担任信托保护人和权利保留人的角色。权利保留人的权利包括投资与资产的管理权，受托人须遵从权利保留人有关信托资金投资及管理的相关指示，信托保护人拥有委任与开除受托人的权利，该信托架构如图2所示。

---

① 《国家外汇管理局关于境内居民通过境外特殊目的公司融资及返程投资外汇管理有关问题的通知》（汇发〔2005〕75号）。2014年7月9日《国家外汇管理局关于境内居民通过特殊目的公司投融资及返程投资外汇管理有关问题的通知》（汇发〔2014〕37号）出台，废止了75号文。

家族财富管理

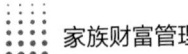

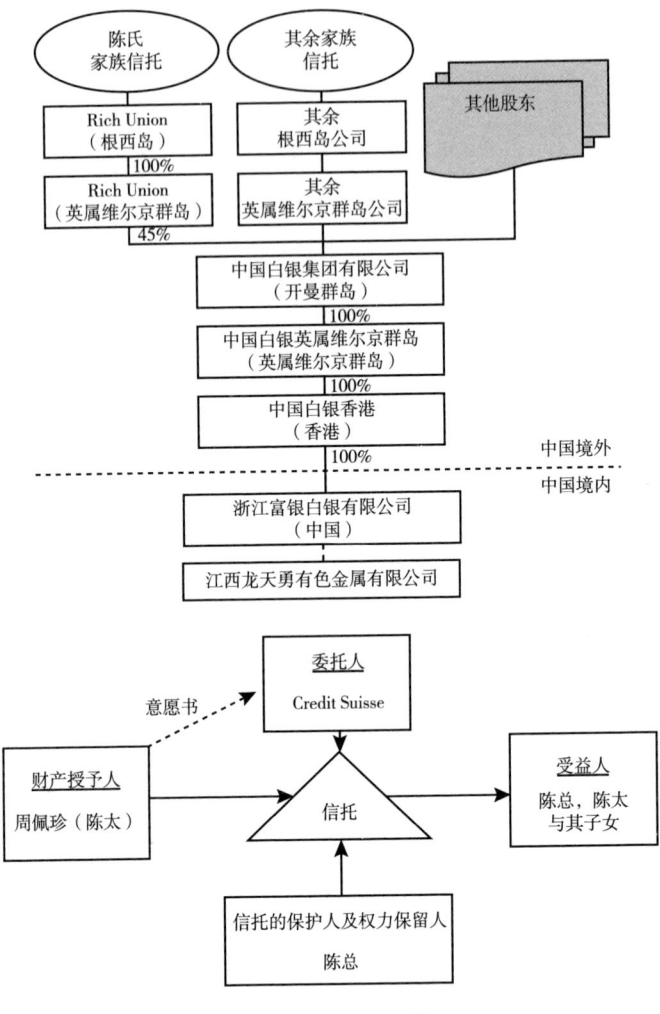

```
陈氏家族信托          其余家族信托        其他股东
     │                    │
 Rich Union           其余
 (根西岛)          根西岛公司
   │100%                │
 Rich Union           其余
(英属维尔京群岛)   英属维尔京群岛公司
        │45%          │
        ├─────────────┤
        中国白银集团有限公司
           (开曼群岛)
              │100%
        中国白银英属维尔京群岛
          (英属维尔京群岛)
              │100%
        中国白银香港
            (香港)
              │100%          中国境外
         ─────────────       ─────────
                              中国境内
         浙江富银白银有限公司
              (中国)
                │
         江西龙天勇有色金属有限公司
```

```
                委托人
              Credit Suisse
                  ▲
          意愿书 │
                │
  财产授予人 ───→  信托  ───→  受益人
  周佩珍(陈太)              陈总、陈太
                  ▲          与其子女
                  │
         信托的保护人及权力保留人
                 陈总
```

图 2　陈氏信托架构

资料来源：刘小鹏《境内企业香港上市信托架构》，罗夏信律师事务所。

委托人将企业股权置入家族信托后，如何控制受托人以保证其对家族企业的有效控制呢？"离岸信托+离岸公司"的架构设

188

计为家族企业的控制权提供了便捷方式。为了防范受托人风险，资产庞大的家族通常会设立专门的私人信托公司（Private Trust Company，PTC）作为家族信托的受托人，通过让家族成员担任PTC的董事，在保留资产控制权的同时转移法定所有权。私人信托公司常见于家族办公室的规划结构中，主要作用是担任某个或数个特定信托的受托人，优势在于可以让家族成员积极参与信托基金管理，同时形成相当灵活的股权安排。私人信托公司在家族财富管理结构中通常会结合家庭基金会，以家族会议等模式处理家族事务。以新加坡的私人信托公司为例，投资决策由公司董事会做出，委托人拥有实际控制权，信托只发挥"牌照"功能，负责审查、管理、提供秘书服务、反洗钱及KYC等。

以家族信托控股企业最大的优点在于可以长期紧锁企业股权，避免家族日益庞大、家庭成员纠纷以及离婚等因素造成的股权分散对企业经营造成不利影响甚至导致最终家族控制权丧失。其弊端是为了实现股权集中控制，家族信托一般禁止股权转让，因此，家族成员在出现不可调和的纠纷时，无法以出售股权方式解决，长期家族纷争会对企业经营造成负面影响。为避免家族信托控制企业带来的问题，可以设立受托人委员会（Board of Trustee）或考虑在成立信托时允许信托在特定情况下解散或进行信托财产转让。保留家族企业控制权的家族信托架构如图4-12所示。

（三）慈善基金应用案例

表决权信托，是指股东根据表决权信托中的约定，在一定时间范围内以不可撤销的方法，将其持有股份的表决权或与之相关

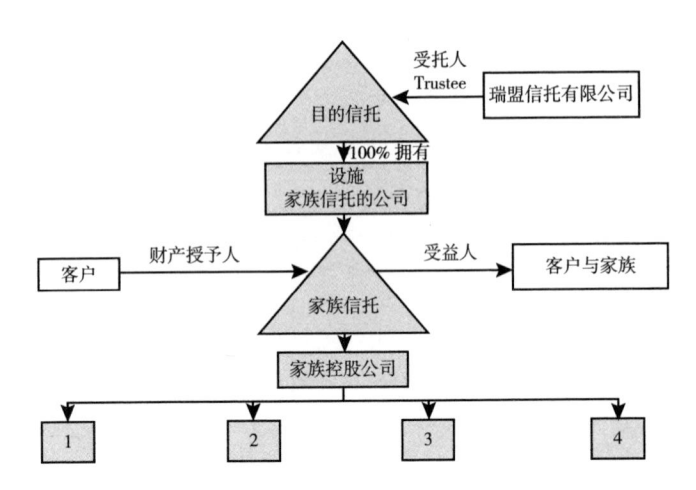

图 4-12 保留家族企业控制权的家族信托架构

资料来源：瑞盟集团（Richmond）。

的权利，转让给另一位或多位受托人、股东或股东指定的人的一种法律制度。通过慈善基金会股份表决权信托，既可以实现家族企业股权的捐赠，又可保留家族企业控制权。

2010年2月，福耀玻璃集团董事长曹德旺首次宣布其捐股计划，表示将捐出家族所持福耀玻璃集团股份的70%（约7亿股），成立河仁慈善基金会。随后，福耀玻璃集团称为避免触及我国法律关于全面收购要约的相关规定，曹德旺将捐赠股份由7亿股改为5.9亿股，占公司总股本的29.5%。若捐股成功，河仁慈善基金会将超越曹德旺成为第一大股东。根据曹德旺草拟的捐赠协议，河仁慈善基金会在持有福耀玻璃集团部分股份期间，对于涉及公司大宗交易的公司事务，将表决权授予曹德旺。

事实上，2011年4月，福耀玻璃集团宣布收到该公司股东三益发展、耀华工业村与河仁慈善基金会签署的《捐赠协议书》。三益发展与耀华工业村的实际控制人均为曹德旺。本次权益变动后，河仁慈善基金会持有福耀玻璃集团总股本的14.98%，三益发展仍持有福耀玻璃集团19.5%股权，耀华工业村不再持有福耀玻璃集团股份。同日，福耀玻璃集团发布《简式权益变动报告书》，称该权益变动并未损害该公司任何利益，亦未引起公司控制权的转移。与此前计划有所不同的是，捐赠完成后曹德旺家族仍为福耀玻璃集团第一大股东。

曹德旺捐股并不是一种典型的表决权信托，因为典型的表决权信托是若干股东将手中的股份集合起来以集体行使表决权，即委托人是数人。但该捐股行为具有表决权信托的实质特征：曹德旺将其间接持有的股份转让给河仁慈善基金会，基金会享受股票收益权等股东权利，但将其表决权让渡给曹德旺，由曹德旺代为行使表决权。在该案例中，通过慈善基金会股份表决权信托，曹德旺对福耀玻璃集团的控制地位没有改变，既可以继续经营和管理公司，又可以实现慈善目的。曹德旺捐股开创了国内慈善捐赠的新模式。

尽管表决权信托的运用早有实践案例，但目前我国关于表决权信托的法律制度还处于"真空"状态，信托业的"一法三规"并未提及股东表决权信托，《中华人民共和国公司法》也未规定表决权信托的行使。

（四）信托融合家族办公室案例

家族信托和家族办公室存在共同之处，也存在不同之处，如何将两者进行有效衔接？答案是家族办公室模式的家族信托（见图4-13）。据相关资料，该类家族信托的规模为1.6亿元，无固定期限，主要特点包括：其一，双线并行，委托人名下有家族办公室，委托人委托受托机构设立家族信托，受托机构负责财富传承架构设计,家族办公室负责信托财产投资,即咨询顾问型家族信托;其二,家族主导,如前所述,家族办公室模式的家族信托是咨询顾问型信托,其潜在含义已经表明家族办公室的主导性,再者其申报材料中明确家族信托设立执行委员会,确定受益人及指定下一任执行人,但未明确执行委员会的人员构成,如果其主要成员是家族成员,则家族主导性就更为明显,这也是情理所在;其三,定量辅佑,该家族信托设有固定信托利益分配和特别信托利益分配两种形式,其中,特别信托利益分配是特定受益人每生育一个子女,奖励200万元,而固定信托利益分配则是在CPI上涨超过一定额度后,分配额度也随着增加,即规避"梅艳芳型家族信托"的物价上涨风险。家族办公室模式下的家族信托旨在融合家族信托的制度性和家族办公室的私密性,同时增强家族财富的可控性,进而实现二者的有机结合。

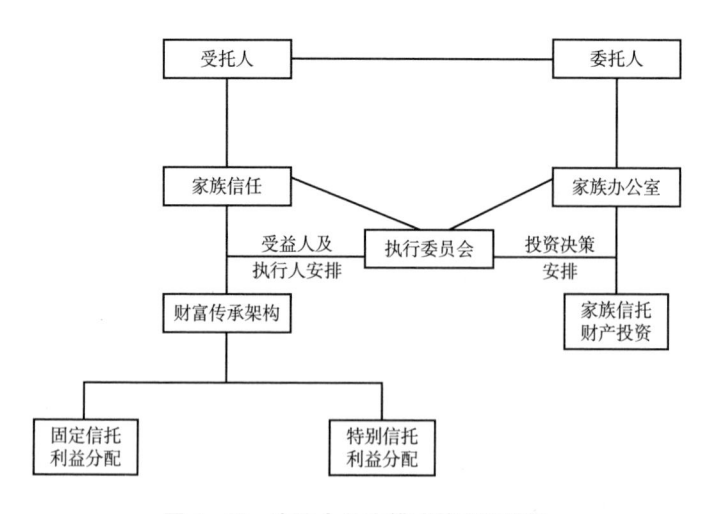

图4-13 家族办公室模式的家族信托

附录4-1 股权重构传承案例

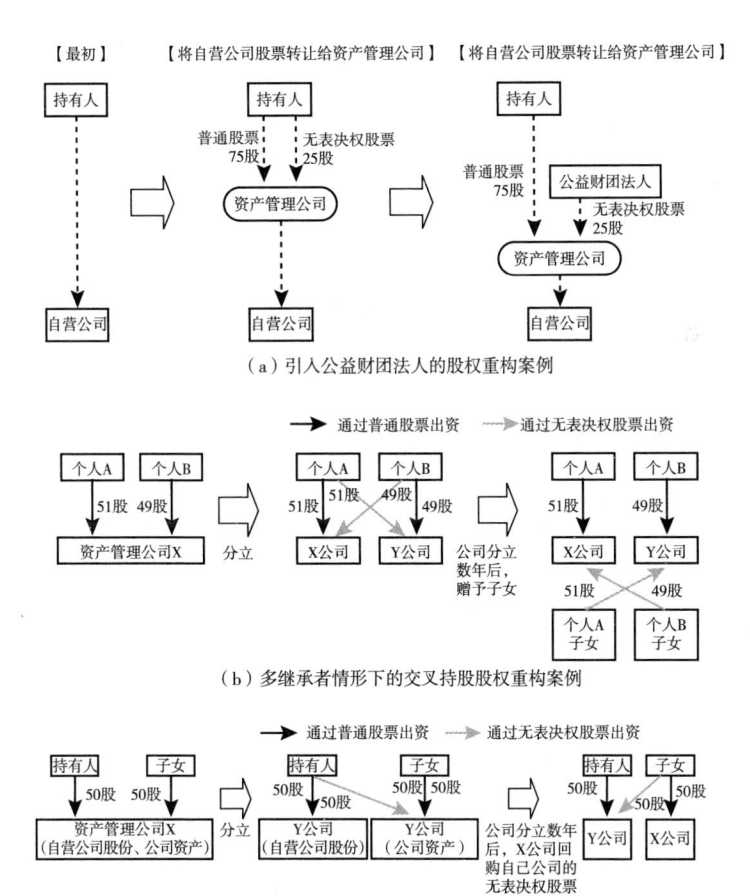

(a) 引入公益财团法人的股权重构案例

(b) 多继承者情形下的交叉持股股权重构案例

(c) 被继承者和继承者共存情形下的股权重构案例

图1 基于股权重构的企业传承案例

资料来源:野村证券。

第五章
机构业务模式

理论上看,财富管理业务具备双边市场的典型特征,一边是有金融产品服务需求的财富管理客户,另一边是向财富管理客户提供产品服务的供给机构。以私人银行为例,产品供给部门可以是本行的资产管理部门,也可以是外部的许可合作机构,而且供需双方均具有很强的网络外部性。所以,本章我们以垄断平台、拉姆齐(Ramesy)平台、竞争平台和公益平台的不同定价策略等为基础(见附录A3),在全面分析私人银行的从业机构、组织架构和业务模式等,以及家族信托、寿险公司从事财富管理业务的组织架构模式的基础上,以私人银行为例基于平台经济模式探讨财富管理业务的赢利模式。

一 私人银行机构业务

作为财富管理业这个皇冠上的明珠,私人银行业务的从业金融机构、组织架构模式以及主要业务模式等都对当下发展财富管理业务具有重要的借鉴意义。

(一)从业金融机构

管理咨询机构 Oliver Wyman 将开展财富管理/私人银行业务

的银行分为 4 个主要类型，即单一业务型（Pure-Play）、全能型（Universal）、混合型（Hybrid）和投行主导型（IB-dominated）。其中，单一业务型银行是指以财富管理/私人银行服务为唯一核心业务的银行，比如隆奥、宝盛和 EFG 国际等；全能型银行是指那些在包括私人银行在内的许多金融服务领域都非常活跃，且在全球范围内具有庞大零售网点的综合性银行，比如法国巴黎银行、汇丰银行、苏格兰皇家银行等；混合型银行与全能型银行类似，通常具有私人银行服务和投资银行服务双重优势，部分银行在本土也有较活跃的零售银行，但缺乏大范围的国际零售网点布局，比如瑞银、瑞信等；投行主导型银行将私人银行业务作为核心投行业务的辅助，为投行的超高净值客户提供必要的外围服务，比如过去的高盛、摩根士丹利、雷曼兄弟和贝尔斯登。在投行主导型银行中，雷曼兄弟和贝尔斯登已在金融危机时倒闭或被收购，高盛和摩根士丹利在 2008 年后成功申请了银行牌照，成为银行控股公司。因此，开展私人银行业务的投行主导型银行基本已经名存实亡。

私人银行中的单一业务型银行是指只做私人银行业务的银行。这种银行没有投行业务，没有中间业务，也没有零售业务，只做私人银行业务。因此，它们不用担心上述业务可能带来的利益冲突。在世界排名前 20 的私人银行中，只做私人银行业务的为数并不多，仅有百达银行、宝盛银行和瑞士隆奥银行，它们都有悠久的历史，过去几个世纪以来建立了相当高的声誉。单一业务型银行与多业务银行、投行不同，无法利用后者特有的零售和对公业务网络，只能依靠自身去开发新的私人客户。通常它们会通过非常个性化、量身定制的顶级服务来吸引客户。客户可以通过一个专属的私人银行客户经理协调银行的所有资源为客户提供解决方案。

单一业务型私人银行的资产负债表管理十分审慎，因此该类银行在财务上十分稳健。它们的核心理念是为客户保护资产并创造长期的价值。在单一业务型私人银行开户，客户通常知道他们的资金会非常安全。这也解释了为什么2008年金融危机时，有报道说一些私人客户由于担心系统性危机会导致多业务银行倒闭，而将资产转移到单一业务型银行中。正如马克·吐温所讲，这些人怕不赚钱，但更怕丢钱。除了雄厚的财务实力外，单一业务型私人银行还在全权委托账户管理方面享有较高的声誉。通过全权委托账户管理，银行将客户的利益和银行的利益很好地绑定在一起，这样为银行带来了稳定的商业模式和手续费收入，业务经理的压力也不再那么大，不用时刻向客户推销理财产品。除此之外，单一业务型私人银行和其他类型银行提供的服务非常相近，包含大量的覆盖全球的托管服务、全球报告服务、顾问服务、财富规划服务等，并依赖强大的信息通信基础设施。

包括全能型银行和混合型银行在内的多业务银行开展私人银行业务最主要的优势在于其内部资源的协同、配合，表5-1对这一优势做了很好的诠释。在2013年全球资产管理规模排名前20的私人银行中，除1家非银行系私人银行（北方信托）和3家单一业务型私人银行外，其他16家均为混合型或全能型的银行系私人银行，并且前9名的位置均被银行系私人银行占据。

在银行内，私人银行与其他业务部门的合作主要体现在三方面。其一，与零售银行之间的合作，表现为零售部门向私人银行

表 5-1 2013 年全球资产管理规模排名前 20 位的私人银行

排名	银行名称	银行类型	AUM(10 亿美元)	2013 年增长率(%)
1	瑞银	混合型	1966.9	15.4
2	美林	全能型	1866.6	12.5
3	摩根士丹利	混合型	1454.0	17.5
4	瑞士信贷	混合型	888.2	9.5
5	加拿大皇家银行	全能型	673.2	5.6
6	法国巴黎银行	全能型	395.1	11.4
7	德意志银行	混合型	384.1	13.7
8	汇丰银行	全能型	382.0	-4.0
9	摩根大通	全能型	361.0	13.5
10	百达银行	单一业务型	338.1	12.0
11	高盛银行	混合型	330.0	12.2
12	宝盛银行	单一业务型	282.5	40.7
13	巴克莱银行	全能型	233.2	15.8
14	荷兰银行	全能型	231.7	8.9
15	北方信托	N/A	221.8	12.2
16	富国银行	全能型	218.0	7.0
17	瑞士隆奥银行	单一业务型	198.0	12.8
18	桑坦德银行	全能型	196.5	7.0
19	纽约梅隆银行	混合型	185.0	3.4
20	法国农业信贷银行	全能型	182.0	5.6

资料来源：Scorpio Partnership, *The Global Private Banking Benchmark 2014*.

部门推荐客户（Client Referrals）。事实上，在全能型银行中，私人银行有很高比例的客户来自零售银行业务部门。当然，私人银行和零售银行在合作过程中必然会因为任务分工、利益分配等问题出现矛盾，如何解决这些矛盾？麦肯锡提出的私人银行发挥零售网络杠杆作用的 6 个关键因素值得借鉴。

其二，与资产管理部门之间的合作，表现为资产管理部门为私人银行提供合适的产品，同时私人银行也成为资产管理部门的产品分销部门。并且，在这一过程中，私人银行所需支付的产品管理费、托管费等费用以及资产管理部门需要支付的销售服务费都在银行内部自行消化。

其三，与投资银行之间的合作，这类合作是混合型银行以及具有活跃投行业务的全能型银行的重要特征。对于私人银行来说，其与投资银行合作主要出于两个目的：一是实现其与资产管理部门在产品的提供与分销上的合作，例如 2011 年 1 月，高盛向其美国以外的私人银行客户提供了 Facebook 15 亿美元股权私募计划的投资通道，达到双赢的效果；二是通过交叉引荐获取新客户，私人银行可以通过投行部门与那些正在准备上市或出售企业的企业主或企业家建立关系，从而获得潜在的优质客户，以便在企业成功上市或售出之后，接手投资银行为客户提供财富管理及相关服务。

扩展阅读：麦肯锡发挥零售网络杠杆作用的 6 个关键因素

2005 年，麦肯锡在其调查报告《欧洲私人银行业经济性调查》中提出了私人银行发挥零售网络杠杆作用的 6 个关键因素。

（1）独特的价值建议。确保零售银行的高级管理层接受和充分认识私人银行部门的价值建议是非常重要的。此外，还要确保私人银行部门的产品、服务和分销渠道等与零售银行具有显著差别，使得客户的转移具有真正的价值。

（2）坦诚有效的沟通。必须建立一个清晰的服务标准协议，也就是一个零售银行和私人银行业务管理者都同意的规划，详细设定各部门的目标客户、提供服务的标准以及处理客户转移的会计规则等。

(3) 未来客户的认定。一定要定期对现有的零售银行客户进行严格的筛选和扫描，以备未来之需。同时，必须限制零售银行业务部门直接向客户提供投资方面的服务，因为私人银行部门能够做得更好。

(4) 潜在客户的转移。应该分享关于潜在客户的信息，而且两个部门人员应向客户传达清晰、一致的信息。在对潜在客户群进行细致分析、分类后，制订有针对性的会见交流计划，以实现在会见当天或两个月内完成客户的转移。

(5) 合理有效的补偿。保证激励的连续性和一致性，零售银行业务部门失去了高端客户，其在当年及以后若干年都应该得到补偿。这方面并没有唯一的解决方案，例如，有些银行设定给予补偿激励的门槛，而且按不同分支机构及转移资产的数量差异进行调整。再如，把资产留在零售业务部门，但加入一个分摊费用的服务与货币管理协议，这样该客户就可以继续使用那个零售网点。有些银行还设立了一个"影子损益"（Shadow P&L），以保证收入的正确划分。为了达到目标，还要确保激励措施适用于零售部门的不同层面（地区、分支机构和营销人员）。

(6) 清晰明确的报告。零售银行和私人银行都要对客户的转移过程做清晰的报告，以便分析和追踪合作过程。报告的主要内容包括：取得了多少潜在客户、客户的成功转换率以及转移资产的平均值等。

(摘自莫德：《全球私人银行业务管理》，刘立达译，经济科学出版社，2007）

(二) 组织架构模式

私人银行在银行中的组织结构安排是由该银行的战略定位、自身优势/特点以及成本效率等因素共同决定的。全球排名前20的私人银行中，银行系私人银行的组织结构安排大致可分为三类，分别为"事业部"模式、隶属于零售银行的"大零售"模式以及隶属于资产管理部门的"大资管"模式（见表5-2）。

表5-2 主要银行系私人银行对应的组织模式

"事业部"模式	"大零售"模式	"大资管"模式
瑞银、美林、摩根士丹利、加拿大皇家银行、法国巴黎银行、汇丰银行、荷兰银行、富国银行	巴克莱银行、桑坦德银行	瑞士信贷、德意志银行、摩根大通、高盛银行、纽约梅隆银行

资料来源：作者根据每个银行最新年报中的组织结构安排整理。

1. "事业部"模式

从表5-2中可以看出，"事业部"模式是活跃私人银行的主要选择。"事业部"模式的典型特征是独立运营、单独核算和垂直管理。采取这一组织模式的银行通常在总行层面成立私人银行部，该部门拥有独立的人、财、物权限，在分支行设立私人银行分部（中心），由私人银行部直接管理。"事业部"模式追求统一的后台支持体系、产品和服务开发体系、市场推广体系、人才发展与培训体系、绩效考核体系、风险管理及内部控制体系，从而有利于探索有自身特色的私人银行服务。就客户拓展而言，此模式至少需要具备如下三个条件之一：强大的客户拓展能力；与银行其他部门达成有效的客户输送协议；私人银行已经度过大规模积累客户的阶段。否则，私人银行将不得不依赖其他部门。该模式的优点是权、责、利明确,资源优势集中,有助于将私人银行同一般零售银行区别开来,快速建立私人银行专属的差异化服务体系和品牌。

汇丰银行是私人银行"事业部"模式的典型代表(见图5-1)。汇丰银行下设四个业务部门,分别为零售银行与财富管理、工商业务、环球银行与资本市场、环球私人银行。其中,为一般富裕人群提供理财服务的财富管理模块设置在大零售体系下,与零售银行共同组成零售银行与财富管理部门,而私人银行则单设部门,向高净值客户提供环球银行服务、投资管理服务以及私人信托策划服务。

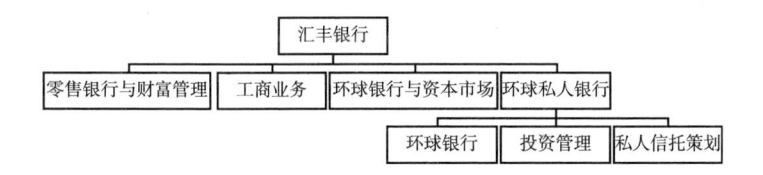

图 5-1 汇丰银行私人银行"事业部"模式组织架构

资料来源:根据汇丰银行 2013 年年报整理。

2. "大零售"模式

全球排名前 20 的私人银行中,只有巴克莱银行和桑坦德银行的私人银行采取了"大零售"模式。所谓"大零售"模式,是指私人银行部门隶属于零售银行部门,一般在总行和部分分支行设立私人银行部,分行在经营、管理、考核等方面具有特定权限,总行私人银行部对其进行指导和支持。确切地说,在此模式下,私人银行业务更像超市(为普通客户服务)内的精品屋(为高端客户服务),通常与零售银行业务范畴内的贵宾理财、个人信贷等属同一管理级别,共享整个零售银行业务的资源,包括信息技术、产品研发、市场营销、风险管理等。

私人银行采取"大零售"模式的主要目的是获取零售银行的高端客户。具体看采取"大零售"模式的两家银行。桑坦德银行的组织结构是从两个维度进行划分的，分别为区域维度和业务维度。在区域维度下，分为欧洲大陆、英国、拉美和美国；在业务维度下，分为零售银行、批发银行、资产管理和保险，其中零售银行业务包括含私人银行业务在内的所有个人客户业务。桑坦德银行的组织结构以区域为主、以业务为辅，这有助于在同一区域内实现跨事业协同，即资产管理部门为私人银行提供产品并管理投资资产，同时私人银行处于零售银行下也有助于其高端客户的获取。

巴克莱银行在2014年5月进行了组织架构调整，将此前的零售银行部门和公司金融部门合并，并将财富与投资管理部门整体纳入旗下，形成"个人与公司银行"部门（见图5-2）。巴克莱银行做出此番调整的原因是，2013年其财富管理业务出现了亏损，税前利润为负值，商誉也出现了减损。架构调整伴随其2013年财富管理业务从全球100多个市场撤出，说明巴克莱银行有意将私人银行的重点服务对象转回英国本土零售银行的高端客户。将私人银行并入零售银行部门，充分发挥部门内部以及区域内部的协同合作，不仅有利于高端客户的向上推荐，而且能有效降低运营成本。

3. "大资管"模式

所谓"大资管"模式，是指私人银行隶属于资产管理部门，私人银行中心的设置以及管理条线与"大零售"模式类似。不同的是，在这一模式下，资产管理部门设置在总行下，负责产品的开发、筛选以及资产组合的管理；私人银行在总行和部分分支行设立服务网点，在一定程度上扮演着产品分销渠道的角色。这一模式在较大程度上形成了协同效应并提高了成本效率，私人银

第五章 机构业务模式

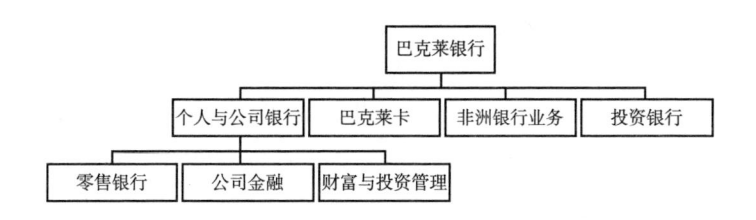

图5-2 巴克莱银行私人银行"大零售"模式组织架构

资料来源：根据巴克莱银行2014年半年报整理。

行可以充分利用母银行的资产管理能力，从而得以更专注于客户关系管理和营销，此外，这一模式也有利于私人银行开放式产品平台的建立。

采取"大资管"模式的银行一般具有以下两个特点。其一，高度注重产品开发，具有极强的资产管理能力。瑞士信贷、摩根大通、高盛银行、德意志银行以及纽约梅隆银行等在产品开发和资产管理方面表现都相当出色。其中，过去十年，摩根大通所管理的80%的固定收益类资产和81%的股权类资产的收益都处于同类产品的前40%，是市场中主要的产品供应方。其二，超高净值客户资产占比较高。由于资产管理同时面向私人客户和机构客户，资产管理的集中化使其难以专注于个人客户的定制化需求，因此这一模式较适合私人客户和机构客户需求相似的情况，超高净值客户在很大程度上能够满足这一要求。回看采取"大资管"模式的几家私人银行，高盛银行和摩根大通私人银行的客户准入要求分别为可投资资产超过1000万美元和超过2500万美元，而超高净值客户资产在瑞士信贷和德意志银行中也占有较大比重，为45%左右。

摩根大通私人银行"大资管"模式组织架构如图5-3所示。

203

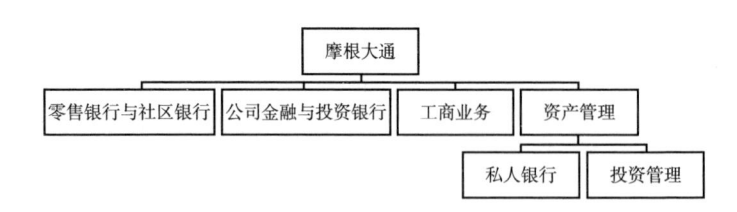

```
                    摩根大通
        ┌──────────┬────────┴────┬──────────┐
   零售银行与社区银行  公司金融与投资银行  工商业务    资产管理
                                      ┌────┴────┐
                                    私人银行    投资管理
```

图 5–3　摩根大通私人银行"大资管"模式组织架构

资料来源：根据摩根大通 2013 年年报整理。

（三）主要业务模式

私人银行在对某一地区的客户进行服务的过程中形成了符合当地客户主要需求的较为固定的模式，也造成了区域间业务模式的差异（见图 5–4）。总体来说，私人银行的业务模式主要有两种：一是经纪商模式，二是顾问咨询模式。这两种业务模式存在显著的差别。

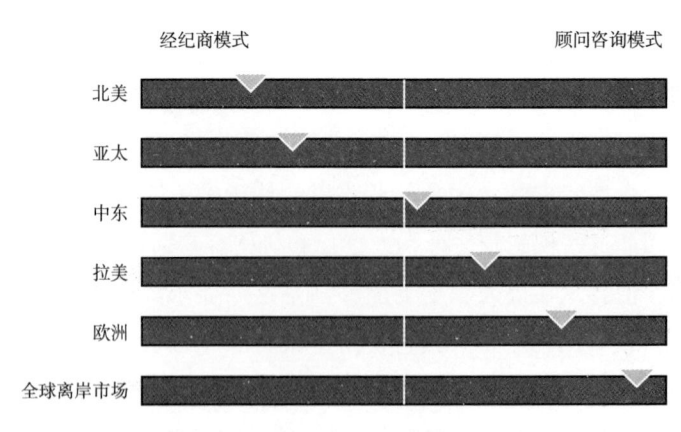

图 5–4　私人银行业务模式的区域差异

资料来源：Oliver Wyman, *The Future of Private Banking: A Wealth of Opportunity?*

第五章 机构业务模式

顾问咨询模式盛行于欧洲和拉丁美洲,主要为私人银行客户提供咨询服务和资产管理服务,强调全权委托资产组合管理以及全面规划,利润的主要来源是资产管理收入,采用管理费型的赢利模式。顾问咨询模式除突出投资顾问的专业角色外,其内涵是客户经理+综合投资顾问的形式。过去,通常由一位客户经理与客户进行沟通、了解客户的需求并协调各领域投资专家分别为客户服务。目前,越来越多的欧洲私人银行采取了新的服务形式,即由一名投资方面的全才负责协调各领域专家,与客户经理一起为客户提供度身定制的财富管理解决方案。这一方面减轻了客户经理的负担,使其专注于客户关系,另一方面使客户更加依赖银行的专业技术,成为银行分散客户经理对客户绝对控制权的有效手段。

经纪商模式是美国、加拿大、亚太地区私人银行的主导业务模式。该模式主要为客户进行证券买卖,通过频繁交易收取佣金来获得利润,即采用手续费型的赢利模式。在这种业务模式下,没有对客户关系进行整体管理的人员,直接由为客户下单的投资顾问接触和服务客户,并在了解客户需求后自行为客户挑选证券,或代表客户提出需求,由专家团队提供解决方案,再由投资顾问传达至客户。在服务过程中,投资顾问既对客户关系进行维护,又帮客户做投资决策,比较容易与客户建立较为密切的关系。因此,相较于顾问咨询模式下客户忠于银行,在经纪商模式下,客户更忠于投资顾问,在投资顾问跳槽时,客户也倾向于跟随他转投至另一家机构。据估计,经纪商模式下的这一"跟随率"(Follower Rates)大约为70%,是顾问咨询模式下的近5倍。[1]

---

[1] Oliver Wyman, *The Future of Private Banking: A Wealth of Opportunity?*

两种业务模式共同存在显然有其必然原因,但从发展趋势来看,越来越多的北美私人银行采取顾问咨询模式,这是由客户需求和银行需求共同决定的。客户方面,高净值客户的需求愈加复杂,除了希望实现资产的增值外,还希望在资产配置、税务规划、信托安排、房地产规划、慈善活动、子女教育等方面获得建议,而这些是以交易为主的经纪商模式无法满足的。此外,多数国家养老金制度由"固定福利计划"转变为"固定缴款计划",也是客户寻求全面咨询服务的一个主要原因。与固定福利计划下参保人领取固定的养老金款项不同,在固定缴款计划下,所有投资风险都转嫁到参保人身上。在遭遇金融危机导致养老金缩水而不敢花钱的窘境后,实行固定缴款计划国家的居民越来越重视养老金的投资安排,鉴于每个人的情况有所不同,他们更需要得到专业人士有针对性的全面解决方案。

银行方面,美国为客户提供定制、全面理财服务的独立理财机构和独立经纪商大量涌现,给银行系私人银行带来了较大的竞争压力。更重要的是,顾问咨询模式可以使银行获得比经纪商模式更多的净利润、更稳定的收入流以及更强的客户管理制度化,这使得顾问咨询模式更具优越性。业务模式的转变必然伴随赢利模式的变化,通过收取管理费获取收入将逐渐成为私人银行的主流赢利模式,而这一趋势已初见端倪。金融危机后,以收取佣金为主要赢利模式的私人银行收入波动加大,为追求稳定的收入流,不少传统的以经纪商模式运作的私人银行开始着力增加管理费账户(Fee-based Account)的占比。以摩根士丹利为例,自2009年起,其收取管理费的客户资产在所有客户资产中的占比呈现逐年增加的趋势(见图5-5)。

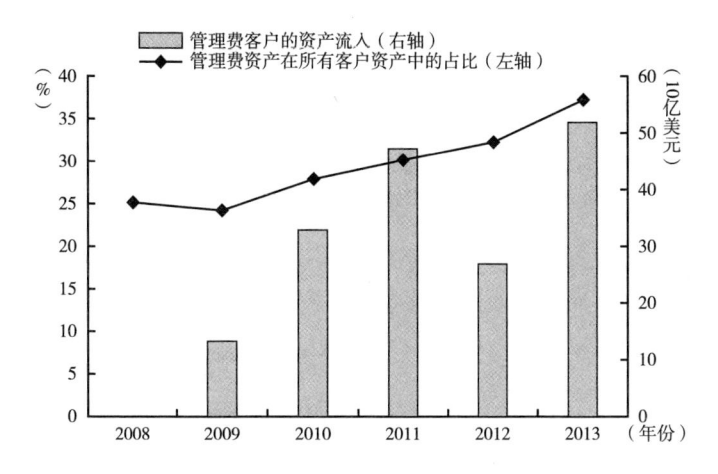

图 5-5 摩根士丹利基于管理费资产的变化情况

资料来源：摩根士丹利各年年报。

二 家族信托组织架构

目前，国内家族信托以及以全权委托、家族基金及家族办公室等为代表的类家族信托业务的开展机构，包括商业银行、信托公司、第三方机构等，均依据自身集团、客户、组织架构等方面的特点，初步形成了独具特色的业务模式，大致可归结为五大类：资产管理型、竞争合作型、投行/基金型、机构部门型、三方平台型。

（一）资产管理型

当前国内家族信托市场尚处于起步阶段，"信托文化"也处于培育阶段，信托相关制度限制了家族信托架构设计核心功能的发挥空间，以资产增值为目标的资产管理依然是家族信托或类家族信托业务的重点，形成了以全权委托为核心的家族信托"资管化"业务模式。

从客户参与度来看,家族信托业务的资产管理模式主要有两种:全权委托模式和咨询顾问模式。全权委托模式下,客户全权委托受托人,按照事先约定的投资框架(包括投资目的、计划、范围及方式等)代理客户进行投资和资产管理。私人银行在注重客户需求和个性化服务的基础上为客户私人定制资产管理方案,并提供一揽子的金融解决方案。咨询顾问模式下,业务团队及时、准确地提供资产池中各类金融产品的投资价值信息,推荐买入卖出等信息给客户,客户依据业务团队提供的金融产品投资价值信息及买卖建议,做出投资决策,下达交易指令给业务团队,业务团队负责交易操作并及时向客户报告。业务模式决定赢利模式,全权委托模式下,管理人的利润来源为资产管理收入,属于管理费型的赢利模式;咨询顾问模式下,以产品为导向,管理人的利润来源是交易手续费,属于手续费型的赢利模式,存在诱使频繁交易的道德风险。

全权委托的优点在于:其一,制度设计上使客户与受托人形成利益共同体,类似企业治理结构中所有权与经营权相分离的设计;其二,产生规模效应,降低客户成本,分散投资风险,便于流动性管理;其三,全权委托模式下客户更忠于管理机构,而咨询顾问模式下客户更忠于投资顾问,倾向于跟随投资顾问将资产转移至另一家机构;其四,全权委托模式的效率更高,咨询顾问模式的每个字都需要客户确认,效率较低。

总体来看,资产管理型机构更倾向于全权委托模式,瑞士隆奥银行便是典型案例。全权委托模式业已成为国内财富管理机构尤其是主动管理能力强的机构着力拓展的业务模式。工商银行私人银行部是国内全权委托业务模式的典范。

扩展阅读：工商银行私人银行部专户全权委托服务模式

工商银行私人银行部于 2013 年 7 月在国内率先推出针对单个超高净值及以上私人银行客户（可投资金融资产在 5000 万元以上）的专户全权委托服务，在注重客户个性化需求的基础上，为客户单独设计投资策略，实现单独建账、单独管理。专户全权委托服务具备产品形态净值化、投资交互透明化及投资品种市场化的特点。

工商银行私人银行部设立专户投资团队开展全权委托业务，运用 MOM（Manager of Managers）管理模式，通过对投资组合和投资管理人的双重配置，由工商银行私人银行部作为机构委托人，根据私人银行客户设定的专户全权委托产品的投资范围、投资久期、投资约束等要素，建立对底层投资管理人的管理机制，实现投资目标。

在专户产品层面，专户产品投资于工商银行私人银行部为客户度身定制的投资组合，自上而下的投资策略联席会议、专户产品管理部门、专户产品管理人将分层制定与执行专户产品投资策略。

在专户投资品层面，工商银行私人银行部不断完善投资品管理人的遴选、准入和评估机制，针对每个大类资产投资品，建立自下而上的投资管理人准入、管理策略准入、管理策略评价的机制。目前，专户全权委托服务已经涵盖货币市场、固定市场、权益投资、股权投资、另类投资、跨境投资共六大类投资品，如图 1 所示。

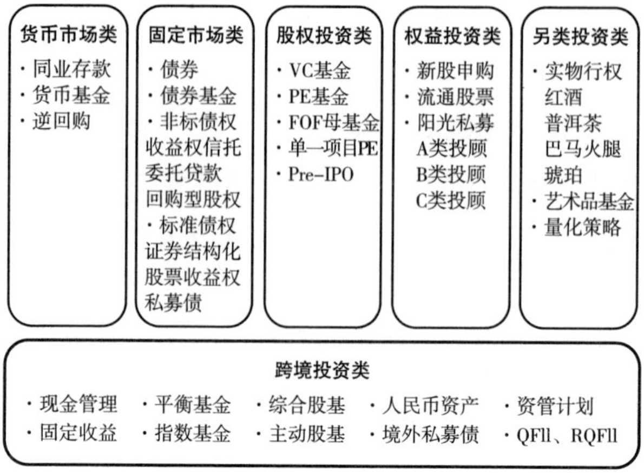

货币市场类	固定市场类	股权投资类	权益投资类	另类投资类
·同业存款 ·货币基金 ·逆回购	·债券 ·债券基金 ·非标债权 收益权信托 委托贷款 回购型股权 ·标准债权 证券结构化 股票收益权 私募债	·VC基金 ·PE基金 ·FOF母基金 ·单一项目PE ·Pre-IPO	·新股申购 ·流通股票 ·阳光私募 A类投顾 B类投顾 C类投顾	·实物行权 红酒 普洱茶 巴马火腿 琥珀 ·艺术品基金 ·量化策略

跨境投资类				
·现金管理 ·固定收益	·平衡基金 ·指数基金	·综合股基 ·主动股基	·人民币资产 ·境外私募债	·资管计划 ·QFll、RQFll

图1 专户全权委托服务投资品类别

此外，专户全权委托业务可以为单一客户提供灵活的流动性安排，客户可以自主设定产品的最低持有期限或锁定期限（不低于35天）。最低持有期限或锁定期限过后，客户可以每日申购，或自主设定固定赎回开放日。在非固定赎回开放日，客户可以提出临时流动性支持需求。

资料来源：吴轶《专户全权委托业务——亲历不亲为的尊享资产管理服务》，中国工商银行私人银行部。

（二）竞争合作型

平安信托的平台模式、中信信托的竞争模式以及集团内外的合作模式是家族信托竞争合作型业务的三类典型代表。

1. 平安信托的平台模式

平安信托采取开放式的平台化运作模式开展家族信托业务，

形成了完整的业务链条，前中后台各司其职，实现专业化的分工与合作。平安信托的资本市场部组建专门的业务团队负责家族信托业务。家族信托团队作为链条的核心，一方面向下游延伸业务链条，对接客户需求；另一方面向上游延伸业务链条，对接产品供应商。客户渠道外包给平安信托财富中心，由其负责客户的搜寻、筛选、获取、维护等工作。产品创设外包给公司其他业务部门或从公司外部购入，除从信托公司外部购入产品外，产品的设计、产品的成立与供应、产品的风控研判、产品内部评级以及对产品的持续跟踪研究及信息披露等工作主要由公司内部的金融市场部门、其他传统信托业务部门等前台部门和研发创新部门、合规法律与风险管理部门、产品托管部门等中后台业务支持部门分工负责。对于家族信托团队从公司外部购入的产品，产品的设计和成立之外的其他工作也由上述各部门配合分工完成。平安信托家族信托业务操作流程如图5-6所示。

家族信托团队的核心功能在于资产配置，负责实现客户需求和产品供应的对接。这种平台化的运作模式，通过将营销与客服、产品生产与供应、风险控制与中后期管理等工作外包的形式，将家族信托业务的非核心流程剥离出来，使信托业务团队专注于资产配置方案的设计与实施等相关工作。作为业务链条的核心，家族信托团队的沟通协调能力非常重要，各条线的权责及利益的分配也必须清晰、公平，这样才能保证业务链的高效运转。

2. 中信信托的竞争模式

与平安信托以家族信托团队为核心，实现专业化分工、平台化运作的业务模式不同，中信信托基于以客户为中心的理念，其家族信托业务可以由任何部门主导，只要以赢利为目标，各个部门可发挥各自优势，做相同的事情。中信信托在集团提出的

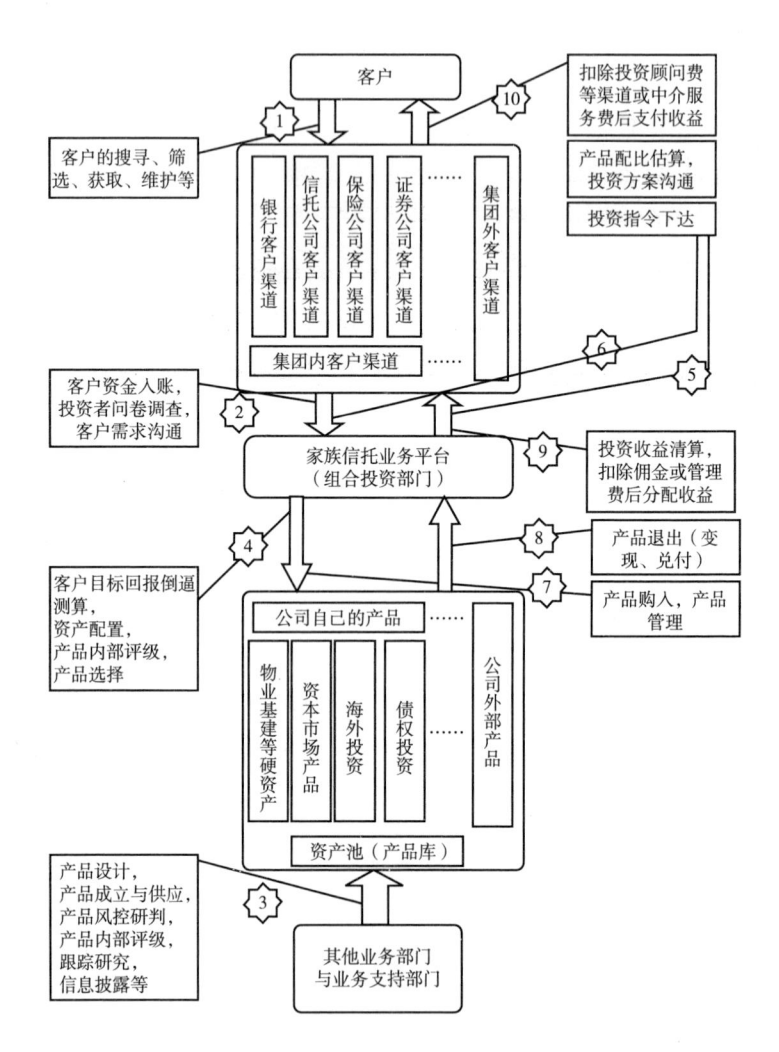

图 5-6 平安信托家族信托业务操作流程

资料来源：中国信托业协会《2014 年信托业专题研究报告》。

"以客户为中心"的战略指导下，秉承"无边界服务、无障碍运营"的经营理念，将"客户满意"作为最高的服务宗旨。中信信托的信托业务遵循"基金型—集合型—专户型—单一型—家族信托"的发展过程，实际上是从最初以产品为导向逐步转变为客户需求推动的过程，随着私人财富的增长，客户委托资产规模增加，管理期限延长甚至开始涉及跨代传承，需求更加多样化、定制化，最终家族信托产生。

3. 集团内外的合作模式

交通银行是集团内部合作的典范。集团内部合作主要优势是沟通成本低，且由于办公地点相近，集团内部举行双周例会增进交流，沟通更加便捷和紧密。这与平安信托集团内部、外部无障碍合作的开放态度不同。为更好地做好资产的分散化配置，平安家族信托业务团队计划增加对公司外部、集团外部甚至境外资本市场的产品配置，从95%配置公司产品、5%配置公司以外产品（境内），调整至70%配置公司产品、30%配置公司以外（境内外）产品。①

中国银行、民生银行是境内外合作的典范。中国银行私人银行部推出"家族理财室"服务，不仅依托中银集团证券、基金、保险的综合经营平台优势，与国内信托公司合作，积极争取独立信托牌照，还依托其海外平台优势，与海外分支机构（中银香港、中银澳门）、战略合作伙伴（瑞士宝盛）以及境外信托公司合作共赢，为跨境客户提供海外家族信托服务。民生银行的超高净值客户主要是民营企业家，家族企业的股权结构设计往往需要搭建海外信托架构，与境外独立信托机构合作成为民生银行开展家族信托业务的重要模式。

---

① 中国信托业协会：《2014年信托业专题研究报告》（专题五：家族信托研究）。

（三）投行/基金型

所谓"投行/基金型"指的是采取家族基金、慈善基金等类家族信托的投行操作手法实现家族财富的保护、管理及传承。例如，民生银行超高净值客户的主要来源为民营企业家，民生私人银行部不仅关注家庭财产管理，还关注家族企业财富管理，为客户提供家族信托、家族基金及委托资产管理"三位一体"的服务方案。家族企业管理主要依托家族基金，境外家族基金主要表现为家族主权基金，考虑企业的发展安排和家族财富分布；境内家族基金主要考虑家庭财产管理及企业发展，家族基金的安排涉及企业的项目发展、家族继承人、企业管理层及民生银行等多方面，为客户提供一体化的服务，既可以解决家族融资问题，也可解决家族企业的传承问题。根据家族企业客户不同的发展阶段以及不同需求，民生私人银行设计了四种类型的家族基金：产业扩张型、市值管理型、撮合并购型以及财富传承型。

工商银行则将私人银行旗下家族办公室筹备组独立出来成立独立法人资格的家族基金——工银财富家族基金公司。家族信托的期限长，工商银行旗下尚无信托资质，而与集团外部公司合作需要考虑交易对手风险，因此，工商银行避开了家族信托的概念，成立家族基金，其概念类似私募基金，为超高净值个人及家庭提供投融资一体化的综合性金融服务方案。

（四）机构部门型

从组织架构来看，商业银行的家族信托业务主要集中在私人银行部开展，信托公司的家族信托业务通常由公司二级部门承担。目前，越来越多的机构借鉴海外模式，开辟了家族办公室或

"类家族办公室",专门为超高净值个人及家族提供定制化金融服务。

海外家族办公室通常以独立法人形式运营,根据服务家族的数量,海外家族办公室可分为单一家族办公室和多家族办公室。一般来看,海外市场上单一家族办公室服务的客户资产一般要在5亿美元以上,其收入才能覆盖管理成本,因此国际流行的依然是多家族办公室。多家族办公室也将是现阶段国内主流的商业模式,既能保证资源利用高效,降低家族管理成本,又可避免单一家族办公室门槛过高的限制,逐渐培育市场和储备人才。从组织架构来看,现阶段国内的家族办公室主要有独立部门型和独立法人型两种组织形式。

独立部门型(部门化):中融信托于2014年单独设立家族办公室作为公司一级部门(前台业务部门)开展家族信托业务,业务团队由律师、税务师及海外专家(台湾团队)构成。专注于客户家族财富的一站式管家服务,关注股权信托以及家族治理、企业治理的协调,以家族信托为核心,提供多种工具的配置方案。家族办公室自身专注于交易结构搭建、法律服务和税务筹划,聘请台湾专家团队提供咨询服务,借助中融信托的资管团队及境外的资管合作伙伴,为客户提供资产配置服务。中国银行于2013年推出家族办公室业务,通过"133"[①] 服务体系,为超高净值个人及家庭提供个人金融、企业金融和增值等服务。

独立法人型(法人化):2015年2月,诺亚财富家族办公室有限公司于青岛正式成立,主要目标是以全球视野整合集团资源,向家族客户提供全权委托资产管理,为家族财富传承建立保

[①] 中银集团的一个平台,包括银行专业团队、顾问团队和海外团队三个团队。

护性结构，向客户提供全面资产梳理等一体化解决方案。同时，宜信财富、睿璞也成立了独立法人形式的家族办公室。睿璞家族办公室的定位是资源整合平台。一方面，搭建金融产品平台——EAM平台，集中采购跨境金融产品或服务，包括海外置业、海外服务、海外基金及境内信托、基金、私募等金融产品；另一方面借鉴海外经验，引入外部客户经理（External Account Manager，EAM），通常是非银行全职的资深金融从业人员或机构，承担拓展高端客户、产品和服务销售、客户关系维护等职责，形成与金融机构合作共赢的商业模式。EAM将产品或服务销售收入按照一定比例分派给外部客户经理。

（五）三方平台型

"三方平台型"是由财富管理公司、律师事务所、会计师事务所等第三方机构为主导平台发起的家族信托模式。国内最为典型的案例是"盈科模式"，盈科律师事务所设立家族信托服务中心专门负责家族信托业务，采取与专业信托公司合作的模式，迷你家族信托产品即为盈科与长安信托共同推出的创新产品。"盈科模式"的主要特点是：其一，轻资产，通过家族信托律师联盟将业务拓展到全国各地；其二，重结构，主要负责家族信托的架构设立和相关法律问题；其三，高信誉，家族信托本质上是法律架构，由律师主导可增强客户的信任度。盈科的主要服务内容包括：抚养子女（孙子女）家族信托设立、赡养父母（祖父母）家族信托设立、投资保障家族信托设立、婚前财产家族信托设立、财产传承家族信托设立、特定目的家族信托设立、家族信托监管法律服务、家族财富保护综合法律规划、家族财富传承综合法律规划。

三 保险财富组织架构

目前,寿险公司开展财富管理的组织形式共有独立法人、集团运作、异业联盟、部门/中心和品牌产品五种,其中保险集团下的银保合作模式最为成功,主要模式与典型案例见表5-3。进一步,还可把上述五类模式从两个维度进行分类,其中异业联盟属于保险和非保险合作的电商模式,其他四类均可归属于集团或公司内部的运作模式。

表5-3 寿险财富管理业的组织形式和典型案例

组织形式	典型案例
独立法人	国寿财富、瑞泰人寿
集团运作	汇丰集团、平安寿险、农银人寿、交银康联
异业联盟	中英人寿、复兴保德信(星盟计划)、太平人寿(太平树)
部门/中心	凤凰理财中心、太平财富管理部、金玉兰财富管理计划等
品牌产品	光明财富、传家品牌(信诚人寿)等

(一)独立法人模式

作为独立法人的典型代表,瑞泰人寿聚焦财富管理业务,主要产品有与财富管理相关的调研报告、财富视界手册(内刊)和"财富健康X计划"产品与服务等。国寿集团则以"三高型"人才建设为突破口,进而成立独立法人国寿财富管理有限公司。2006年,中国人寿在大众富裕人群比较集中的北京和上海两地试点建立大学生团队。以上海分公司为例,其大学生团队的种子队伍由一批本科及以上学历的高学历、高素质、高绩效的队伍组成，这支队伍的所有业务均为10年期以上的长期业务，虽然队伍的平均年龄不到25岁，但是由于具有良好的个人素质，在公司良好的培训体系支持下，目前每年的高价值业务能达到2500万元，自成立以来，年度的续期贡献已经过亿元，而且业务品质较好，基本实现零投诉。在高端客户群体呈现年轻化的趋势下，这支队伍对于公司未来忠诚客户的培养也具有重要的现实意义。业内通常称此为组织队伍模式。

2014年11月28日，国寿集团下辖的中国人寿资产有限公司、国寿安保基金管理有限公司合资成立国寿财富管理有限公司，主要从事特定客户的资产管理业务及中国证监会许可的其他业务。独立法人国寿财富管理着力提升专业能力和核心竞争力，置客户利益于首位，建成专业优良、诚信合规、运作稳健的现代财富管理机构，成为中国人寿实现转型升级、建设现代综合性金融保险集团的战略突破口，更是中国人寿参与社会财富管理、为广大客户和投资者提供更全面金融服务的重要窗口。

（二）集团运作模式

平安保险的综合金服模式、交银康联的"360度1+1"银保合作模式和农银人寿的分层对应模式是银保整合模式的典型代表。

1. 综合金服模式

作为资源整合模式的代表，平安保险通过收购深发展并将财富管理部划归平安银行，开启以银行为中心的财富管理运作模式，将中国平安旗下寿险、产险、年金、健康险、银行、资产管理、证券、信托、基金、消费信贷等十大业务整合成一个完整金融产品体系。历时20载，平安保险为集团各成员搭建了一个综合金融平台,通过前台集中把交叉销售的队伍、部门、门店和电话服务、网络管道整合起来,最终实现综合金融的终极目标——"一个客户、一个账户、多个产品、一站式服务",再通过后台的大数据分析进行客户分类,实现高端客户的精准定位和全面的财富管理。此外,银行系保险公司依赖股东资源,打造"以客户为中心"的一体化财富管理体系为银行系保险公司指明了方向。

保险产品具有易复制性,保险合同具有标准格式合同性质,保险产品在设计过程中要考虑监管、成本等多方面的因素,即便是专属的私人银行保险产品也难免出现品种单一的情况。而且,客户购买保险在多数情况下还是为了财产的保值增值和完整传承。因此,在整个行业的投资收益水平差异不是很大的情况下,产品对客户的吸引力除了来自产品本身的收益和服务之外,附着在产品之上的附加服务将成为客户选择的重要考虑因素,服务也是一家公司综合实力的整体反映。

2. "360度1+1" 银保合作模式

交银康联与交通银行的"360度1+1"合作模式旨在将银保融合的理念分解细化成多个可操作方案,积极融入交行财富管理体系,化解客户财富风险,发挥保险保障在财富管理中的积极作用,即将上述理念贯彻到交通银行的前中后台各个模块,在不断的联动协作中逐步将保险理念、产品、销售和服务"润物细无声"地融入财富管理体系,主要表现有五方面。

第一,干部"1+1"。充分发挥银行干部的协同能力和保险干部的营销能力。进一步,自2014年起,澳大利亚股东与交银康联建立为期三年的领导力培训合作计划,首批已有25人赴澳大利亚总部完成培训。

第二,培训"1+1"。将"交行理财经理+交银康联客户经理"组成"1+1"训练小组联动培训,提升公司协作服务和综合金融服务能力,2012年末至今,参训人数已超过3000人次。

第三,产品"1+1"。交银康联人寿根据交银客户生命周期设计了全周期的产品线,全面融入零售产品体系。

第四,营销"1+1"。合作举办高峰论坛、社区行、线上线下渠道融合等活动,构建多层次、多维度的营销服务联动机制。

第五,交银康联经营版图已从上海逐步辐射至全国,建立了银保、电销、顾问行销渠道,形成了完整的"交银保障"产品线,并在2014年构建了"交银康联人寿——您的健康管家"增值服务体系。未来,交银康联还将积极打造以财富管理为特点的新直销渠道,即通过"跨界",在大金融的格局下,依托交通银行集团化优势,不仅销售保险产品,还在合规的前提下代理销售资管类产品,并在一定程度上为客户进行资产配置方案的设计。

3. 分层对应模式

农银人寿的财富管理业务依托农行私人银行、财富中心和理财中心的中高端客户资源,为客户提供保险保障、疾病医疗、养老规划、子女教育和财富管理等中长期保险产品,并提供个性、专业、定制的保险服务(见图5-7)。产品开发设计方面,财富管理业务紧跟市场、贴近客户,满足中高端客户在家庭保障、子女教育、养老规划以及财富管理等方面的需求。通过在产品形态、保险责任、免责条款上的创新,在产品定价、投保规则、增值服务上做文章,做到市场同类产品中"人无我有、人有我新、人新我优、人优我全"。借助公司的产品开发实力,以及与再保险公司、第三方服务机构的深度合作,实现对不同层次客户在保障额度、投保流程、服务品质上的差异。

服务体系方面,财富管理业务紧紧围绕"保险业务"核心,通过"服务需求差异化管理、服务体验全程化管理、服务内容多样化管理、服务团队精英化管理以及行司联动资源深度整合",使得客户拥有保险即拥有服务,买保险就是买服务,并将农行成熟的客户服务资源与农银人寿的保险客户服务资源深度整合,使客户享受农行"一体化"综合金融服务体验。

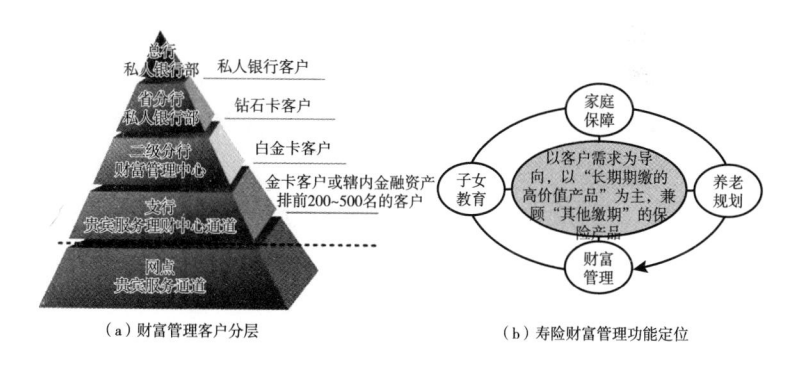

(a) 财富管理客户分层

(b) 寿险财富管理功能定位

图5-7 农银人寿财富管理业务情况

资料来源:农银人寿网站。

作为银保合作的又一案例,建信人寿开发"建信人寿龙卡"联名卡及专享产品"龙行无忧"保障计划,即在银行卡中嵌入保险业务,产品的主要特点为:第一,集储蓄、保险于一体的多功能借记卡,兼具理财和保障的双重功能;第二,"龙行无忧"保障计划涵盖了普通意外身故、客运机动车、轨道交通、轮船、高速列车、航空意外身故保障,更加入了意外医疗保障,让客户实现出行无忧;第三,每款计划保障的额度和侧重点各不相同,客户可根据自身情况,选取专属组合;第四,最高赔付金额高达

500万元,彰显客户的尊贵身份;第五,可自动续保至64岁,更可享有续期保险费率的优惠。

(三)异业联盟模式

前述的独立法人和集团运作两种模式中均以集团为中心拓展财富管理业务,中英人寿则依靠股东背景,在2014年9月成立异业联盟事业部,致力于与各企业建立深层次合作,通过创新型合作方式联合各行业企业为目标客户提供多样化的产品与服务,打造包含"饮食健康""身体健康""生活健康""财务健康"四个版块的综合性健康服务平台。各异业联盟根据各自产品与服务分别从属于四个健康板块,中英人寿与异业联盟合作伙伴以健康平台为重要载体,实现中英人寿客户与异业联盟企业客户之间的交互,双方客户通过注册健康平台享受异业联盟合作伙伴提供的个性化产品与服务,实现客户满意度、企业品牌知名度的双重提升(见表5-4)。

表5-4 中英人寿异业联盟情况

主要板块	主要内容	合作伙伴
饮食健康	在饮食健康模块里,由中粮营养研究院提供的专业健康测评。在客户完成问卷后,私人智能营养师会深入了解客户的身体情况和分析潜在的健康威胁,为客户精心制定个性化健康饮食和运动解决方案,帮客户纠正不健康的生活习惯	中粮"我买网"、中粮健康研究院、福临门
身体健康	在身体健康模块里,客户能在线与全国40000名专业医生直接对话,不管客户是身体不适、状态不佳还是用药不明,均可获得专业医生的解答。此外,还可以查询专业医生对相关疾病或症状的分析和建议	春雨医生、国际SOS、佳美口腔、慈铭体检、健一网

续表

主要板块	主要内容	合作伙伴
生活健康	在生活健康模块里,客户能查看与中英人寿有特别合作的顶级酒店优惠订房服务,并可以直接享受该特惠订房价格及参与优惠活动	中粮置地、红蓝黄、妇儿展会
财务健康	在财务健康模块里,目前客户能查看并对中英人寿的热销产品进行保费试算	中粮信托

资料来源：中英人寿网站。

异业联盟模式的其他两个案例分别是复星保德信的"星盟计划"和太平人寿江西分公司的"太平树"，前者目标在于打造保险系的电商平台，含服饰美容、教育培训、美食、金融、日常生活、咨询资讯和其他共七大业务板块，以平台共同体的"利润提升、互惠互利和全线营销"实现"联手你我 共赢未来"。2015年2月14日，太平人寿江西分公司与腾讯江西分公司在南昌举行"太平树"资源互惠平台上线发布会，旨在打造"最具特色和潜力的精品保险公司"，资源互惠平台以不断提升卓越客户体验为理念，其载体是双方联合开发的移动客户端App手机应用软件，运作模式是O2O，通过整合太平人寿客户资源并搭建资源共享平台，为有优质客户提供高品质的销售渠道，更为客户提供具有卓越性价比的产品和服务，真正实现一对一服务和随时随地的人工智能服务。

（四）部门/中心模式

据统计，68家寿险公司中有3家设立资产管理部（中心），5家设置财富管理部门（中心），表面上并无实质区别，本质而言，新华保险的财富管理部和生命人寿的凤凰理财中心以人才培养为导向，兼顾机构设置功能；而阳光保险的财富管理中心和太平人寿的财富管理部则以机构设置为导向，兼顾人才培养功能。

新华保险财富管理部旨在与银行、证券以及非金融机构合作，为中高端客户量身打造全方位的家庭理财与安全规划，其独立于已有的个、团、银三大销售渠道，成为一个独立的业务部门，独立运作的目标是打造一支保险公司当中"高忠诚度""高素质""高绩效"的三高精英销售团队。2010年以来，新华人寿财富管理部的销售业绩逐年上升（见表5-5）。

表5-5 新华人寿不同销售渠道份额和占比情况

单位：亿元，%

年份	保险营销员渠道		银保营销渠道		财富管理渠道		规模合计
	规模	占比	规模	占比	规模	占比	
2013	474.89	45.82	533.95	51.52	13.05	1.26	1036.4
2012	429.93	44.00	521.63	53.38	10.97	1.12	977.19
2011	358.71	37.84	566.92	59.80	9.32	0.98	947.97
2010	286.88	31.29	616.9	67.29	2.21	0.24	916.79

资料来源：新华人寿历年年报。

凤凰理财中心是生命人寿在中国保监会"以创新谋发展"的规划指引下成立的国内第一家寿险营销创新机构，采用员工制的营销体制，以精英制标准（理财规划师持证率）搭建营销管理区的架构；基于公司客户资源名单获取及特定关系人协助的销售模式创新，建立持续稳定的高绩效业务平台；通过百元标保获取成本的费用包干制，降低成本提高资金使用效率；依据中心制公司架构设置，以财富管理中心的形式探索中心城市的营销创新项目。

中心以"体制更顺、管控更严、素质更高、队伍更稳"为主旨，成立国内第一家寿险营销创新机构——凤凰理财中心。中心拥有一支高学历、持双证的综合金融服务团队，创新市场开拓模式，融合关系营销、交叉营销和渠道整合营销等多种国内外一流技术占领市场。用兼具"保值、保赚、保障"的新型保额分红产品为广大客户提供量身定制的金融理财规划服务。"凤凰，其志坚、其情烈、其风悍、其事杰"，寓意理财中心志存高远、激情拼搏、执着超越、引领发展。此外，中心坚持"以创新谋发展，向改革要效益"，努力成为国内寿险市场与国际接轨的领跑者，引领国内寿险变革，建立综合金融服务团队，打造一体化销售平台，为每一位客户提供贴身的一站式金融理财服务。

太平洋保险的金玉兰财富管理计划是以人才建设为导向的财富管理业务案例。以和而不同、追求卓越的核心理念，培养专门服务于中高端客户的理财规划师。目前正在建立一支高学历、年轻化、扁平化的精英团队，通过基础财务规划、投资策划、保险及退休策划、税务及遗产策划、高级财务策划、社会保障等培训课程，使团队掌握客户生命周期管理中各个阶段客户特征识别标准、目标客户群体需求分析和解决方案、与客户建立信任关系的技巧，积极为公司创造价值。

太平人寿财富管理部则定向开发中高端人群，深度发掘并满足中高端客户风险保障管理及理财规划需求，提供高端人身、医疗、健康、教育、养老、理财、家财险等全方位综合金融理财服务，进行大额保单的深度开发和销售及保单的售后服务。成立于2012年的阳光财富管理中心，隶属于阳光保险集团，专注于研究金融市场发展趋势与高净值客户服务需求，为集团的高净值客户提供全方位财富管理规划与高端个性化定制服务。借助集团强有力的支持，该中心为客户提供资产配置建议、高端的保险规划、养生医疗、海外移民等一系列咨询与推荐等增值服务，让客户在成功的同时尽情享受幸福美好生活。

（五）品牌产品模式

全样本的68家寿险机构中有6家在其产品分类中明确列出与财富传承或家庭收入保障相关的保险产品，如复兴国际的家庭保障/财富规划与传承系列产品、中国光大集团的3G家庭保单和友邦保险的传世经典系列产品等，其他机构虽无"财富管理"之名，但其在售产品已行"财富管理"之实。对于高端人士而言，保险虽然在短时间内不能使其拥有更多的财富，但是保险产品稳健的保值属性、灵活的融资功能以及与生命周期相契合的健康保障，使其对未知的不确定性更加容易把握，因此，许多保险公司设计了专门针对高净值人士的保险产品，这些产品是专门以高净值个人为目标的复杂寿险产品以及长期护理险，传统保险公司还提供一些大额的保单和创新型产品，如与养老社区挂钩的产品等，部分案例见表5-6。

就品牌建设而言，光明财富秉承"诚信理财、客户为先"的经营思路，以满足客户多方面金融需求为愿景，借助便捷的互联网渠道帮助客户实现"财富光明"。同时，作为以客户为中心的两家企业，光大永明人寿与光大银行共同携手，本着以客户利益为先的理念，竭力将"光明财富"打造成优质产品和服务品牌。借助多元化的金融集团平台，光大永明人寿与集团下属企业光大银行、光大证券等公司开展更多的业务联动，为集团客户提供更加丰富的"一站式"金融理财服务。

表5-6 保险公司高端产品案例

公司	产品	简况
中美联泰大都会	变额年金	借助在北美成功销售变额年金的经验,通过花旗银行VIP进行销售,在推出不到半年的时间销售近亿元,客户人均销售保费近30万元
友邦保险	传世尊享终身寿险	面向渣打银行高净值客户,起售保额为1200万元
中德安联	盛世尊享	解决高端客户一家三代的计划,全方位涵盖养老、教育金、疾病抗毒、老年人意外,提供千万元级意外保障、终身康复津贴,客户可享受VIP俱乐部高品质服务
信诚人寿	传家品牌	面向个人资产600万元以上的高净值客户
泰康人寿	幸福有约	起价200万元,保证高端养老社区的入住权
建信人寿	龙耀年年	针对建行AUM值1000万元以上的私人银行客户及具有大额保险定制需求的高净值客户群体

四 平台赢利模式探索

如前所述,目前全球私人银行业务模式可分两类:一是基于经纪商业务的手续费型模式,如北美模式的产品销售佣金;二是基于顾问咨询服务的管理费型模式,建立长期的客户关系,提供全面的财务规划,收取管理费收入,如西欧模式。事实上,在总结上述赢利模式时忽略了技术进步这一重要因素,因为在如今的互联网金融时代下,"金融需求产品化、金融产品交易化、金融交易平台化、金融平台电商化"已成为共识,传统的业务模式和赢利模式固然不可缺少,新兴业态将是国内私人银行探寻新的业务模式和赢利模式的源泉所在。

（一）垄断平台定价策略

由附录 A3 的讨论知，从赢利的角度而言，垄断平台的利润大于竞争平台的利润，竞争平台的利润大于拉姆齐平台的利润，公益平台利润介于拉姆齐平台和竞争平台之间。理论上可以分四步打造私人银行垄断平台。

第一步，分析现有私人银行双边市场的供需双方格局和总体市场竞争格局，确定初期的定价结构，以补贴定价方式进入市场，做大做强单边或双边客户市场。

第二步，以拉姆齐定价结构为基准，采用合理的补贴方式向产品供应方大量购买私人银行客户需要的产品，推高私人银行平台的跨边网络效应,[①] 通过归集私人银行客户提高私人银行客户集中度，由拉姆齐定价结构逐步转向竞争平台定价结构。

第三步，在私人银行客户日趋集中的情况下，私人银行对产品供应方的谈判能力增强，实现私人银行客户跨边网络效应和同边网络效应[②]的良性互动，可以完全采用竞争性平台定价结构，有时甚至可以倒逼产品供应方低价向私人银行平台供应产品，进一步提高私人银行客户集中度。

第四步，待客户集中度接近垄断市场水平时，与产品供应方签署排他性策略，切断竞争对手产品供应渠道来源，实现"高

[①] 一边用户规模的增长将提高另一边用户使用该平台得到的效用。以报纸发行为例，发行量越大即读者群越大，则广告商的广告投放效用越大。

[②] 一边用户规模的增长将提高同一边用户内的其他使用者得到的效用。以即时通信工具 QQ 为例，两个同时使用 QQ 的用户可以通过 QQ 进行沟通交流，QQ 的使用者越多，QQ 用户通过 QQ 进行沟通交流的范围越大，即得到的效用越大。

跨边网络效应、高同边网络效应、高转换成本"三步走的"赢家通吃"市场垄断战略目标。此时，私人银行平台定价结构将由竞争性定价结构转向垄断定价结构。

在上述四步打造私人银行垄断平台的过程中，商业银行应根据其发展的阶段不同，采用结论1到结论3中的相应定价策略，根据自身的实际情况合理设置参数，并进行实证模拟，从而确定私人银行平台双边市场的最优定价结构。

（二）补贴模式策略选择

在打造营利性的垄断私人银行平台过程中，为实现高度的客户集中，需要合理设置补贴模式，主要参考因素是价格需求弹性、边际成本支出、同边网络效应、多归属可能性和现金集聚方便度，以合理设置"被补贴方"和"付费方"（见表5-7）。鉴于客户资源的稀缺性，目前私人银行业务中的"被补贴方"和"付费方"分别是私人银行客户和产品供应方。

表5-7 补贴模式设置的考虑因素

因　素	被补贴方	付费方
价格需求弹性	高	低
边际成本支出	低	高
同边网络效应	正向	负向
多归属可能性	高	低
现金集聚方便度	困难	容易

合理确定"被补贴方"和"付费方"是私人银行平台确定赢利模式的关键环节。目前，市场中的平台赢利模式可总结为四种（陈威如、余卓炫，2013）。其一，增值服务费模式。以世纪

佳缘网为例,男女双方均可浏览对方的基本信息,如果一方想联系对方,将需要支付费用,即付费方是男女双方中的部分有增值需求的客户。

其二,单向服务费和增值服务费模式。以前程无忧网为例,需要发布招聘信息的企业自然成为付费方。除此之外,如果部分求职者需要了解哪些企业浏览个人信息,也需要付费,即全部企业和部分求职者是前程无忧网的付费方。

其三,隐性单向服务费模式。以 Groupon 为例,双向满足消费者和商家的需求,为消费者提供高度折扣,为商家提供精准的营销价值。在线交易成功后,物流和人流体验发生于线下,显然,商家是"付费方"(高度折扣外加交易佣金提成),但消费者必须先由线上下单,Groupon 在取得分成后,再支付给商家,即表面上看消费者是付费方,实际上的付费方是商家。

其四,共赢单向服务费模式。以信用卡为例,商家将费率拆分给收单银行、发卡银行和信用卡组织三方团体,其中又以发卡行赚取的比例最多,因为央行规定每笔刷卡的手续费由发卡行、收单行和银联按 7∶2∶1 进行分成。

前述四种赢利模式的流程图如图 5-8 所示。商业银行在开展私人银行平台业务过程中,可据双边客户的竞争格局和需求格局设置关键的收费点,在本书附录 A3 中的结论 1、结论 2 和结论 3 中选择最优定价策略以实现私人银行赢利模式的转型。

(三)社会福利平台策略

从社会福利的角度看,拉姆齐平台优于竞争平台,竞争平台优于垄断平台,公益平台介于拉姆齐平台和竞争平台之间。在私人银行开展平台业务之初且无利润考核压力的情形下,私人银行

第五章 机构业务模式

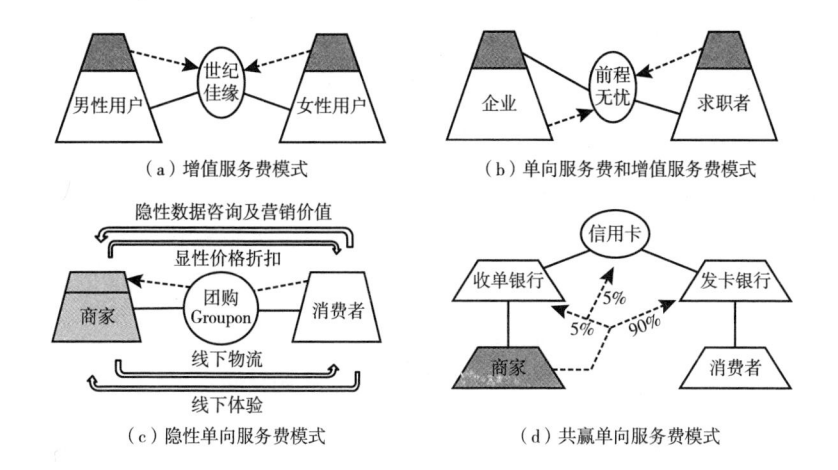

图 5-8 平台业务的四种典型赢利模式

(a) 增值服务费模式
(b) 单向服务费和增值服务费模式
(c) 隐性单向服务费模式
(d) 共赢单向服务费模式

注：图中虚线代表资金流动方向，灰底色部分表示付费方。

可以采用拉姆齐定价结构，在开展业务过程中采用更多的是竞争性定价策略，现实中实现垄断定价的可能性较小。为满足利润考核要求且实现社会福利的最大化，公益平台定价结构是未来私人银行实施平台战略的最优选择。

2011年9月20日，中国银行业私人银行联席会议在北京成立，旨在为各家银行搭建数据共享、相互学习、合作创新、良性竞争、共同发展的平台，更有助于私人银行从业者共同研究私人银行的服务规范、业务发展方向，推动私人银行业务的经营价值与服务价值进一步提升。除此之外，联席会议将定期和不定期召开，积极推动业内合作发展，研究制定行业标准，促进服务创新，提出政策建议，强化投资者教育与合规销售，建立与媒体、商业评论机构的交流机制。正如时任主席助理阎庆民在讲话中提出的，"……推动国内财富管理进一步践行社会责任，实现财富管理与社会发展长期信赖、共存共荣的良性互动"。

践行社会责任的首要任务就是提高社会福利。在未来实施私人银行平台战略的进程中，作为公益组织的私人银行联席会议，可以尝试建立类似银联的"财联"，即私人银行客户不仅可以购买其所在银行发售的私人银行产品，而且可以购买私人银行联席会议成员单位发售的私人银行产品。以公益平台定价结构为基础，采用类似信用卡的共赢单向服务费模式——将其中的商家和收单行合并为产品销售行，将发卡行替换为资金转出行，将信用卡组织替换为"财联"组织等，通过"财联"进行清算，从而实现社会福利的相对最大化。

进一步，为引入竞争机制，可允许2013年6月28日成立的上海财富管理机构联席会议或未来的其他类似组织组建"财联"，此时，两家"财联"可据本书附录A3中结论4的定价结构制定价格，如Visa和Mastercard之间的竞争定价策略。

附录 A1 财富管理调查表

一 基本信息

年龄	0~3	3~6	6~12	12~18	18~22	22~35	35~65	65+	备注
数量									
地域									
民族									
性别									
健康									
教育									
职业									
婚姻									
养老									
孕育									

注：民族分 56 个民族，性别分男和女；健康分良好和一般，特别注明家族遗传性疾病或个人存在的重大身心疾病；职业分事业和非事业，然后再注明具体职业，如教师、医生或公务员等；养老分基础养老、职业年金、企业年金、商业保险和传承安排等；标明正在或三年内有怀孕计划的家庭成员。

二 收入情况

单位：万元

项目	人员	一代	二代	三代	四代	备注
						填具体人员
工资收入						
非工资收入	经营性收入					
	财产性收入					
	转移性收入					
	其他收入					

注：此分类标准来源于国家统计局，其中工资收入指就业人员通过各种途径得到的全部劳动报酬，包括所从事主要职业的工资以及从事第二职业、其他兼职和零星劳动得到的其他劳动收入。经营性收入指家庭成员从事生产经营活动获得的收入。财产性收入指从家庭拥有的动产（银行存款、有价证券）、不动产（房屋、土地等）获得的收入，包括出让财产使用权获得的利息、租金、专利收入、财产营运获得的红利收入、财产增值收益等。转移性收入指国家、单位、社会团体对居民家庭的各种转移支付和居民家庭间的收入转移，包括政府对个人的收入转移如离退休金、失业救济金、赔偿金等，单位对个人的收入转移如辞退金、保险索赔、住房公积金以及家庭间的赠送和赡养等。

附录 A1 财富管理调查表

三 消费支出

项目 \ 人员	一代	二代	三代	四代	备注填具体人员
吃					
穿					
用					
住					
行					
学					
乐					
情					
医					
养					

注：为统一起见，在以国家统计局已有相关分类的基础上，自定义部分基本生活支出分类。吃（食品消费支出）指用于购买食品和在外饮食服务的相关支出，包括在商店、集市、工作单位食堂和饮食业购买食品及加工字着和材料的支出，包括用于各种人造纤维、合成纤维纺织的各种布匹、呢绒、绸缎及其加工的服装、各种鞋、袜、帽及其他零星穿着用品等的支出。用（家庭设备及用品消费）指用于家庭各类日用消费品及家庭服务的支出，包括用于购买日用耐用消费品、床上用品、室内装饰品、家具以及家庭服务的各种服务费，维修费等支出。医（医疗保健消费）指用于医疗和保健的药品、用品及服务的支出，包括购买医疗器具、保健用品、滋补保健品、医疗保健服务的支出及其他医疗保健费用。学指个人或家庭的教育支出，如培训费用和子女上学支出等。养指赡养老人以及照顾家庭残障人士的支出等。

四 融资支出

单位：万元人民币

项目	人员	一代	二代	三代	四代	备注
房子	额度					填具体人员
	月供					
车子	额度					
	月供					
其他	额度					
	月供					

五　慈善支出

项目\人员	时间	内容	规模	备注
一代				
二代				
三代				
四代				

六 金融资产（一）：股权资产

项目 \ 人员	一代			二代			三代			四代			备注
上市股权													
未上市股权													

七 金融资产（二）：非股权资产

单位：万元人民币

人员 项目	一代		二代		三代		四代		备注
存款									
债券									
银行理财									
基金									
证券公司产品									
保险产品									
信托产品									
期货产品									
私募产品									
其他等									

八 非金融资产(一):房产

项目	一代	二代	三代	四代	备注
人员					
数量					
位置					
面积					
按揭					
租赁					
抵押					

注:按揭(租赁、抵押)填"是"或"否",如填"是",请加括号并注明额度(单位:万元),如"是(300)"。

附录 A1　财富管理调查表

九　非金融资产（二）：非房产

人员项目	一代	二代	三代	四代	备注
飞机					
汽车					
游艇					
土地					
林地					
金银					
玉石					
字画					
酒茶					
红木					
其他					

十 社会资本

人员 代际	明细	教育经历（高中、大学、硕士和博士）	工作经历	社会兼职	备注
一代					
二代					
三代					
四代					

注：如在多所学校学习过，教育经历请填写自认为最重要或待过最长时间的学校，研究生填最后学历的毕业学校。工作经历填自认为最重要的单位，不超过四个。此外，教育经历和工作经历也可反映整个家族的人力资本情况。

十一 人力资本

人员\项目	一代			二代			三代			四代			备注
													填具体人员
生													
学													
业													
老													
病													
残													
死													
心													

十二 时间安排

项目		人员	一代	二代	三代	四代	备注
家务劳动		做饭					
		洗衣服/做卫生					
		日常家庭采购					
		照料孩子生活					
		辅导孩子学习					
		照料老人					
工作学习		上班					
		加班					
	学习	时间					
		方式					
	出差						
	睡眠时间						
休闲娱乐	健身	时间					
		方式					
	旅游	时间					
		方式					
其他							

十三 境外配置

人员\项目	一代			二代			三代			四代			备注
移民													
移居													
金融投资													
非金融投资													
其他													

注：X 个月内有移居打算的"移居"项填 X，如未来 1 个月内打算移居，就填 "1"，已经发生的填 "-X"，如两年前已经移民填 "-24"。从未或从不考虑境外移居的填 "0"。

十四 税负体会

项目 \ 人员	一代	二代	三代	四代	备注
个税					
企业税					
房产税					
移民税					
遗产税					
其他					

注：同时填写具体额度和主观感受（严重、重、一般和无所谓）最好。

十五 兴趣爱好

人员\项目	一代	二代	三代	四代	备注
收藏					
写作					
音乐					
足球					
其他					

附录 A2
Sharpley 公理描述

在经济活动中,若干个经济实体(如个人或企业等)间的相互合作,常常比它们单独经营获得更多的经济消息,确定合理的效益分配方案是各方开展长远合作的基本前提之一。

设 n 个经济实体各自单独经营时的效益分别为 x_1,x_2,…,x_n($x_i \geq 0$,$\forall i$),联合经营时获得总收益为 x 且 $x > \sum_{i=1}^{n} x_i$,那么应该如何合理分配效益?直观而言的分配原则是合作经营时各成员的效益应高于各自单独经营时获得的收益,而最简单易行的分配方法则是根据各经济实体单独经营时的效益水平获得相应比例的效益份额,即 $x_i^* = x \cdot \dfrac{x_k}{\sum_{i=1}^{n} x_i}$。

然而,事实情况并非如此。Sharpley(1953)将此类问题称为 n 人合作对策,并给出了解决这类问题的一种方法。

定义1 设有集合 $I = \{1, 2, \cdots, n\}$,若对任何子集 $S \subset I$,对应一个满足下述条件的实值函数 $v(S)$。

(1) $v(\phi) = 0$

(2) 当 $S_1 \cap S_2 = \phi$
则有 $v(S_1 \cup S_2) \geq v(S_1) + v(S_2)$。

称 $[I, v]$ 为 n 人合作对策,v 为对策的特征函数。

一般情况,集合 I 可以是 n 个人或经济实体的集合。为简单起见,以下我们将其理解为 n 个人的集合,S 为 n 人集合中的任一种合作，$v(S)$ 为合作 S 的效益函数。

定义 2 合作总获利 $v(I)$ 的分配（与 v 无关）定义为：

$$\varphi(v) = [\varphi_1(v), \varphi_2(v), \cdots, \varphi_n(v)]$$

其中 $\varphi_i(v)$ 为参与者 i 获得的收益。

为确定 $\varphi(v)$，Shapley 归纳了合理的分配原则所需满足的三条公理，统称为 Sharpley 公理。

Sharpley 公理 设 π 为 $I = \{1, 2, \cdots, n\}$ 的一个排列，则有以下规律。

(1) 对称性。若 $S \subset I$，用 $\pi(S)$ 表示集合 $\{\pi_i \mid i \in S\}$，对特征函数 $v(S), \mu(S) = v[\pi(S)]$ 也是一个特征函数，且 $\varphi_{\pi i}(v) = \varphi_i(\mu)$，即每人分配应得的份额与其被赋予的记号或编号无关。

(2) 有效性。如果对所有包含 i 的子集 S 有：

$$v(S \setminus \{i\}) = v(S)$$

则

$$\varphi_i(v) = 0 \text{ 且 } \sum_{i=1}^{n} \varphi_i(v) = v(I)$$

即若成员 $\{i\}$ 对于每一个他参加的团队都没有贡献，那么他就不应从全体合作的效益中获得报酬，且各成员分配的效益之和等于全体合作的效益。

(3) 可加性。对于定义在 I 上的任意两个特征函数 v 和 μ，有：

$$\varphi(v + \mu) = \varphi(v) + \varphi(\mu)$$

这表明当 n 人同时进行两项合作时，每人所得的分配额是两项合作的分配额之和。

定理 存在唯一的满足 Sharpley 公理的映射 φ，且有

$$\varphi_i(v) = \sum_{s \in s_i} \frac{(n-|S|)!(|S|-1)!}{n!} \times [v(S) - v(S\setminus\{i\})]$$
$$i = 1, 2, \cdots, n$$

其中，S_i 为 I 中包含 $\{i\}$ 的所有子集，$|S|$ 表示子集 S 中元素的个数。为计算方便起见，记 $g_i(S) = v(S) = v(S\setminus\{i\})$ 为 $\{i\}$ 在集体（合作）S 产生的效益，记 $w(|S|) = \frac{(n-|S|)!(|S|-1)!}{n!}$ 为 $g_i(S)$ 中的权重函数。

附录 A3
平台经济定价策略

我们以平台经济中的经典文献为参考整理垄断平台、拉姆齐平台、竞争平台以及公益平台的定价计算过程和显式表达。

一 垄断平台定价策略

假定市场上只有一家无固定交易成本的平台,为供需双方提供交易的成本为 $c>0$。异质供应方和需求方的收益分别为 b^B 和 b^S,平台向供需双方收取的价格分别为 p^B 和 p^S。严格而言,需求方的网络外部性 $(b^B - p^B) N^S$ 依赖另外一侧的供应商的数量 N^S。为简单起见,将需求方的需求近似表示为:

$$N^B = D^B(p^B) = Pr(b^B \geq p^B)$$

同理,将供给方的需求近似表示为:

$$N^S = D^S(p^S) = Pr(b^S \geq p^S)$$

不失一般性,假定每一对"供求方-需求方"二元组对应一个潜在的交易,进一步假定 b^B 和 b^S 是相互独立的,则成交的交易在总交易量中的占比为 $Pr(b^B \geq p^B, b^S \geq p^S) = D^B(p^B) D^S(p^S)$。此时,垄断平台的利润函数为:

$$\pi = (p^B + p^S - c) D^B(p^B) D^S(p^S) \tag{1}$$

进一步，假定 $D^B(p^B)$ 和 $D^S(p^S)$ 都是凹函数，则其初等变换 π 也应是凹函数，对（1）式取自然对数并求导得：

$$\frac{\partial(\ln\pi)}{\partial p^B} = \frac{1}{p^B + p^S - c} + \frac{(D^B)'}{D^B} = 0$$

$$\frac{\partial(\ln\pi)}{\partial p^S} = \frac{1}{p^B + p^S - c} + \frac{(D^S)'}{D^S} = 0$$

由此解得：

$$(D^S)'D^B = (D^B)'D^S \tag{2}$$

这表明，在平台给定总价格为 p（$p = p^B + p^S$）的情况下，使平台利润最大的价格必须满足的条件是价格变动引起的零售商平台两边交易量变动是相同的。用 η^B 表示在垄断价格 p^B 对应的需求方的需求弹性，η^S 表示垄断价格 p^S 对应的供给方的需求弹性，则：

$$\eta^B = -p^B \frac{(D^B)'}{D^B}, \quad \eta^S = -p^S \frac{(D^S)'}{D^S}$$

结合式（1），得：

$$p^B + p^S - c = \frac{p^B}{\eta^B} = \frac{p^S}{\eta^S}$$

记供求双方对平台商的总需求弹性为 $\eta = \eta^B + \eta^S$，平台商对供应方和需求方制定的总价格与总需求弹性关系为：

$$\frac{p-c}{p} = \frac{1}{\eta} \text{ 或 } p = \frac{\eta}{\eta-1}c \tag{3}$$

可以看出，垄断平台商对供应方和需求方制定的总价格与边际成本的差——边际利润与总价格的比率，与供应方和需求方对垄断平台商的总需求弹性成反比，称此为满足逆弹性法则。

最后，由（3）知，

$$p^B = \eta^B(p-c) = \eta^B \frac{p}{\eta} = \frac{\eta^B}{\eta-1}c$$

$$p^S = \eta^S(p-c) = \eta^S \frac{p}{\eta} = \frac{\eta^S}{\eta-1}c$$

即

$$\frac{p^B}{\eta^B} = \frac{p^S}{\eta^S} \tag{4}$$

综上所述，我们可以得到如下结论。

结论1 垄断平台商利润最大化情形下，平台商向两边制定的总价格 p 与供应方和消费方对零售商的总需求弹性 η 成负相关关系。

二 拉姆齐定价策略

由结论1知，平台商利润最大化下制定的价格结构满足逆弹性法则，即边际利润和价格的比率与需求弹性成反比。垄断平台商以高于社会最优的总价格来销售产品，对于弹性大的供应方或需求方制定较低的价格，对于弹性小的供应方或需求方制定较高的价格，从而降低市场竞争活力，不利于市场良性发展，更不利于社会福利的提升。为此，需要考虑社会福利最大化的价格结构，即拉姆齐定价。

需求方或供应方从每次交易获得的净剩余为：

$$V^k(p^k) = \int_{p^k}^{\infty} D^k(t)dt, \text{ 其中 } k \in \{B,S\} \tag{5}$$

事实上，从产业链的角度来看，供给方、需求方是上下游关系，平台商通过构筑平台将供应方和需求方联系起来，但从双边市场的视角来看，供应方和需求方都是平台商的需求方，平台商通过服务或产品的提供将供应方和需求方联系起来，因此，在交易净剩余的表达式（5）中，总剩余表示为供给方和需求方的服务需求的函数。

拉姆齐定价下的社会福利目标函数为：

$$S = V^S(p^S)D^B(p^B) + V^B(p^B)D^S(p^S)$$

约束条件为 $p^B + p^S = c$，其拉格朗日函数为：

$$L(p^B, p^S, \lambda) = V^S(p^S)D^B(p^B) + V^B(p^B)D^S(p^S) - \lambda(p^B + p^S - c)$$

对上式求导，得：

$$L'_{p^B} = (D^B)'V^S + (V^B)'D^S - \lambda = 0$$
$$L'_{p^S} = (D^S)'V^B + (V^S)'D^B - \lambda = 0$$
$$L'_{\lambda} = p^B + p^S - c = 0$$

即

$$(D^B)'V^S - D^B D^S = (D^S)'V^B - D^B D^S \qquad (6)$$

$$p^B + p^S - c = 0 \qquad (7)$$

结合 η^B 和 η^S 的定义知：

$$\frac{p^B}{\eta^B} \cdot \frac{V^B}{D^B} = \frac{p^S}{\eta^S} \cdot \frac{V^S}{D^S}. \qquad (8)$$

对比垄断平台下的定价结构（3）和（4），可以发现，社会福利最大化的拉姆齐定价结构考虑了单位交易量为供需双方带来的平均剩余。由此，可推出如下的结论。

结论2 当平台商采用预算平衡下的社会福利最大化的拉姆

齐定价结构时,供给方剩余和需求方剩余将作为价格结构的调节因子,平台商对平台两边制定的总价格等于平台完成一次交易的边际成本。

三 竞争平台定价策略

假定市场上有两家相互竞争的平台商 i 和 j,$j=1,2$,$i \neq j$,两家平台商同时为供需双方交易提供服务。需求方通过平台商 i 获得的收益用 b_i^B 表示,为方便起见,假定供应方通过平台商 i 进行交易的收益相等,都为 b^S。进一步,假定平台商向供给方和需求方收取的价格分别为 p_i^S 和 p_i^B。

首先,分两种情况讨论需求方的需求函数。一方面,当供应方单归属时,需求方的需求函数为:

$$D_i^B = D_i^B(p_i^B) = Pr(b_i^B - p_i^B > 0), i = 1,2$$

另一方面,当供应方多归属时,需求方的需求函数为:

$$d_i^B(p_1^B, p_2^B) = Pr[b_i^B - p_i^B > max(0, b_j^B - p_j^B)], i,j = 1,2$$

从而有:

$$d_i^B(p_1^B, p_2^B) \leq D_i^B \leq d_1^B(p_1^B, p_2^B) + d_2^B(p_1^B, p_2^B), i = 1,2$$

其次,我们解平台商的交易量函数。不失一般性,我们假定 $p_1^S < p_2^S$,此时,对具有收益 b^S 的供应方而言,有三种可能选择:不在任何平台商进行交易,只在平台1上进行交易以及在两个平台上同时进行交易。三种选择对应的收益分别为 0,$(b^S - p_1^S)$ D_1^B (p_1^B) 和 $(b^S - p_1^S)$ d_1^B (p_1^B, p_2^B) + $(b^S - p_2^S)$ d_2^B (p_1^B, p_2^B)。供应方选择多归属的前提条件是其多归属获得的收益大于单归属

的收益，由此计算得单归属与多归属的临界收益水平为：

$$b^S > \frac{p_2^S d_2^B - p_1^S (D_1^B - d_1^B)}{d_2^B - (D_1^B - d_1^B)} \triangleq \widehat{b_{12}}$$

这表明，当 $b^S < p_1^S$ 时，供应方不参与任何平台交易；当 $p_1^S < b^S < \widehat{b_{12}}$ 时，供应方只在平台 1 上进行交易；当 $b^S > \widehat{b_{12}}$ 时，供应方在两个平台上同时进行交易。

同理，我们分情景讨论 $p_1^S > p_2^S$ 的情形，并计算供应方多归属的临界收益水平为：

$$\widehat{b_{21}} = \frac{p_1^S d_1^B - p_2^S (D_2^B - d_2^B)}{d_1^B - (D_2^B - d_2^B)}$$

特别的，当 p_1^S 和 p_2^S 同时收敛于 p_s 时，$\widehat{b_{12}}$ 和 $\widehat{b_{21}}$ 均收敛于 p_s。

由以上讨论知，供应方中有 $D^S(\widehat{b_{12}})$ 比例的供应方是多归属的，有 $D^S(p_1^S) - D^S(\widehat{b_{12}})$ 比例的供应方只在平台 1 上进行交易，则供需双方在平台 1 和平台 2 上的交易量分别为：

$$Q_1 = d_1^B(p_1^B, p_2^B) D^S(\widehat{b_{12}}) + D_1^B(p_1^B)[D^S(p_1^S) - D^S(\widehat{b_{12}})]$$

和

$$Q_2 = d_2^B(p_1^B, p_2^B) D^S(\widehat{b_{12}})$$

当平台 1 和平台 2 相互竞争时，平台 1 的目标函数为：

$$\pi = (p_1^B + p_1^S - c) Q_1$$

对上式关于 p_1^B 和 p_1^S 分别求导得：

$$Q_1 + (p_1^B + p_1^S - c) \frac{\partial Q_1}{\partial p_1^B} = Q_1 + (p_1^B + p_1^S - c) \frac{\partial Q_1}{\partial p_1^S}$$

即

$$\frac{\partial Q_1}{\partial p_1^B} = \frac{\partial Q_1}{\partial p_1^S} = -\frac{Q_1}{p_1^B + p_1^S - c} \tag{9}$$

同理可讨论 $p_1^S > p_2^S$ 的情形,所以,当 $p^B = p_i^B$,$i = 1$,2 时,平台 1 的交易量为:

$$Q_1 = \begin{cases} d^B(p^B)D^S(\widehat{b_{12}}) + \widehat{D^B}(p^B)[D^S(p_1^S) - D^S(\widehat{b_{12}})] & p_1^S < p_2^S \\ d^B(p^B)D^S(p_s) & p_1^S = p_2^S \\ d^B(p^B)D^S(\widehat{b_{21}}) & p_1^S > p_2^S \end{cases}$$

其中 $d^B(p^B) \triangleq d_i^B(p^B, p^B)$,$\widehat{D^B}(p^B) \triangleq \widehat{D_i^B}(p^B)$。进一步,可计算 Q_1 在 $p_1^S = p_2^S = p^S$ 处的左、右导数分别为:

$$\left(\frac{\partial Q_1}{\partial p_1^S}\right)_L = (D^S)'\widehat{D^B}(p^B) + (D^S)'(d^B - \widehat{D^B})\frac{\partial \widehat{b_{12}}}{\partial p_1^S}$$

$$= (D^S)'\widehat{D^B}(p^B) - (D^S)'(d^B - \widehat{D^B})\frac{\widehat{D^B} - d^B}{2d^B - \widehat{D^B}}$$

$$= (D^S)'\frac{(d^B)^2}{2d^B - \widehat{D^B}}$$

$$\left(\frac{\partial Q_1}{\partial p_1^S}\right)_R = d^B(D^S)'\frac{\partial \widehat{b_{21}}}{\partial p_1^S} = (D^S)'\frac{(d^B)^2}{2d^B - \widehat{D^B}}$$

这表明 Q_1 在 p_1^S 处可微且有:

$$\frac{\partial Q_1}{\partial p_1^S} = (D^S)'\frac{(d^B)^2}{2d^B - \widehat{D^B}}$$

注意到:

$$\frac{\partial Q_1}{\partial p_1^B} = \frac{\partial d^B}{\partial p_1^B}D^S$$

将上述两式代入式（9）得：

$$\frac{\partial d^B}{\partial p_1^B} D^S = (D^S)' \frac{(d^B)^2}{2d^B - \widehat{D^B}} \tag{10}$$

为更清晰地研究竞争平台下的价格架构，我们再引入两个参数，一是客户集中度指标：

$$\sigma_i = \frac{d_i^B + d_j^B - D_j^B}{d_i^B} \qquad i,j = 1,2, i \neq j$$

表示需求方对平台 i 的偏好强度，$\sigma_i \in [0,1]$，$\sigma_i = 0$ 表示供应方面临的客户需求与其所在平台的属性无关，即 $d_i^B + d_j^B = D_j^B$；$\sigma_i = 1$ 表示供应方不与平台 i 合作时，将失去全部客户，即 $d_j^B = D_j^B$。特别的，当 $p^B = p_i^B$，$i = 1, 2$ 时，有：

$$\sigma_i = \sigma_j = 2 - \widehat{D^B}/d^B \triangleq \sigma$$

第二个指标是存在平台竞争时需求方的需求弹性：

$$\eta_0^B = -\frac{p^B \frac{\partial d^B}{\partial p^B}}{d^B}$$

由式（9）和式（10）以及上述两个新引入的参数，我们可以得到如下的结论。

结论 3 当存在平台竞争时，单个平台定价依然满足逆弹性法则：

$$p^B + p^S - c = \frac{p^B}{\eta_0^B} = \frac{p^S}{\left(\frac{\eta^S}{\sigma}\right)}, \frac{p^B + p^S - c}{p^B + p^S} = \frac{1}{\eta_0^B + \frac{\eta^S}{\sigma}}$$

进一步，当 $\sigma \to 0$ 时，$p_1^B + p_1^S \to c$，这表明随着平台竞争的加

剧，平台收费价格水平将趋近社会福利最大化情形下的价格水平。

综上所述，垄断平台、竞争平台和拉姆齐平台价格水平分别为 $p_M = c + \dfrac{p^S}{\eta^S}$、$p_C = c + \sigma \dfrac{p^S}{\eta^S}$ 和 $p_L = c$，显然，$p_M \geq p_C \geq p_L$。进一步，由 $p_C = c + \sigma \dfrac{p^S}{\eta^S}$ 知 $\partial p_C / \partial \sigma = \dfrac{p^S}{\eta^S} > 0$，这表明在卖方价格不变的条件下，客户集中度越高，平台定价总水平越高，平台商就越有能力抬高价格总水平，反之亦然。

四 公益平台定价策略

当平台是由协会成员共同所有的公益性协会组织时，平台对供需双方的价格由成员单位决定，而不由平台决定。然而，当公益性协会组织中成员单位在供需双方的竞争较为激烈时，平台将在价格结构的制定上具有一定的主导权。

对单个公益性协会组织而言，公益性即非营利性表示平台只负责制定接入价格（access charge），支出方与收入方的收入支出绝对额度相等且等于接入价格，典型案例如美国的 Visa 和 Mastercard。对公益性的协会组织会员单位而言，假定平台 i 的接入费为 a_i，平台服务供需双方的成本分别为 c^S 和 c^B，再假设平台内成员间的相互竞争产生的边际费用分别为 m^S 和 m^B，基于此，可导出公益性协会组织对供需双方收取的均衡价格为：

$$p_i^B = c^B - a_i + m^B, \quad p_i^S = c^S - a_i + m^S$$

这表明平台向供需双方收取的总价格为：

$$p_i^B + p_i^S = c + m \tag{11}$$

其中 $c = c^B + c^S$ 为总成本，$m = m^B + m^S$ 为总边际费用。

以中国的银联为例，央行规定每笔刷卡的手续费基本由发卡行、收单行和银联按 7∶2∶1 比例提成，① 如对宾馆、餐饮、娱乐、珠宝金饰、工艺美术品类的商户，发卡行的固定收益为交易金额的 1.4%，银联网络服务费标准为交易金额的 0.2%，此时，有 $p_i^B = 0$，$p_i^S = 0.2\%$，$c + m = 0.2\%$。

事实上，公益性协会组织间竞争的价格问题等同于竞争平台下的平台定价问题。如对 Visa 和 Mastercard 两个公益性协会组织而言，任何商家均可选择不接入任何系统、接入其中的一个系统或同时接入两个系统中的任意一种方式。进一步，以 Visa 为例的收益目标函数为 $\pi = mQ_1$，从而可以得到：

结论 4 公益性协会组织竞争下的价格结构为：

$$\frac{p^B}{\sigma \eta_0^B} = \frac{p^S}{\eta^S}$$

其中，$p^B + p^S = c + m$。

这表明，与拉姆齐平台下的定价相比，在公益性的协会组织架构下，即使供需双方充分竞争，即 $m \to 0$，这时价格总水平是社会最优的，公益性协会组织竞争下的价格结构也并非福利最优价格结构，原因有两个：一是公益性协会组织并未内化供需双方的交易剩余；二是公益性协会组织一方面会向供应方倾斜（价格结构中的 σ），另一方面会从竞争对手方吸引需求方（价格结构中的 η_0^B），而供需双方的市场份额对拉姆齐平台并无影响。

---

① 详见《中国银联入网机构银行卡跨行交易收益分配办法》。

附录 A4
延伸阅读案例

案例1 《骆驼祥子》案例

《骆驼祥子》以祥子三起三落的买车经历为主线，通过对不同阶层人物个性及他们之间相关关系的描述来反映民国时期社会底层民众的生活现状。在财富管理视角下，刘四爷和虎妞父女家庭算是富裕阶层的代表，不仅如此，他们还是家族企业车场的经营方，而祥子和高妈等则可看成中低阶层的代表。本文首先分析不同阶层代表人物的财富观或者说财富管理理念差异，其次以祥子和刘四爷为例进行案例评析，最后提出对当下不同阶层财富管理的启示等。

一 阶层不同的财富观差异

刘四爷父女经营一家有六七十辆车的车场，平均每辆车的日租金约为0.15元，以65辆车为计算基准，则车场每天的租金为9.75元（=65×0.15），每月的租金为292.5元（=9.75×30），每年的租金为3510元（=292.5×12），即刘四爷家庭的年收入为3510元，人均年收入为1755元。将刘四爷家庭归入富裕阶层的理由在于1920年前后时任北大文科学长的陈独秀的月收入为300元，胡适等知名教授月收入为280元，图书馆主任李大钊月收入为120元[1]等。作为

---

[1] 杨兴隆：《民国初期各阶层的收入水平和生活状况》，《经济社会史评论》2015年第3期。

一名车夫，祥子一天的收入为六七毛，以上限0.7元为计算基准，如果是租车的话，日租金约为0.15元，毛收入减去租金后的日收入为0.55元，月收入为16.5元，年收入198元，相当于普通工人的月收入水平。这表明，刘四爷家庭的人均年收入为1755元，祥子家庭的人均年收入为198元，二者相除即得刘四爷家庭人均年收入是祥子家庭人均年收入的9倍左右。

下面我们再看看祥子和刘四爷家庭的净收入情况差异。祥子买第一辆车共攒了三年的钱，一辆人力车的价值在100元左右，也就是说祥子三年的净收入为100元，三年的总收入为594元（=198×3），由此可以计算出祥子在三年内的消费性支出约为494元，平均每年的消费性支出约为165元。下面，我们假定富裕阶层的人均年消费性支出是中低阶层人均年消费性支出的3倍，则刘四爷家庭的人均年消费性支出为495元（=165×3），父女二人的年消费支出为990元（=495×2）。以三年为考察的时间跨度，刘四爷家庭的年收入为3510元，三年的总收入为10530元，以990元家庭年均消费性支出为基准，计算得到刘四爷家庭三年的消费性支出约为2970元（=990×3），由收入和消费之差得到刘四爷家庭净收入为7560元，是祥子三年净收入100元的75.60倍。简言之，1920年前后的民国，富裕阶层家庭人均年收入为中低阶层家庭人均年收入的9倍左右，富裕阶层家庭人均年净收入为中低阶层家庭人均年净收入的70倍以上。

"扛把子"出身的富裕阶层代表刘四爷的财富管理理念是经营企业，自己当老板，坐享车夫们的"剩余价值"。中低阶层的"车夫"代表祥子则是"现金为王"，永远只认为放在身边的现银才是真正的钱，其他如储蓄存折等都不算。就财富管理的视角而言，文中提到的祥子的东家之一方太太的财富管理理念则以

"银行储蓄"为主,受其影响,晚辈和下人也都热衷去银行开户存钱。与祥子在曹家同事的高妈则持王熙凤式的"权益投资"理念,高妈擅长"高利贷",且通过"穿透原则"控制风险。综上所述,刘四爷的企业经营、高妈的权益投资、方太太的银行储蓄即固定收益投资以及祥子的现金为王俨然一幅民国时期财富管理的浮世绘。

二 中低阶层的勤劳俭朴理念

作为一名车夫,祥子定的短期财富管理目标是拥有属于自己的一辆车,长期目标是建立自己的车场,并未将升官、发财或置买产业作为财富管理目标,只是想尽快拥有一辆属于自己的人力车。为实现这一目标,祥子的方式或方法就是勤劳俭朴,下面分别从收入和支出两个层面来分析祥子勤劳和俭朴的一面。

首先,我们简要分析祥子的收入结构,车夫的工种主要分包月和散座两种形式,祥子也不例外。文中提到的包月收入主要分固定工资、绩效工资和节赏三种类型,绩效工资如因主人外出饭局而另加的车饭钱或帮助主人送客人的车费等,节赏一般都是两块左右,祥子算过拉包月的年净收入在"五六十块"。如前所述,拉散座的毛收入在六七毛,租车的费用为1.5毛,二者的差在5毛左右,如果我们以6.5毛作为散座收入计算基准,即散座的毛收入每天0.5元,月收入15元,年收入180元。为实现个人买车的财富管理目标,祥子制定个人的阶段性收入目标,如每天多少钱收工、每月要存多少钱等,有时为了实现当日的"小目标"竟拉"一天一夜"。这是祥子勤劳的一面。

其次,我们对祥子的消费性支出结构稍做分析。作为一名从农村进城的孩子,祥子没有抽烟、喝酒和逛"白房子"的恶习,吃穿用等消费性支出也都是挑最便宜的,如体面的车夫在跑完一趟活后，一般会喝"十个子儿"一包的茶叶，加上两包白糖，旨在补气散伙，而不是讲排场。然而，祥子还是选择"喝那一个子儿一包的碎末"。穿的方面，文中提到祥子卖完骆驼打扮一身的花费是 2.2 元，其中本色粗布裤褂 1 元，青布鞋 0.8 元，线披儿织的袜子 0.15 元，还有顶 0.25 元的草帽。脱下来的破东西还换了两包火柴。这是祥子俭朴的一面。

接下来，我们谈谈祥子三起三落的买车之路。第一次攒钱买上车之后被兵连人带车抓走了，逃出之后顺走了兵落下的三只骆驼，卖了 35 元；第二次攒钱攒到六七十块时，受主人曹先生牵连被孙侦探"骗"走了，只剩下曹先生给的 5 元钱；第三次是虎妞给他买的车，为给难产而死的虎妞安葬而卖了车，最后只剩下 30 多元钱。除第三次外，祥子第一次和第二次买车都想通过自己攒钱买车，即前述的"现金为王"财富管理理念，不接受高妈的建议去放高利贷也不接受方太太的建议去银行开户存钱。事实上，刘四爷和高妈在祥子买车的问题上都给他出过主意，如刘四爷愿意低息借钱给他买车，高妈建议他起会或弄个黑签会等，他都没有采用，依然采取老太太买房的策略——钱攒够了再买。

除前述勤劳俭朴下的"现金为王"理念外，文中还提到祥子的"应急储备"理念。处理完虎妞的丧事，祥子将剩下的 30 多元钱缝在衣服贴身的一面。"不想花，也不想再买车，只是带在身旁，作为一种预备——谁知道将来有什么灾患呢！病，意外的祸害，都能随时来到自己身上。人并不是铁打的，他明白过来。"正因为事前做了这样的应急储备，当后来在"白房子"染上病后，才有钱治病。"治病花去十多块，还有二十来块打底儿，他到底比别人完全扎空枪更有希望。"

三 富裕阶层的传承失败教训

作为书中富裕阶层的代表，刘四爷带领女儿虎妞经营人和车场。从财富传承的角度而言，车场的创始人刘四爷不大舍得女儿出嫁（怕女婿是冲着车场来的），期望女儿能留下来陪他，并好好经营车场。然而，从虎妞的角度而言，作为三十七八岁的老姑娘，不想嫁人那是不可能的，不仅想嫁人，而且还想继承家业。所以虎妞设计了"嫁人+继业"的连环套，第一步下钩以假乱真套住了如意郎君——祥子，第二步想与祥子联手套住老爷子——获得家业。在第二步中，虎妞授意祥子分三步实施，首先要在刘四爷七十大寿的时候去给刘四爷磕头并好好表现，其次虎妞寻找机会让祥子认刘四爷作干爹，最后待虎妞身子"不方便"就向刘四爷摊牌——怀了东边杠房的二掌柜的孩子，此人已死且无亲无故，万般无奈下"强迫"刘四爷将虎妞许给祥子。祥子表面上是吃了哑巴亏，实则得了里子也不太失面子。

在刘四爷七十大寿的当日，虎妞的如意算盘就落了空，原因在于下午刘四爷看到好多客人带着女眷孩子来给他祝寿，想到自己身边只有一个不是男人胜似男人的虎妞，不免有些失落，外加看到虎妞对祥子的种种表现——他做梦也不想把虎妞嫁给低自己很多的车夫祥子。刘四爷心中的怒火绕来绕去，最后还是绕到了虎妞身上，父女二人吵得不可开交，结果是虎妞提前向刘四爷摊了牌，说怀了祥子的孩子并要嫁给祥子，而刘四爷的答复则是"有他没我，有我没他"。

如此闹剧的结果则是在没有刘四爷的祝福中虎妞"冷冷清清"地嫁给了祥子，刘四爷将车场变现，外出上海、天津等地游玩。从财富传承的角度而言，这是个典型的失败案例，主要原因在于刘四爷不想让家族企业落入外人女婿手里，对他而言，宁愿让女儿终身不嫁，也不想让家族企业旁落，更不想让自己的员工祥子讨了便宜。

四　当下财富管理的经验借鉴

下面分析《骆驼祥子》中不同阶层代表人物的差异化财富观，重点剖析祥子"现金为王"的财富管理观以及刘四爷的家族企业传承失败案例，以兹给当下不同阶层群体的财富管理提供些许镜鉴。其一，中低阶层想要致富，不仅要勤劳俭朴，还应做好应急储备或保障安排。勤劳可以开源，俭朴可以节流，应急储备可以预备不时之需。当今与祥子职业相似的工作是出租车司机，我们时常听说过劳死或过劳事故的案例。在此我们一方面可以借鉴祥子的应急储备策略——永远留有救急或救命的钱，以防不测；另一方面可以学习旧金山大桥总设计师施特劳斯父亲购买人寿保险的策略，进而分散个人乃至家庭的不测风险。其二，中低阶层想要增值，不仅要会理财，还要有高妈式的穿透式风险管理理念。正如习总书记在新年贺词中提到的"天上不会掉馅饼"，高收益的背后肯定是高风险，时下各类"e租宝"事件层出不穷，造成不少中低阶层家庭血本无归甚至高额负债。事前采用集资方式进行理财，如何识别高收益背后的高风险？那就要像高妈一样——对不了解的人不放贷，中低阶层家庭也不应购买自己不了解的产品或服务。其三，富裕阶层想要传承，除了要选好接班人，还要靠制度或服务。清末民初的"超富阶层"代表盛宣怀家族借助义庄制度进行分家析产，处于同一时期的富裕阶层代表刘四爷则选择将家族企业变现。目前，改革开放以来的家族企业主正面临由一代向二代的传承，在接班人选上，除依靠自己的子女，还可考虑职业经理人。在制度或服务上，如信托制度、慈善基金、家族办公室以及家族基金会等都是不错的备选方案。

案例2 翁同龢家族案例

"赋精神于实物"是瑞士私人银行业在设计私人银行客户精神传承方案时的常用手段，如建议私人银行客户在家中或子女常在的地方展示与家族精神吻合的字画或其他收藏品。招商银行与贝恩公司联合发布的《2015中国私人财富报告》资料显示，"财富传承"成为高净值人群重要财富目标，其中"财富传承"内涵已超越物质财富规划，高净值人群表现出对精神财富传承的殷切希望。进一步的数据显示，约65%的受访者认为精神财富是家族财富的重要组成部分。

广义而言，家族精神传承可视为家族无形资本传承的表现形式之一。曾国藩的同事资本传承以及李鸿章的婚姻资本传承等历史案例均颇具代表性，而翁同龢家族的诗书传精神案例则是"赋精神于实物"的无形资本传承的代表案例。翁同龢家族自其父亲翁心存起到翁家的最后一位进士——翁斌孙，创下了"父子两帝师、一门五进士、一家三巡抚"的丰功伟绩，后人中也不乏佼佼者，如在美国留学的翁万戈等。翁氏家族的成功之道在于通过翁氏藏书将藏书、用书与为善、立业的家族精神进行有机结合，实现家族精神的有序传承，对当下家族企业创始人想要传承家族精神颇具启示意义。鉴于此，下面以翁氏家族藏书、守书和传书三阶段的人物和事件为脉络阐释翁氏家族藏书案例，重在说明以家族藏书为载体的家族精神传承。

一 藏书：两代人的共同努力

翁氏为明末以来常熟八大家族之一，1588年，翁愈祥考中进士，官至吏科给事中（从七品），自此，翁氏家族耕读而仕，以文入世、经世，成为世家望族。翁氏家族藏书源于翁同龢的父亲翁心存，经两代人的共同努力，翁氏藏书成为"中国清末九大藏书之一"。以现在的官职序列来看，翁心存的父亲翁咸封官至连云港教育局局长，由于父亲为官清廉，家境还是比较贫寒的。为贴补家用，翁心存不得不到一些藏书楼去校勘书籍，以赚点外快。事实上，翁心存将看起来很苦的一份差事变成一个很好的学习机会，借助这些藏书资源，快速增补才学，版本、校勘、鉴赏的能力都有所增强。

据研究，翁氏藏书的来源有家传、购买、抄录和交换四个主要途径。文人间藏物的互相欣赏、传抄、交换等均是富有文化内涵的活动，翁氏在与文人交往中，以典籍为媒也是常有的事，翁氏藏书中有一部分也是受赠之书，即"交换"得到的藏书。抄录即现在所说的"手抄本"。翁氏家族在购买藏书方面的故事颇多。常熟当地的陈揆家族，世代都是儒生，藏书颇为丰富，陈揆本人更是爱书如痴，在考场失意之后，将毕生的精力全部用在积聚、整理、研究古代文献上。去世之后，养子不懂收藏，只懂变卖。翁心存不忍心看到这些藏书落入凡夫俗子之手，遂"以原价收购"其十之四五，共四五万册，这构成了翁氏藏书的重要部分。

在翁心存的谆谆教诲下，翁家子孙都爱书，也爱读书，靠才学一展宏图。大儿子翁同书1846年考中进士，于扬州江北大营工作期间，在琦善军中供职。战火纷飞之中，仍不忘购买流转于扬州的宋元明三朝秘籍孤本，可惜大营几次失守，购买的藏书也遭损毁。为避免类似事件再次发生，后期将购得图书寄往京师家中，最多一次竟达100多种。小儿子翁同龢高中状元，成为帝师,在购书方面的经典故事就是"五顾《集韵》",如据日记记载,1865年二月初十到十五共6天中有5天每天一次到书店与老板商谈购买《集韵》一书,最后收入囊中,如此执着的聚书精神跃然纸上。

二 守书:诗书与生命同重要

私家藏书与公家藏书两者之间的区别在于,公家藏书与朝代兴衰相始终,私家藏书则与家族聚散相伴生。如前所述,翁氏藏书的第一桶金来自陈氏藏书,原因在于陈家的养子不懂收藏。作为翁氏藏书的创始人,翁心存也深知这一点,所以就从陈氏手中购得的《丁卯集》专门写过一段话告诫子孙要好好守住翁氏藏书,大意如下:稽瑞楼藏书大半已化为云烟,这本《丁卯集》及元刻《丽则遗音》都是陈揆当年以高价从黄氏那里买来的,幸好没有卖掉。陈揆已经离世,他挚爱的书也没能留在家中。现在我马上要回京师了,留下这几句话给子孙,你们一定要妥善收藏。

翁氏藏书的继承人中翁斌孙17岁考中进士,是翁家在清末的最后一位地方大吏。清帝退位,翁斌孙退居天津"读书自娱",而对收藏一事亦乐此不疲,至此翁氏藏书的数量和质量又上了一个新台阶。翁家后代如翁之熹、翁之廉和翁万戈等均处于翁氏藏书的"守书阶段",所以翁万戈在一次采访中明确说自己是一名"守藏家"。20世纪初,"翁氏藏书"传到翁同龢曾孙翁之廉手中,在天津居住期间,他觉得北方天气干燥,易于保藏,便将一部分精品转移到天津,其余的仍藏于常熟翁氏故居"彩衣堂"中。

1919年,翁之廉过世,翁氏的天津藏书传到由弟弟翁之熹处过继来的儿子翁万戈手里。翁万戈,1918年出生,1938年赴美留学，1953年加入美国籍。1947年回国期间，了解到国内时局动荡，遂将其名下的祖传书画、古籍及杂物装箱，借助煤船转运上海，再利用其岳父的关系将其运到美国，1949年初抵达纽约，存入曼哈顿贮藏公司。简言之，翁氏后人在翁氏藏书的守书阶段功不可没，否则，也不可能有今天存在国家图书馆和上海图书馆等处的翁氏藏书。

三 传书：家族精神文化传承

翁氏藏书的传承路径可分对私和对公两个层面进行阐释。对公层面而言，翁同书一支的藏书在新中国成立之初，由翁之熹悉数捐给国家图书馆；翁同龢一支的藏书在翁万戈手中以出售和捐赠的方式被收入上海图书馆，如2001年4月，通过中国嘉德公司牵线搭桥，由上海市政府出资450万美元买下了翁万戈手中的藏书。2015年，翁万戈将包括《翁同龢日记》手稿47册在内的一批珍贵文献捐赠给了上海图书馆。2016年，翁同书的五世孙翁铭庆又捐赠了翁同龢早年日记1册。自翁心存起，266年间（1750～2016年）翁氏藏书实现了由私向公的完美转换，进而实现藏书价值的社会价值最大化。

翁氏藏书对私传承的实物路径始于翁心存，传给翁同书、翁同爵和翁同龢三个儿子，接下来的一种说法是翁同书和翁同爵将其藏书均传给了翁同龢，事实上，翁同书只是将其一部分藏书给了翁同龢，另一部分藏书传给其嫡孙翁斌孙，由其再传给翁之熹。翁同龢一支将其藏书传给曾孙翁之廉，然后再传给翁万戈。显见，翁氏藏书的传承路径是选择家族中最有才华的一位传承，如翁同龢是二代中藏书最多的一位，翁同书和翁同龢儿辈的传承信息暂缺，嫡孙和曾孙中翁斌孙是翁氏家族中最后一位进士（见图1）。

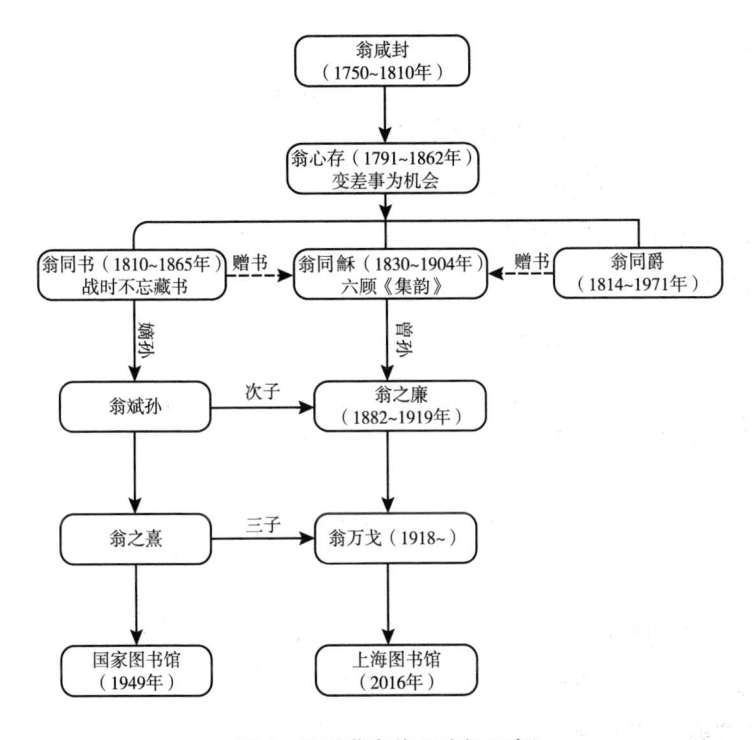

```
           ┌─────────────────┐
           │   翁咸封         │
           │ （1750~1810年）  │
           └────────┬────────┘
                    │
           ┌────────┴─────────┐
           │ 翁心存（1791~1862年）│
           │  变差事为机会     │
           └────────┬─────────┘
     ┌──────────────┼──────────────┐
┌────┴─────┐  赠书 ┌─┴──────────┐ 赠书 ┌─────┴────┐
│翁同书(1810│─ ─ →│翁同龢(1830~ │← ─ ─│翁同爵    │
│~1865年)  │     │1904年)     │     │(1814~1971│
│战时不忘藏书│     │六顾《集韵》 │     │年)       │
└────┬─────┘     └─────┬──────┘     └──────────┘
  嗣孙│              嗣孙│
┌────┴─────┐ 次子  ┌───┴────────┐
│ 翁斌孙    │─────→│ 翁之廉      │
│          │      │(1882~1919年)│
└────┬─────┘      └─────┬──────┘
     │                  │
┌────┴─────┐ 三子  ┌───┴────────┐
│ 翁之熹    │─────→│ 翁万戈      │
│          │      │ (1918~)     │
└────┬─────┘      └─────┬──────┘
     │                  │
┌────┴─────┐      ┌────┴───────┐
│国家图书馆 │      │上海图书馆   │
│（1949年） │      │（2016年）   │
└──────────┘      └────────────┘
```

图1　翁氏藏书传承路径示意

注：实线表示藏书的传承路径，如无特别说明，人与人之间的实线表示父子关系。

事实上，翁氏藏书是以藏书为依托传承耕读的家族精神，如祖训"富贵不足保，惟诗书忠厚之泽可及于无穷"。再如翁同龢曾为翁家石梅先祠思永堂撰联并书："绵世泽莫如为善，振家声还靠读书。"此联总结了翁氏家族数代人的人生经历，又成为对后代人的祖训，激励一代代家族成员为之努力。此语也道出翁氏家族读书、用书与为善、立业的关系，强调诸多方面的统一。翁同龢为瞿氏铁琴铜剑楼提联并书："入我室则端人正士，升此堂多古画奇书。"从中我们可以看出翁氏强调藏书、读书与端人正士之间的关系，这种藏书思想或曰藏书精神、藏书文化给后人以无限启迪。

最后，翁氏家族通过藏书延伸的为善、立业家族精神经久不息。以翁万戈为例，赴美学的是工程学，硕士毕业还是无法放弃家学，改学油画、电影，工作之余，一直研究家藏的书籍、字画，著有《翁同龢文献丛编》等书。翁万戈专心整理家藏的书房——莱溪居，其名称一方面取自镇名"莱姆"（Lyme）以及边上的溪水，另一方面与祖屋"彩衣堂"相呼应，承接二者的典故为"老莱子彩衣娱亲"。

案例3 《红楼梦》案例

军功出身的贾家从贾母作为重孙媳妇嫁入到贾母重孙贾兰，前后共七代，其间兴衰荣辱堪称家族研究的百科全书。鉴于此，"贾府"应是研究家族财富管理成败得失的范本。然而，如遵循家族财富增值、传承或家族企业治理的传统视角分析，贾府并无可圈可点的经验可鉴，因为贾府的财政收支一直处于"空账运行"状态，微薄的恩赏、地租和庄子难以支撑"奢靡"的生活支出。再者，如果将族中代表人物的不同财富观进行立体重构，以"兰哥高中"中的主角贾兰为主线，以"家道复兴"为结果，则贾府又是一幅家族财富管理成功案例的画卷。

一 家族财富观典型事实

贾府女人管家，先是贾母再是王夫人后是王熙凤，中间探春做过客串。想要分析贾府的家族财富观，我们首要分析家族管家即家族CEO及其他夫人、小姐、千金的不同财富观。首先得从贾府的两任CEO王熙凤和探春说起。王熙凤倾向于通过"高利贷"获取高收益，试想一下，如果当时有股票市场，王熙凤估计也是敢于一搏的,这表明王熙凤可以算作"高风险高收益"权益类投资的代表。不过,王熙凤后期主张购买不动产以防不测。开源节流是第二任贾府 CEO 探春的理念,如将大观园的田地租给老妈妈们"使之以权、动之以利",再如扣除多支付给贾环和贾兰的学费以及重复支付给买办的姑娘们胭脂费用等。

其次我们了解秦可卿、李纨、林黛玉三人的财富观。其一,秦可卿的不动产投资观,死前以托梦的方式警告王熙凤,贾府的祭祀和私塾缺乏资金来源,应多置田庄房舍地亩以补给亏空,防患于未然,因为祭田和学田不入官。其二,李纨的现金为王观,交给长嫂李纨带领学习女工的姑娘们想成立诗社,邀请王熙凤做监社御史,此时王熙凤借机替李纨算了一笔家庭收支账,说她一年四五百两银子的收入还不舍得拿出一二百两来给姑娘们成立诗社,偏要以请王熙凤做监社御史为名向她化缘。书中并未提到李纨是如何打理一年四五百两银子的收入的,在此我们默认李纨的所有积蓄都是以现金形式存在的。其三,林黛玉的收支平衡观,黛玉给人的印象是善于琴棋书画,在与宝玉的一次对话中她道出了其收支平衡的财富理念,原话是这样的,"要这样才好,咱们家里也太花费了。我虽不管事,心里每常闲了,替你们一算计,出的多进的少,如今若不省俭,必致后手不接"。

最后来看贾母的中央银行观,宁国府被抄,王熙凤病倒,贾母老将出马,接管贾家,将自己从做重孙媳妇至今的积蓄分给贾赦、贾珍、熙凤和宝玉等。说贾母是贾家央行的理由在于她对贾家的收支失衡与铺张浪费早已心知肚明,只因"居移气,养移体""落得都不管,说说笑笑养身子罢了"。

如前所述,贾府 CEO 的传承顺序依次是贾母、王夫人、王熙凤和薛宝钗。众所周知，家族企业在传承中的接班人遴选不亚于皇帝优选皇子，贾府的 CEO 之争表面风平浪静，实则暗流涌动。贾母对王熙凤和宝玉的喜爱程度远超越"隔代亲"的正常范围，实则是想牢牢掌握家族现在和未来的控制权。除宝玉和王熙凤外，贾母最喜欢的第三个人非林黛玉莫属，宝玉和黛玉是贾母心中理想的一对，也是贾母倾力培养的第七代接班人。贾母之后的两任 CEO 王夫人和王熙凤之间是姑侄关系，见到贾母的"精心"安排，为防范家族 CEO 落入非王氏家族成员名下，借机将王夫人的姐妹薛姨妈及其一双儿女接入贾府，经重重努力，凤姐如愿以偿地将宝钗"安排"给了宝玉，替换了贾母安排的黛玉。简言之，贾府 CEO 之争的本质在于史王家族之争，结果是王家连任家族 CEO（见图 2）。

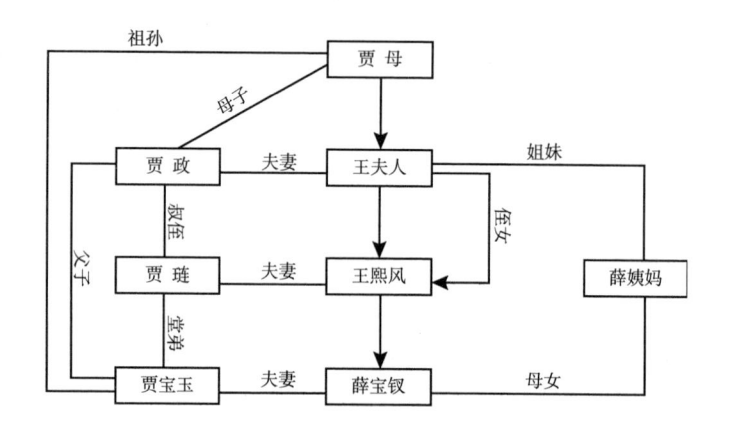

图 2　贾府家族 CEO 传承路径

事实上，在贾赦"强娶"鸳鸯环节中，贾赦非常热衷此事，"听话"的邢夫人也非常乐意帮忙从中劝和，想必背后必有玄机。事实上，贾赦想以"纳妾"之名争夺家族 CEO，如此判断的理由有三：第一，鸳鸯是贾母的代理人，即"办公室主任"，不仅贾母离不开鸳鸯，贾府中的重要事情在征求贾母意见之前也要先听听鸳鸯的意思，"纳妾"鸳鸯可以一举控制贾母乃至整个贾府；第二，对贾母进行"纠偏"，书中多次描述贾母偏向贾政一支，贾赦和邢夫人联手不外乎是想对贾母的"偏心"进行纠正，借此机会实现他们在家族地位的大逆转；第三，吞下贾母的"积蓄"，在家道败落的过程中，只有"中央银行"贾母那儿还有余粮，从贾琏通过鸳鸯典当贾母财物以及贾母在宁国府被抄之后逾一万两白银的分配总额可见一斑，"娶了"鸳鸯也就"取了"贾母的积蓄。

二　不同组合下的财富观

贾府中代表人物的财富管理观各不相同，即李纨的现金为王观、王熙凤的权益类投资观、秦可卿的不动产投资观、贾母的中央银行观、探春的开源节流观和黛玉的收支平衡观。各代表人物所处的时间段和身份不同，虽然在管家过程中有心管家，但正所谓"一室之春难为秋"，表面上看《红楼梦》描述的就是一部贾府的衰败史。贾府后人中的代表——"富贵闲人"贾宝玉出家，即以宝玉为主线的家族财富管理是个典型的失败案例。

但是，如果我们以"兰哥高中""家道复兴"的主角——贾兰为主线，则贾府又是一个典型的成功案例。进一步，如果我们将前述代表人物财富的线性组合换成立体组合，即将她们"合体"组成家族财富管理团队（见图3），则四位首席投资官李纨、王熙凤、秦可卿和贾母分别对应的现金为王观、权益类投资观、不动产投资观和中央银行观与标普的现金账户、增值账户、保值账户和保全账户"四象限"理念几乎完全吻合。再加上首席财务官林黛玉的收支平衡观以及首席管家探春的开源节流观。以上六位组成的家族财富管理阵容绝对豪华,对时下高净值客户/家族企业主的家族财富管理颇具借鉴意义。"合体"终究是一种假想,事实毕竟不尽如人意,鉴于此,我们还是总结贾府家族财富管理的主要败笔,以资借鉴。

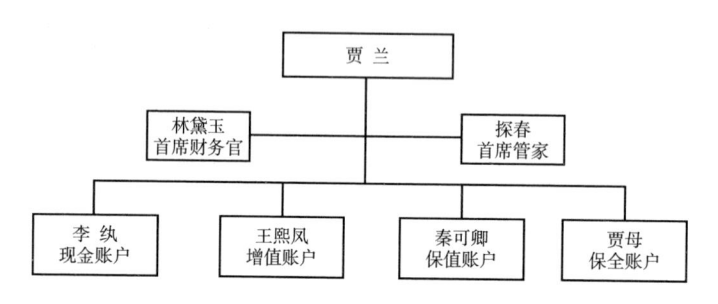

```
                    ┌─────────┐
                    │  贾 兰  │
                    └────┬────┘
           ┌─────────────┴─────────────┐
     ┌─────┴─────┐               ┌─────┴─────┐
     │  林黛玉   │               │   探春    │
     │首席财务官 │               │ 首席管家  │
     └─────┬─────┘               └─────┬─────┘
      ┌────┴────┐                 ┌────┴────┐
  ┌───┴───┐ ┌───┴───┐         ┌───┴───┐ ┌───┴───┐
  │ 李 纨 │ │王熙凤 │         │秦可卿 │ │ 贾母  │
  │现金账户│ │增值账户│         │保值账户│ │保全账户│
  └───────┘ └───────┘         └───────┘ └───────┘
```

图3　由贾府构成的豪华家族办公室阵容

第一,收支失衡下的入不敷出。从家庭收支角度而言,贾府收入来源不外乎恩赏、地租、房租和庄子等,且光景一年不如一年,如对乌庄头账目的描述等。文中少有提及贾府的基本工资收入,也未提及如薛家的商业收入来源。贾府在吃穿用住学行以及娱乐休闲、养老医疗等方面非常奢靡,最终结果必然是入不敷出。以吃穿用中的吃而言,逢年过节或生日必有丰盛的宴席,菜品做法也非常人所能效仿,如茄鲞等。当然,在吃方面的花费也非同凡响,如借刘姥姥之口描述一顿"蟹宴"足够庄稼人一年的生活成本。穿的方面,从文中对出场人物衣着穿戴的细致描述,我们可以看出贾府在穿着方面的考究,从在不同场合的穿着不同可以看出贾府在穿着方面的多样性,从除贾母外无人知晓的"软烟罗"以及贾母送给宝玉的金裘可以看出贾府在穿着方面的猎奇性。用的方面,与吃相对应的餐具丰富多样自不必多说,贾府在用方面的最大浪费莫过于佣人,如宝玉共有丫鬟16人及小厮4人，从宝玉并不能全部认得其房间的丫鬟可以看出丫鬟和小厮们的工作并不饱和，各岗位估计是为满足排场所需。

第二，家风败坏下的不学无术。和平时期，以贾政为首的五代旨在将"军功"出身的贾府与时俱进为"文官"，所以在督促以宝玉为代表的六代学习上下了不少功夫，如安排私塾或言传身教等。一方面受限于贾母对宝玉的庇护，另一方面受限于非族长的尴尬地位，贾政力求让贾府子孙通过科举功名报效国家的愿望只能落空。不学无术是贾府家风败坏的结果，源头则是吃喝嫖赌中的嫖和赌，焦大和柳湘莲说的两段话基本可概括贾府中的男娼女盗行为，焦大说"……每日偷狗戏鸡，爬灰的爬灰，养小叔子的养小叔子，我什么不知道？……"，柳湘莲说"……你们东府里除了两头石狮子干净，只怕连猫儿狗儿都不干净……"。贾母的小赌怡情以及男人们利用赌局进行娱乐休闲或强化人际关系，这都情有可原，如此造成的恶劣影响则是下人们的为非作歹，擅离职守。

第三，公有产权下的人不为己。贾府中吃穿用住学行以及娱乐休闲、养老医疗等生活支出中只有娱乐休闲（如成立诗社等）需自筹经费，其余均是公共支出或含在月例钱之内，这表明贾府是公有产权，除自己的身体外，没有其他东西是属于个人私有，即采用"大集体"生活方式。"大集体"的不足之处在于缺乏"家庭联产承包"的激励机制，后果则是损公肥私或假公济私。损公肥私的代表人物是王熙凤，如弄权铁槛寺或偷放月例钱等，抄家时王熙凤的"小金库"价值7万两。假公济私的代表行为则是府上人通过巴结CEO王熙凤获得一官半职进而谋利，典型案例如贾芹获得水月庵的管理权。

第四,家谱、族田、宗祠三只缺一。从财富管理的角度而言,家谱、族田和宗祠构成家族财富管理的三大支柱,家谱表示家族精神财富的传承,族田表示家族物质财富的传承,而宗祠则是家族宗法的审判和执行地,三者相辅相成、缺一不可。就贾府而言,我们可以看出,宗祠是有的,家谱虽未提到,按常理也是应该有的,除铁槛寺等必要的祭田外,贾府在族田方面的储备几乎空白。事实上,从秦可卿的遗嘱到王熙凤的后知无不提到族田的重要性,但都未得到很好的落实,究其原因,不外乎公有产权或家道败落而已,在资金不足的条件下每个人都将追求自身利益的最大化而非集体利益的最大化。

三 结束语与补记

简言之,如果以宝玉为主线,过程是贾府生活奢靡、家风败坏、不学无术且管理混乱,我们看到的是典型的家族财富管理失败案例;如果以贾兰为主线,贾府上下人才辈出,贾母的中央银行观,黛玉的收支平衡观,探春的开源节流观,李纨的现金为王观,熙凤的权益投资观以及可卿的不动产投资观等"合体",家业治理方面,贾母的戒赌之策,贾政的教子、治学乃至治家,探春的兴利除弊,宝钗的小惠大体,我们看到的是典型的家族财富管理成功案例,即"一部《红楼梦》两极财富观"。

在此,补记一下《红楼梦》中家业治理"无形资本有形转化"的典型案例。《好了歌》给当下家族财富管理的启示为功名、金银、娇妻和儿孙都不应是家族财富管理的目标,或者说对家族财富管理而言它们都不是最重要的,重要的是积德行善的利他主义。全书描述王熙凤积德行善的地方不多,有据可查的是在刘姥姥两进大观园时,第一次给刘姥姥20两银子,第二次给8

两银子，总计28两银子，最后换来的则是刘姥姥对王熙凤女儿巧姐的救赎，这表明家族财富管理的利他主义"不仅利于自己更将惠及后代"。

案例4 美的集团案例

目前，家族企业的传承问题已摆在改革开放以来家族企业创始人的面前，有两种方式可供选择，一种是家族成员继承的实际管理模式，如"实习—轮岗—部门负责人—副总经理—总经理—董事长"的传统接班路径等；另一种是引入外部职业经理人负责家族企业的经管和管理，家族企业的所有权归家族成员，或通过成立金融控股公司等形成金融资本控制家族企业的所有权，即家族企业所有权与经营管理权分离的虚拟管理传承方式。作为第二种家业传承方式的代表，美的集团创始人之子经营一家金融控股公司，创始人在2014年将家族企业交给职业经理人经营管理。为实现由"经济人"向"社会人"的转变，创始人在交班之后便以个人名义成立慈善基金会，旨在为社会公益慈善服务。下面阐释第二种传承模式下家族企业的激励机制和实现"经济人"向"社会人"转化的慈善基金会等相关内容，以供参考。

一 激励机制点面结合

在职业经理人经营管理企业的组织架构下，美的集团的激励方式有两种：一是面向普通股东的股票转增股本和现金分红；二是针对公司管理及业务骨干的股票期权激励计划，即点面结合的激励机制。据年报数据，美的集团2014年的净利润为62.02亿元，法定盈余公积金为6.2亿元，通过转增股本和现金红利等方式分配的利润额为42.16亿元，占2014

年利润总额的67.97%,这表明美的集团2014年利润的分配方案是1∶2∶7,其中10%是法定盈余公积金,70%是股东分红,而余下的20%则是未分配利润。如果以徽商"分产不分业"的家业传承角度为基准,与1∶2∶7对应的分别是徽商激励制度的法定盈余、官利和红利,历史数据表明这样的分配方案相对而言较为合理。如果从当下家族企业治理的现金流权和控制权角度来看美的集团股权结构(见图4),家族企业创始人何享健的控制权为36.64%,现金流权为34.6%,二者之比近1∶1,尚不存在明显的掏空公司的机会。

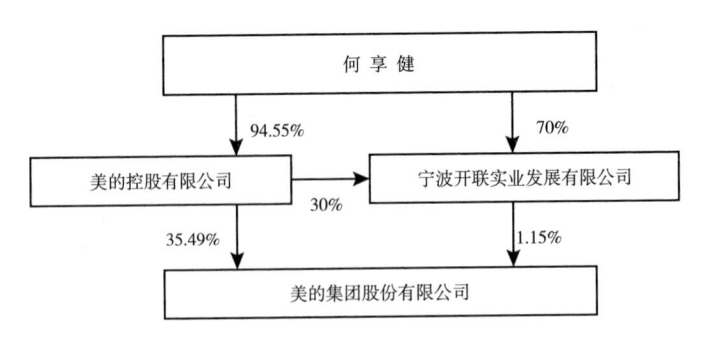

图4 美的集团股权结构

注:实际控制人通过信托或其他资产管理方式控制公司。
资料来源:美的集团2014年年报。

截至目前,美的集团已分两期向公司管理及业务骨干提供股权激励计划,接下来我们以第二期为例介绍股权激励计划的执行价格、调整方案、行权安排、行权条件、资金筹集和变更终止等内容,以资借鉴。

第一,行权价格为方案公布前一日的收盘价和前30日价格平均值中的最大者,所以该次股票期权行权价格为31.54元。

第二,股票期权有效期内若发生资本公积金转增股本、派发股票红利、股份拆细、缩股、增发股票等事宜，股票期权的数量和行权价格也将做相应调整。

第三，股票期权的等待期为12个月，此后的48个月内为行权有效期，时间安排和行权条件见表1。

表1 股票期权的基本要素

阶段名称	时间安排	行权条件	行权比例
第一行权期	自授权日起12个月后的首个交易日至授权日起36个月的最后一个交易日止	2015年的净利润增长率较2014年不低于15%；2015年净资产收益率不低于20%	1/3
第二行权期	自授权日起24个月后的首个交易日至授权日起48个月的最后一个交易日止	2016年的净利润增长率较2015年不低于15%；2016年净资产收益率不低于20%	1/3
第三行权期	自授权日起36个月后的首个交易日至授权日起60个月的最后一个交易日止	2017年的净利润增长率较2016年不低于15%；2017年净资产收益率不低于20%	1/3

资料来源：美的集团股份有限公司第二期股票期权激励计划（草案），2015年3月。

第四，除表1中财务指标方面的行权条件外，还需激励对象前一年度考核得分在B级及以上，激励对象所在经营单位考核得分80分及以上，否则，将取消当期行权额度。

第五，激励对象行权资金以自筹方式解决，公司承诺不为激励对象提供贷款或其他任何形式的财务资助，包括不得为其贷款提供担保等。

第六，激励对象在本股票期权激励计划有效期结束前，发生职务变更、离职或死亡等情况后，按照以下规定处置。

（1）激励对象降职、不再为公司管理人员及业务骨干的，其未达到可行权条件股票期权由公司进行注销,激励对象降职后,仍为公司管理人员及业务骨干的,按其新任岗位对应的标准,重新核定其可行权的股票期权,所调减的股票期权予以注销。

(2)激励对象发生下列情形之一的,已达到可行权条件股票期权仍按原股票期权激励计划的规定,由激励对象正常行使权利,未达到可行权条件股票期权仍按规定的程序和时间行权。激励对象除不再受个人可行权业绩条件限制外,其他可行权条件仍然有效。

①激励对象符合相关政策并经公司批准正常退休,且在行权期内未从事与公司相同业务的投资及任职。

②激励对象因工丧失民事行为能力(其获授的股票期权可由其监护人代其行使)。

③激励对象因工死亡(其获授的股票期权将由其指定的财产继承人或法定继承人继承)。

二 慈善基金"美的"转型

2013年12月17日,经广东省民政厅审查,同意设立广东省何享健慈善基金会,基金会实现理事会领导下的秘书长负责制,组织架构见图5。通过对《广东省何享健基金会章程》(本附录以下简称《章程》)的文本分析,可以总结基金会在理事会、资金来源、资金使用和项目资助方面的主要特点如下。

第一,理事会的连续性、避嫌性,如《章程》中理事会的产生和罢免条款明确规定"第一届理事由主要捐赠人、发起人分别提名并共同协商确定"以及"理事会换届改选时,由理事会、主要捐赠人共同提名候选人并组织换届领导小组,组织全部候选人共同选择产生新一届理事",这表明民主集中制下的理事

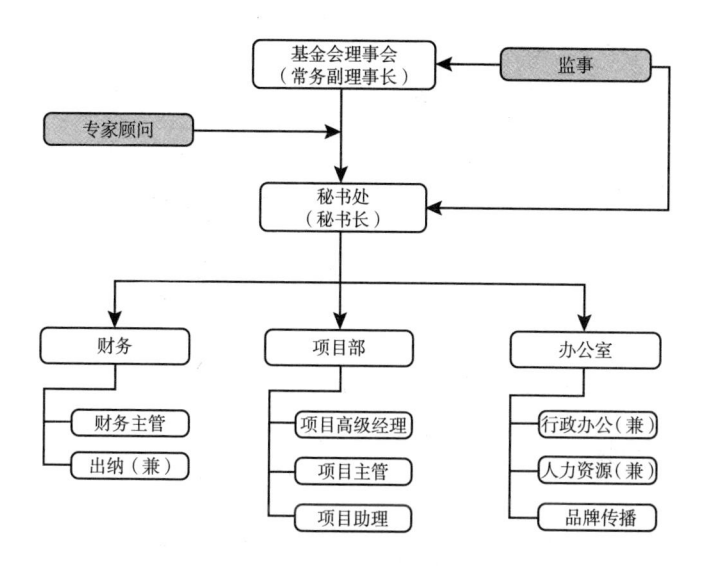

图5 何享健慈善基金会组织架构

资料来源：广东省何享健慈善基金会网站。

会选举机制可保证基金会决策执行的一致性和连贯性。理事会避嫌性的体现则是要求"相互间有近亲属关系的基金会理事，总数不得超过理事总人数的1/3"。

第二，资金来源的单一性，《章程》规定基金会的资金来源由发起人和特定捐赠人的自愿捐献、投资收益和其他合法收入三大部分组成。目前，1.8亿元的基金会总额均由美的集团捐赠，其中首期捐赠5000万元，第二期捐赠1.3亿元。

第三，资金使用的制度性，《章程》规定基金会工作人员工资福利和行政办公支出不超过当年总支出的10%，基金会每年用于从事《章程》规定的公益事业支出，不得低于上一年基金总额的8%，基本遵循非公募基金的相关要求设置支出限制。

第四，项目资助的多样性，《章程》规定基金会的宗旨是关

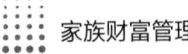

注弱势群体、促进社会和谐、繁荣文化艺术和推动文明进步，公益活动的业务范围有教育、养老、体育、文化艺术、扶贫赈灾、环保及其他公益慈善事业，主要资助项目见表2。

表2 何享健慈善基金会的主要资助项目

单位：万元

编号	项目名称	捐赠/资助额度
1	佛山市顺德区北滘镇和园文化发展中心	1000.00
2	广东省德耆慈善基金会	1893.00
3	本土艺术团体资助项目	75.00
4	本土公益支持项目	3.70
5	何享健奖助学金项目	32.39
6	对外捐赠及救灾扶贫	3.30
总计		3007.39

资料来源：何享健慈善基金会年检报告。

三 家业治理经验启示

美的集团利用股票转增和现金红利回馈普通股东，利用股票期权激励公司管理人员及业务骨干。股票期权的执行价格制定、行权条件确立等属于标准条款，而在变更终止条款中明确退休、因工致残或因工致死后的股票期权处理规定则具备晋商"东掌制"模式下"身故股"激励制度中的"故股"特征，给予期权持有人身残或身故后一份保障，值得同业借鉴。何享健慈善基金会无疑是晚清重臣盛宣怀愚斋义庄的当下版本，如理事会的连续性和避嫌性、资金来源的单一性以及资金使用的制度性等，其资助项目中具有岭南水乡特点的和园建设，功能和意义也无异于盛宣怀家族的留园，都是期望依赖现行法律制度实现经济人向社会人的转变。最后，如果深入比较愚斋义庄和慈善基金会的组织架构和条款细则，可以看出，慈善基金会还有两个改进方向：第一，慈善基金会理事会成员中可增补法律、税务或域外相关领域的专业人士；第二，目前慈善基金会的服务宗旨和业务范围以公益慈善为主，可以考虑将受益人范围扩大到家庭成员或家族成员，这也是慈善基金会的应有之义。

案例 5　张謇家族案例

江苏大生集团有限公司的前身为大生纱厂，由清末状元、中国近代实业家张謇先生于1895年创办。集团现拥有全资、控股、参股公司12个，职工总数约5000人，资产总额28亿元，形成了纺纱、织造、染色、印花、服饰、特色家纺、文化产业、汽车销售服务等多门类产业，是国家高新技术企业，产品远销近50个国家和地区。下面从激励机制视角来分析大生纱厂得以实现百年传承的内在逻辑，以期为当下国内家族企业的传承规划提供经验借鉴。为更好阐释大生纱厂的激励机制，我们先简要说明一下大生纱厂的组织架构。

一　董事会负责下的组织架构

大生纱厂初期采取董事长负责下的董事会管理机制，张謇本人任大生纱厂的董事长，下设"进出货董事"、"厂工董事"、"杂务董事"以及"银钱账目董事"，每个董事下又设有若干执事，组织架构见图6。业务管理上实行逐层负责制，执事对董事负责并报告工作，董事对董事长负责，从董事长到执事均规定了明确的岗位职责，每人要认真履行自己的职责，"无溢于权限之外，无欠于权限之内"；各董事每天下午两点在厂开碰头会，商议厂内事情；每位董事所办之事，每四个礼拜由总账房进行一次汇总，并据此编为厂要日记，以备存核，"年终由总账房核明结总，开具清摺，另刊帐略，分别资商务局寄各股东"。垂直架构的董事会管理机制在企业组织生产方面的优势体现在便于层层负责、集中管理，而其缺陷则在于董事会直接从事企业管理，使公司管理很难从工厂管理中分离出来，既不利于公司的经营决策和进一步发展，也不利于公司所有权和经营权的分离。所以大生纱厂后期也曾尝试过"董事经理制"、"总管理处制"和"总经理制"等组织架构模式。

```
                    ┌─────────┐
                    │  董事长  │
                    └────┬────┘
         ┌──────────┬────┴─────┬──────────┐
    ┌────┴────┐┌────┴───┐┌────┴───┐┌─────┴──────┐
    │进出货董事││厂工董事││杂务董事││银钱账目懂事│
    └────┬────┘└────┬───┘└────┬───┘└─────┬──────┘
         └──────────┴──────────┴──────────┘
                         │
                    ┌────┴────┐
                    │ 若干执事 │
                    └─────────┘
```

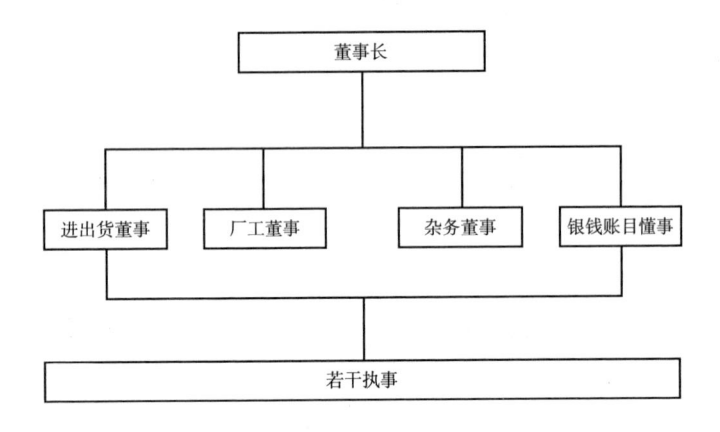

图 6　大生纱厂建厂初期组织架构

二　员工股东兼顾的激励机制

大生纱厂对股东的激励以官利和红利为主，对员工的激励以分红为主。以董事会负责下的组织架构为参照，大生纱厂《厂约》对分红规定（见图7）："每年余利，除提保险公积外，分13股，以10股归股东，3股作在事人花红。3股中2股归绅董，一股归各执事。绅董2股，作10成分派，绅得

1.5 成，杂务帮董得 1.5 成，行厂银钱各得 2 成，余 1 成提供善举。各执事得 1 股，亦作 10 成分派，行厂各得 3.5 成，银钱所得 2 成，杂务得 1 成，由总账房年终汇其各功过单，核分三等酬给。"其中"核分三等酬给"的原则是"功大者，月薪四元之人，可得上等；功小者，月薪四十元之人，只给中等；若上班而乘除功过，仅宜得下等花红。当公同察议去留，公过多者不给，私过轻者罚薪。"什么是功大、功小、私过，张謇都做了明确的标准和说明。

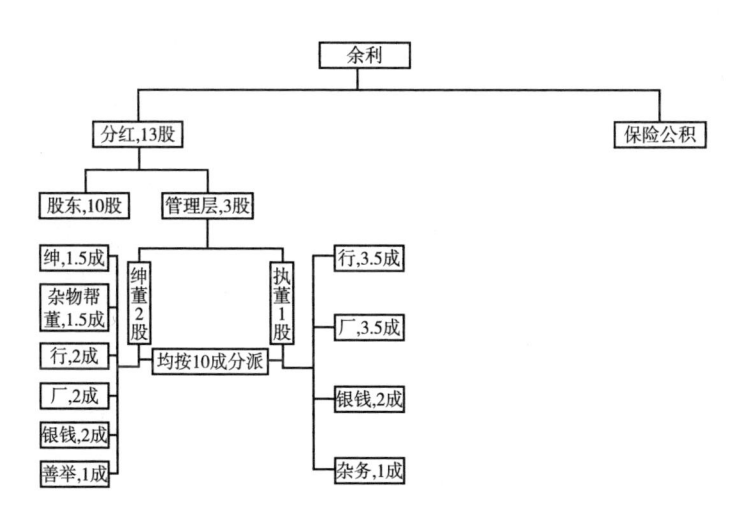

图 7 大生纱厂的激励机制示意

以上关于大生纱厂员工物质奖励的主要特点有：第一，红利分为 13 股，其中股东红利和管理层激励分别得 10 股和 3 股，对应的占比分别为 76.93% 和 23.07%，从晋商的东掌制和徽商的官利红利制度来看，以上分配方案相对合理；第二，对管理层的激励额度低于对实操部门的激励额度，如对执事的奖励中行厂所得的 3.5 成最高，这表明大生纱厂重视实业部门的奖励；第三，激励机制中的"低职高聘"机制,如月薪 4 元的工作人员也可获得上等奖励,而月薪 40 元的高层管理者也有可能获得中等奖励。除物质奖励外,大生纱厂也特别注重对员工的感情奖励,以工作制度为例,工人一个班为 12 小时,中间有休息,按阳历每月的 1 日、8 日、15 日、23 日为休息日,每个工人有两周的年假,夏季最热时还有两周的高温假。

大生纱厂的"筹资难、筹资贵"让张謇深刻认识到个人信用和企业信用在筹资过程中的重要性,所以自大生纱厂开张之日起,张謇秉承"厚利股东、得利全分"的基本信条。第一,厚利股东。从 1899 年投产到 1918 年大生纱厂共赢利 3917861.44 两,其中分配给股东的官利和红利总额达 2733948.37 两,占赢利总额的 69.78%。高额的官利红利也吸引了大量的商股加入大生纱厂(见图 8),具体表现为总股本的逐年提升以及官股占比的逐年下降,同时商股的构成也日益分散,如 1947 年的商股为 8 个类型的 1107 户股东所拥有。

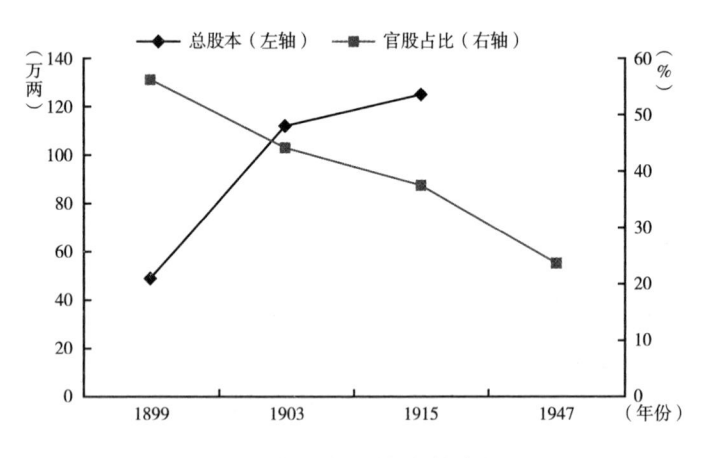

图 8 大生纱厂股权结构变化

第二，分公积金。大生纱厂自1900年起开始提取公积金，自1907年起开始提取折旧，到1926年大生纱厂被银团接管时，总计提取公积金108.2万两，折旧37.4万两，分别占利润总额1266.6万两的8.54%和2.95%。一方面，大生纱厂提取的折旧并不计入成本用于设备更新，而入账作为企业自有周转资金，致使陈旧落后的机器设备长期得不到更新；另一方面，张謇把大生一厂提取的公积金对外投资创办新企业，再换发股票给大生一厂的老股东，本质上是将"公积金"也分给股东了。譬如，以1914年发行的"南通大生纺织公司股票"为例，票面文字中有"南通大生纺织公司为添给股票事，本公司按照辛亥年股东会议决，以历年截存余利作为添购纱锭织机股本，每股规银五拾两，按户填给……"的字样，是张謇将企业利润转为企业股票的见证。

第三，负债付息。1916年，大生纱厂在账面已经出现97097两亏损的情况下，不提公积金，却照常支付16万两官利。再如，1921年，大生一厂账面负债已达400万两，而1900～1922年大生纱厂借贷支付的利息高达473.6万两。

第四，信用虚高。商股逐年提高以及商股持股结构的逐步分散是大生纱厂信用日益提高的典型表现，如前所述，背后动因是大生纱厂秉承"厚利股东、得利全分"的基本信条。高信用的终极表现是其信用竟然高过南京临时政府，武昌起义后，黄兴代表南京临时政府想向日本三井洋行信用贷款30万两，由于没有可以抵押的担保品，日方竟然专门指定张謇及大生纱厂经理以私人资格担保，至少从表面上看大生纱厂的信用远高于南京临时政府，而日本三井洋行的真实意图是想等到南京临时政府破产时吞并大生纱厂。

然而，所有这些高信用的表现都只不过是昙花一现，因为自1922年起大生纱厂已经面临贷款无门且屡被金融机构强行收回贷款的局面，主要的大事包括：1922年前后，金融机构逐步加强对大生纱厂的贷款条件；1923年以500万两的资产抵押，只能获得30万两左右的贷款；1924年，大生纱厂向中南等四行贷款70万两的月息高达1.05%，资金使用权也由银行控制，同时，张得记等9家钱庄组成"地方金融维持会"在3个月内强行向大生纱厂收回贷款；1925年，金城银行、上海银行、中国银行和交通银行等组成"上海银团维持会"，直接控制经营管理大生纱厂，架空张謇兄弟俩。

三 家族企业传承的经验借鉴

纵览百年老店大生纱厂的120余年发展之路，历经筹办、创办、银团接管、财管接办、第三纺织公司倒闭、公司合营及其现在的国营阶段，主要的经验有：第一，"听党话、跟党走"与时俱进的政策把握能力，如国民政府时期将机器等生产资料转运香港而避免被国民政府合营，而在公私合营阶段又是首批积极参与者；第二，股东的红利以及员工的激励缺一不可，在激励机制设计中，兼顾每一个员工的利益，重在奖励实业部门的员工，不仅如此，基层员工有权得到上等激励，高层管理人员也有可能只得到中等激励，而此恰是绩效考核的要义所在；第三，"厚利股东、得利全分"的信用积累策略，如宁可负债也要支付股东的官利。正所谓"成也萧何、败也萧何"，在"厚利股东"积累大生纱厂信用的同时，"得利全分"却毁掉了大生纱厂持久经营的能力，否则也不会出现1922年的银团接管以及1925年的银团接办，更不会出现第三纺织公司倒闭的情形。这是目前家族企业最应吸取的教训之一，无论何时，都要在保证家族企业基本经营的条件下再去做股东和员工的激励,正面案例如荣宗敬、荣德生创办的荣氏企业集团等。事实上,据考证,"厚利股东、得利全分"也并非张謇的本意,而是其受当时的社会经济政治环境限制不得不如此,如张謇曾召开股东会建议留一部分官利、红利以厚厂本,但遭到了股东们的否决。

图书在版编目(CIP)数据

家族财富管理：策略、产品与案例/王增武著. --北京：社会科学文献出版社，2017.7（2018.1重印）
ISBN 978-7-5201-1125-6

Ⅰ.①家… Ⅱ.①王… Ⅲ.①家族-私营企业-企业管理-财务管理-研究-中国 Ⅳ.①F279.245

中国版本图书馆 CIP 数据核字（2017）第 162637 号

家族财富管理
——策略、产品与案例

著　　者 /	王增武
出 版 人 /	谢寿光
项目统筹 /	恽　薇　陈　欣
责任编辑 /	陈　欣
出　　版 /	社会科学文献出版社·经济与管理分社（010）59367226 地址：北京市北三环中路甲 29 号院华龙大厦　邮编：100029 网址：www.ssap.com.cn
发　　行 /	市场营销中心（010）59367081　59367018
印　　装 /	三河市东方印刷有限公司
规　　格 /	开　本：880mm×1230mm　1/32 印　张：9.5　字　数：227 千字
版　　次 /	2017 年 7 月第 1 版　2018 年 1 月第 2 次印刷
书　　号 /	ISBN 978-7-5201-1125-6
定　　价 /	59.00 元

本书如有印装质量问题，请与读者服务中心（010-59367028）联系

▲ 版权所有 翻印必究